Hallo liebe Silvi

- Ich wünsch Dir hiermit
frohe Weihnachten und
hoffe das Buch gefällt Dir, ey

Meine Lieblingsgeschichte ist
das Zulumärchen auf S 22

So - dann alles Gute - auf
das Silvester gut werde

-> Kuß Care

Horst Heidtmann, * 1948 in Hamburg, gelernter Außenhandelskaufmann, Germanistikstudium, Dr. phil., seit 1986 Professor für Kinder- und Jugendliteratur und Neue Medien in Stuttgart; Autor, Herausgeber von etlichen Anthologien (zuletzt «Das ist mein Land. 40 Jahre Bundesrepublik Deutschland», 1988; zusammen mit Chr. Plate «Mañana. Entwicklungshelfer berichten aus drei Kontinenten», 1987).

Christoph Plate, * 1961 in Höxter, Studium der Politischen Wissenschaft und Afrika-Studien in Hamburg; Arbeits- und Studienaufenthalte in Afrika und Asien; Herausgeber von zwei Anthologien (gemeinsam mit H. Heidtmann); arbeitet als Autor und freier Journalist.

(Foto © Rüdiger Cornels)

Rote Erde
Schwarzer Zorn

Lesebuch für ein anderes Südafrika

Herausgegeben von
Horst Heidtmann und
Christoph Plate

rororo
Rowohlt

rororo rotfuchs
Herausgegeben von Renate Boldt und Gisela Krahl

Veröffentlicht im Rowohlt Taschenbuch Verlag GmbH,
Reinbek bei Hamburg, April 1989
Gekürzte, überarbeitete und um einige Beiträge ergänzte
Fassung der 1986 im Signal Verlag, Baden-Baden,
erschienenen Originalausgabe

Umschlagillustration aus der ANC Postkartenserie «Batik», ANC,
Postfach 190 140, 5300 Bonn 1
rotfuchs-comic Jan P. Schniebel

Gesetzt aus der Sabon (Linotron 202)
Gesamtherstellung Clausen & Bosse, Leck
Printed in Germany
980-ISBN 3 499 20528 9

Inhalt

3. Die Saat der Apartheid

4. Blutige Unterdrückung und wachsender Widerstand

5. Südafrika gehört allen, die darin leben – Programme und Perspektiven

6. Südafrika und wir

Anhang

Christoph Plate

Die Geschichte Südafrikas. Zeittafel

60000–50000 vor Christus Nachweisbare Anwesenheit von Menschen im östlichen Transvaal.

28000 vor Christus In Osttransvaal entstehen Felsmalereien.

6000 vor Christus In der südlichen Kap-Provinz entstehen Fels- und Höhlenmalereien.

um 1300 Das Volk der Nguni kommt aus dem heutigen Mozambique nach Natal.

Seit Jahrhunderten, wenn nicht Jahrtausenden In der Kap-Provinz leben die Khoikhoi als viehzüchtende Nomaden und die Saan als Jäger und Sammler.

1488 Der Portugiese Bartolomëu Diaz umsegelt das Kap der Stürme, das später zum Kap der Guten Hoffnung umbenannt wird.

1652 Der Holländer Jan van Riebeeck landet am Kap, um im Auftrag der Holländisch-Ostindischen Gesellschaft einen Versorgungsstützpunkt für Schiffe auf dem Weg nach Indien aufzubauen.

1658 Immer mehr Einwanderer landen am Kap. Es werden Sklaven importiert.

1814 Großbritannien erklärt das Kapland zur britischen Kolonie.

1828 Der Zulukönig Shaka wird von Dingaan ermordet.

1834 Die britische Regierung verbietet die Sklaverei.

1836 Beginn des ‹Großen Treck›. Viele Buren wollen sich dem britischen Einfluß entziehen und trecken mit Ochsenplanwagen ins Landesinnere.

1838 Die Buren besiegen die Zulus unter Dingaan am Blood River.

1866 Bei Kimberley wird der erste Diamant gefunden. Zehntausende von Glückssuchern kommen nach Südafrika.

1873 Das erste Gold wird entdeckt. Das ehemalige Dorf Johannesburg wird zur Goldgräberstadt.

1880–1881 Erster Burenkrieg zwischen Buren und Engländern.

1894 Der Rechtsanwalt Mahatma Gandhi gründet die Indische Kongreßpartei von Natal.

1899–1902 Die Engländer gewinnen den zweiten Burenkrieg und internieren zahlreiche Buren und Schwarze in Konzentrationslagern.

1910 Eine neue Verfassung tritt in Kraft. Die Union von Südafrika wird ins Leben gerufen, als Vereinigung der Burenrepubliken Transvaal und Oranje Freistaat sowie der ehemaligen britischen Kolonien Kap und Natal.

1912 Der African National Congress (ANC) wird gegründet.

1913 Inkrafttreten des Native Land Act (Landgesetz für Eingeborene): Afrikanern ist der Landbesitz nur auf 7,3 % der Fläche des gesamten Landes gestattet. Die Gebiete werden zu Reservaten ernannt. 1936 wird die Fläche auf 13 % erweitert.

1927 Zum erstenmal wird außerehelicher Geschlechtsverkehr zwischen Weißen und Schwarzen verboten.

1930 Ermächtigung der städtischen Behörden, eine Polizeistunde für Schwarze einzuführen.

1936 Schwarze Männer in der Kap-Provinz und in Natal verlieren das Wahlrecht und werden durch Weiße im Parlament vertreten.

1942 Die Jugendliga des ANC wird gegründet. Ziel ist es, Druck auf die Führung der Organisation auszuüben, um eine Radikalisierung der Politik zu erreichen.

1948 Die burische National Partei gewinnt die Wahlen und stellt seitdem die Regierung.

1950 Die Bevölkerung wird nach Hautfarben eingeteilt in weiß, schwarz und farbig. Ehen zwischen Menschen unterschiedlicher Hautfarbe werden verboten.

1952 Die Paßgesetze, die vor und seit Entstehen der Union verordnet wurden, sollen auch auf schwarze Frauen angewendet werden. Friedliche Demonstrationen des ANC. Verstärkte Einsetzung der Apartheidgesetzgebung (Schulgesetze, Wohngebietsgesetze usw.).

1955 Auf dem Volkskongreß in Kliptown wird die Freiheitscharta als Erklärung für die Zukunft Südafrikas von 3000 Delegierten verabschiedet.

1959 Eine Gruppierung spaltet sich vom ANC ab und bildet den Pan Africanist Congress (PAC).

1960 Nach vierjähriger Prozeßdauer werden 156 Menschen aller Hautfarben von der Anklage des Hochverrats freigesprochen.

1960 Bei einer friedlichen Demonstration in Sharpeville richtet die Polizei ein Massaker an und tötet 69 Demonstranten.

1960 Der ANC und der PAC werden verboten.

1961 Südafrika tritt aus dem Commonwealth aus und wird zur Republik erklärt.

1962 Nelson Mandela und viele andere Mitglieder des ANC werden verhaftet. Mandela wird im Rivonia-Prozeß zu lebenslanger Haft verurteilt.

1968 Die ‹Bewegung des Schwarzen Bewußtseins› (Black

Consciousness Movement) entsteht, und die schwarze Studentenorganisation SASO (South African Students Organisation) wird gegründet.

1975–1976 Südafrika führt Krieg in Angola.

1976 Die versuchte Einführung des Afrikaans als Unterrichtssprache an schwarzen Schulen ist der Auslöser für den Aufstand der schwarzen Jugendlichen von Soweto. Der Aufstand greift auf weite Teile Südafrikas über und dauert mehrere Monate. Die Polizei richtet Massaker an. Ungefähr 1000 Menschen werden umgebracht.

1977 Der Führer der Bewegung des Schwarzen Bewußtseins, Steve Biko, wird von der südafrikanischen Polizei gefoltert und ermordet.

1980 Der ANC verübt einen erfolgreichen Anschlag auf die Kohleverflüssigungsanlage Sasol.

1982 Der weiße Gewerkschaftsführer Neil Aggett wird im Polizeigewahrsam umgebracht.

1983 Die außerparlamentarische gemischtrassige United Democratic Front (UDF) wird gegründet als Zusammenschluß von mehr als 700 Organisationen, die gegen die Apartheid arbeiten.

1984 Die Regierung führt eine Parlamentsreform ein. Farbige und Inder dürfen wählen und haben eine eigene Parlamentskammer. Sie üben jedoch keinen Einfluß aus, und die schwarze Bevölkerungsmehrheit bleibt nach wie vor von der politischen Mitsprache ausgeschlossen.

Juli 1985 Die Regierung verhängt den Ausnahmezustand über 36 Bezirke des Landes.

1985 Gründung des ‹Kongress südafrikanischer Gewerkschaften› (COSATU) mit einer Million Mitglieder. Bis Anfang 1988 organisiert COSATU oder seine Mitgliedsgewerkschaften Streiks (so im Oktober 1986, als 40000 Bergarbeiter streikten), nationale Protesttage und die ‹Kampagne für menschenwürdige Löhne›.

Juni 1986 Verhängung des landesweiten Ausnahmezustandes, der seitdem jährlich verlängert wird.

1987 In ganz Südafrika werden mehr als 47000 Menschen zwangsumgesiedelt.

1985–1988 Der Widerstand in den Townships wird verstärkt durch Mietzahlungsboykotte, Schulstreiks, Aktionen von Straßenkomitees. Zwischen 4–6 Millionen Schwarze sind arbeitslos. Gleichzeitig wächst die Repression: über 30000 Menschen, darunter Tausende von Kindern, werden unter den Notstandsgesetzen inhaftiert. Mit Hilfe von Polizei, Militär und angeheuerten Schlägertrupps (Vigilantes) versucht das Regime die Repression zu verstärken. Die Angriffe und Destabilisierungsversuche Südafrikas auf Nachbarstaaten nehmen zu.

Februar 1988 17 oppositionelle Organisationen werden faktisch verboten, darunter auch die UDF. Aktionsmöglichkeiten von COSATU werden stark eingeschränkt.

Juni 1988 Ein dreitägiger Generalstreik der unabhängigen Gewerkschaften – der größte Streik in der Geschichte Südafrikas – legt weite Teile des Landes lahm.

Juli 1988 Das ‹Gesetz über unmoralische Beziehungen› ist inzwischen abgeschafft, statt dessen wird eine Verschärfung des Gesetzes über getrennte Wohngebiete angekündigt.

Oktober 1988 Amnesty International berichtet, daß seit Jahresbeginn im Zentralgefängnis von Pretoria 164 Menschen hingerichtet wurden.

Nkosi Sikelela i-Africa

Schwarze Nationalhymne
(aus mündlicher Überlieferung)

Nkosi sikelela i-Africa
Maluphakanyisw'Udumo lwayo
Iva imithandazo yethu
Skosi sikelela / Thina Lusapho lwayo
Woza moya / O yi Oyingewele
Usisikelele / Thina Lusapho lwayo

Morena boloka setshaba sa heso
Ofedise dintwa le matswenyeho
Oseboloke
Setsaba sa heso / Setsaba sa Africa
Oseboloke morena / Oseboloke sesaba
Setsaba sa heso / Setsaba sa Africa

Gott segne Afrika
vermehre seinen Ruhm
höre unser Flehen.
Herr segne,
Herr segne.
Komm, heiliger Geist,
du bist heilig
und segne uns,
seine Kinder.

Gott schütze unser Volk
beende Krieg und Wirren
und behüte unser Volk.

Südafrika

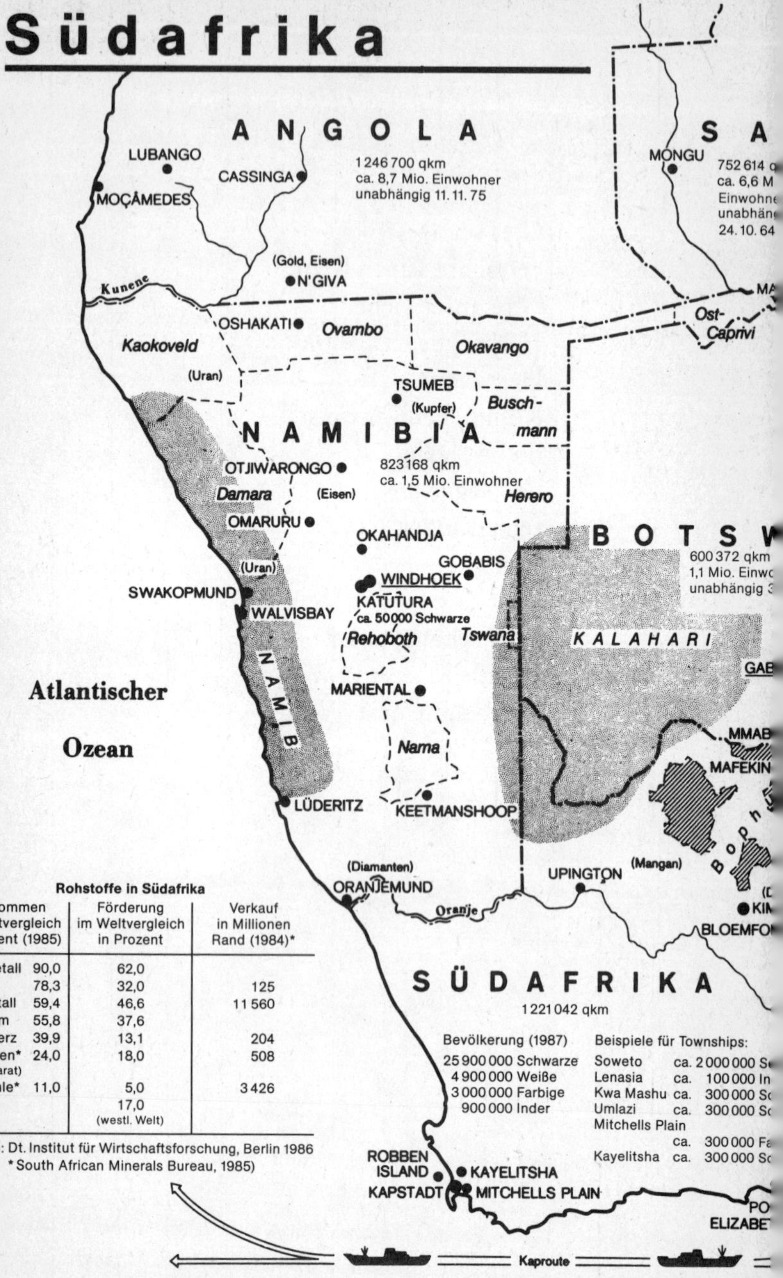

Rohstoffe in Südafrika

	Vorkommen im Weltvergleich in Prozent (1985)	Förderung im Weltvergleich in Prozent	Verkauf in Millionen Rand (1984)*
Platinmetall	90,0	62,0	
Chromit	78,3	32,0	125
Goldmetall	59,4	46,6	11 560
Vanadium	55,8	37,6	
Manganerz	39,9	13,1	204
Diamanten* (in Mio. Karat)	24,0	18,0	508
Steinkohle*	11,0	5,0	3 426
Uran*		17,0 (westl. Welt)	

(Quellen: Dt. Institut für Wirtschaftsforschung, Berlin 1986
*South African Minerals Bureau, 1985)

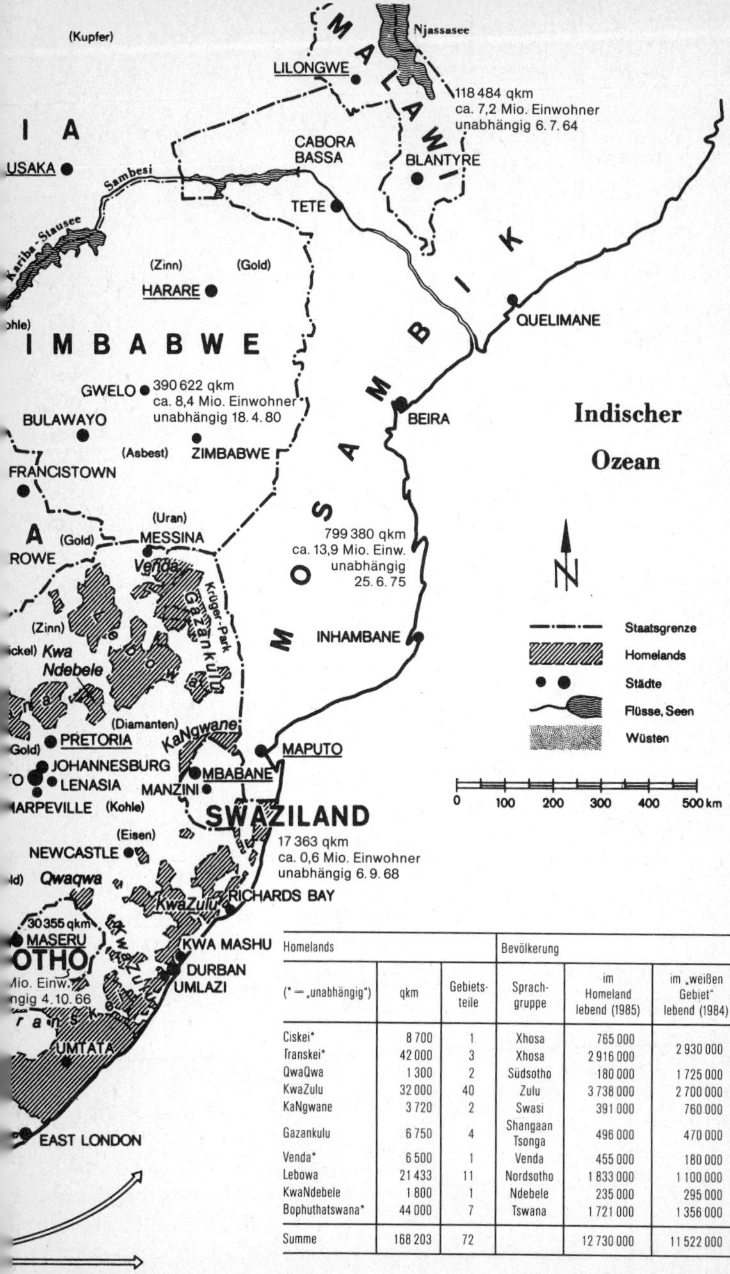

Homelands			Bevölkerung			
(* = „unabhängig")	qkm	Gebiets-teile	Sprach-gruppe	im Homeland lebend (1985)	im „weißen Gebiet" lebend (1984)	insgesamt
Ciskei*	8 700	1	Xhosa	765 000	2 930 000	6 621 000
Transkei*	42 000	3	Xhosa	2 916 000		
QwaQwa	1 300	2	Südsotho	180 000	1 725 000	1 905 000
KwaZulu	32 000	40	Zulu	3 738 000	2 700 000	6 438 000
KaNgwane	3 720	2	Swasi	391 000	760 000	1 151 000
Gazankulu	6 750	4	Shangaan Tsonga	496 000	470 000	966 000
Venda*	6 500	1	Venda	455 000	180 000	635 000
Lebowa	21 433	11	Nordsotho	1 833 000	1 100 000	2 933 000
KwaNdebele	1 800	1	Ndebele	235 000	295 000	530 000
Bophuthatswana*	44 000	7	Tswana	1 721 000	1 356 000	3 077 000
Summe	168 203	72		12 730 000	11 522 000	24 262 000

I
Südafrika vor der Ankunft des weißen Mannes

In meiner Zuluhütte

Sie ist ein Korb
ohne Bienen
Waben zu baun
mit goldnen Honigziegeln.
'ne vollgestopfte Höhle
mit 'nem Mahlstein,
Kalebassen mit Sauermilch,
Tontöpfe mit schaumigem Bier,
gräserne Schlafmatten,
hölzerne Kopfstützen,
gegerbte Ziegenhäute
gehängt mit Riemenstücken
an Geflechtbalken
geschwärzt vom Rauch
des gekneteten Kuhmistes,
der unter
dem Dreibeintopf brennt
über dem Lehmboden –
in dem meine Hirse kocht.

Oswald Mbuyiseni Mtshali

Vusamazulu Credo Mutwa

Isivivane – Die Steine am Fluß

Der Aufmerksame wird viele faszinierende Dinge in Afrika finden. Aber wie viele mögen schon an den Steinhaufen vorbeigegangen sein, die man an den Ufern der Flüsse findet, wo immer man sie durchwaten kann. Wie viele haben diese Steine wohl gesehen und sich nie gefragt, wie sie dort hingekommen sind?

Wenn ein Afrikaner einen Fluß an einem dieser Punkte durchquert, wird er auch heute noch einen Stein aufnehmen, auf ihn spucken und auf einen dieser Haufen legen. Indem er dies tut, gedenkt er eines sehr alten Gesetzes der Bantu – jenes Gesetzes, das seinen Ursprung in der großen Reise der Mambo, Nguni und Xhosa hatte.

Einen Steinhaufen dieser Art nennt man «Isivivane». Isi heißt «der», viva bedeutet «sich versammeln», und ne heißt «Ding von» oder «Platz von». Ein Isivivane ist also «der Versammlungsplatz».

Die alten Bantukönige wie Malandela, Xhosa und andere, welche die große Völkerwanderung vor rund 800 Jahren über den Zambesi in das südliche Afrika anführten, waren nicht einfach nur Führer wilder Horden. Nein, sie waren mächtige Könige, die sich dessen bewußt waren, daß sie die Verantwortung für Stämme trugen, die bis zu einer Million Menschen umfaßten. Während der großen Wanderung nach Süden kamen sie durch Gegenden, die von Sklavenjägern fast völlig entvölkert worden waren, und sie trafen immer wieder auf hilflose Gruppen von Menschen, die sich in den Bergen und Bäumen versteckt hielten. Diese Gruppen schlossen sich ihnen an, und einige der Gruppen, die am Anfang vielleicht aus fünf- bis zehntausend Leuten bestanden, hatten sich verzehnfacht, als sie ihr Ziel erreichten. Um solche Menschenmengen mit all ihrem Vieh und Besitz zu bewegen, bedarf es einer festen Organisation und vorausschauender Führung, und Malandela war ein Mann, der dieser Aufgabe gerecht wurde.

Die Reise in den Süden dauerte etwa dreißig Jahre. Es gab Perioden, in denen manche sich niederließen, um Mais anzupflanzen. Dann gab es Orte, wo die Stämme große Flüsse, die von Krokodilen verseucht waren, überqueren mußten. Viele Geschichten, die aus dieser Zeit überliefert sind, erzählen von Hunderten von Menschen, die getrennt wurden und sich wieder mit anderen verstreuten Gruppen zu neuen Stämmen zusammenschlossen. Dementsprechend mußte schließlich jeder Führer eine genaue Liste über die Menschen führen, für die er verantwortlich war. Um den Hals jedes Häuptlings lag eine Kette aus Perlen, aus den Eierschalen der Straußen gefertigt, und jede Perle repräsentierte einen seiner Männer. In diesen Tagen mußten die Frauen solche Perlen herstellen, eine für jedes Familienmitglied, und sie den Indunas überreichen, die sie wiederum an die Frauen der Häuptlinge weitergaben. Diese Frauen verarbeiteten sie zu langen Halsbändern, und die Indunas waren damit beschäftigt, neue hinzuzufügen oder vorhandene zu entnehmen, je nachdem, ob ein neues Stammesmitglied geboren wurde oder ob eines starb. Kupfer- und Tonperlen wurden benutzt, um die Herden zu zählen, und spezielle Holzperlen, um eine Liste über die Krieger zu führen.

Wann immer ein Stamm einen Engpaß durchqueren

mußte, wie zum Beispiel die Furt eines Flusses, wurde die Gelegenheit zu einer Volkszählung genutzt. Jede Person, die den Fluß überquerte, mußte einen Stein aufnehmen und ihn auf einen Haufen legen. Nachdem der ganze Stamm vorbeigezogen war, gab der Häuptling seinem Ältestenregiment den Befehl, die Steine mit der Anzahl der Perlen zu vergleichen. So entstand das «Isivivane».

(1983)

Wie der Tod in die Welt kam

Mündlich überliefertes Märchen der Zulus, neu erzählt von Kilgohr Traut

Vor langen, langen Jahren lebten die Wesen der Erde alle noch glücklich und ohne zu sterben miteinander, die Sonne, der Mond, die Menschen.

Eines Tages wollte Qamata, der große Geist, die Ehrlichkeit seiner Geschöpfe auf die Probe stellen.

Qamata rief die Sonne zu sich:

«Du sollst in meinen Palmenwald gehen, Sonne. Suche dort nach der größten Palme. Zapfe aus ihr den Palmwein und bringe ihn zu mir in dieser Flasche.»

Qamata gab der Sonne die Flasche. Die Sonne ging in den Palmenwald, wo sie bald die größte Palme gefunden hatte. Am Fuß der Palme fand die Sonne einen großen ausgehöhlten Kürbis, den sie zum Zapfen benutzte. Es war so viel Wein in der Palme, daß der Kürbis ganz voll wurde.

Die Sonne sah auf den prickelnden Wein und überlegte:

«Der Kürbis ist viel größer als die Flasche, in die ich den Wein füllen muß. Was soll ich mit dem Wein, der übrigbleibt, machen? Es ist warm, so daß ich ihn selbst trinken will, um mich zu erfrischen. Soll ich erst davon trinken und dann den Rest in die Flasche füllen? Oder soll ich erst die Flasche füllen und dann trinken, was übriggeblieben ist?»

Die Sonne überlegte wieder, goß dann den Palmwein in die Flasche. Sie goß und goß. Und als die Flasche voll war, sah die Sonne mit Erstaunen, daß kein Tropfen Wein mehr in dem großen, hohlen Kürbis geblieben war.

Die Sonne stieg von der Palme herunter. Sie durchlief den Palmenwald und eilte zu Qamata.

«O großer Geist, hier ist deine Flasche.»

Dann ging die Sonne zurück in ihre Hütte.

Am nächsten Tag ließ Qamata den Mond zu sich kommen.

«Mond, zapfe mir Palmwein und bringe ihn mir in dieser Flasche.»

Der Mond nahm die Flasche, kletterte wie die Sonne auf die Palme. Auch er zapfte den Kürbis voll Wein, überlegte und füllte dann zuerst die Flasche. Doch auch für ihn blieb vom prickelnden Wein der Palme kein Tropfen übrig.

Durstig brachte der Mond die volle Flasche Wein zu Qamata, dem großen Geist.

Am nächsten Tag rief Qamata den Menschen. Wie die Sonne und den Mond schickte er ihn los, um Wein aus der Palme zu zapfen. Auch der Mensch kletterte mit dem ausgehöhlten Kürbis die Palme empor. Als das große Gefäß mit Palmwein gefüllt war, überlegte er wie die Sonne und der Mond, ob er davon trinken sollte.

«Es ist mehr als genug Wein im Kürbis. Also kann ich zunächst meinen Durst löschen und einen Schluck trinken.»

Der Mensch trank einen Schluck, einen zweiten und dritten. Als er dann die Flasche füllen wollte, sah er mit Entsetzen, daß der Kürbis leer war. Er hatte alles ausgetrunken.

Mit einer leeren Flasche in der Hand kehrte der Mensch aus dem Palmenwald zurück.

Qamata nahm die leere Flasche und fragte den Menschen:

«Warum hast du meinen Auftrag nicht ausgeführt, Mensch?»

«Deine Palme ist ausgetrocknet, Qamata, sie gibt keinen Wein mehr, ehrlich.»

Da lachte Qamata, der große Geist, dem Himmel und Erde gehörten. «Wie kannst du glauben, daß mir etwas verborgen bleibt. Ich habe alle erschaffen, die den Himmel und die Erde bewohnen. Ich sehe alles. Du hast mich belogen, Mensch, dafür mußt du deine Strafe empfangen. So höre also zu: Wer ehrlich ist, der kann nach seinem Tod immer wieder ins Leben zurückkehren, der wird nicht sterben. Doch dem, der lügt, dem schicke ich den Tod, den wird der Tod auf ewiglich behalten. Wer gelogen hat, wird von der Erde verschwinden wie ein Wassertropfen auf der trockenen roten Erde der Wüste.»

So war das also. Die Sonne und der Mond sind ehrlich geblieben, sie kehren deshalb jeden Tag aufs neue ins Leben zurück. Der Mensch aber hat nicht die Wahrheit gesagt. Für seine Lüge schickt ihm Qamata den ewigen Tod.

(1985)

Luli Callinicos

Über das Landleben

Noch vor ungefähr 200 Jahren besaßen die meisten Bewohner Südafrikas kein Geld. Sie bauten Getreide an und hielten Rinder, Schafe und Ziegen. Sie mußten fast alles selbst herstellen.

Nur wenige wohnten in Städten. Die meisten Menschen lebten auf dem Land. Aus dem Land konnten sie ihre Grundbedürfnisse decken. Land war für die «Selbstversorgungsgesellschaft» aus vielen Gründen wichtig. Es versorgte die Menschen mit Getreide, Rindern und anderen Tieren, die Nahrungsmittel und Kleider lieferten und als Arbeitskraft genutzt wurden. Das Land lieferte auch Materialien wie Lehm, Ziegelsteine und Stroh für den Hausbau.

Ohne das Recht, das Land zu nutzen, konnten die Menschen in der Selbstversorgungsgesellschaft nicht überleben. Viele Kriege wurden wegen Besitz oder Nutzung von Land geführt.

Die Qualität des Landes war sehr wichtig. Land mit Flüssen und mit guten Weiden war sehr gefragt. Die Tswana z. B. siedelten in der Nähe von Quellen; die großen Stämme in Zululand entwickelten sich in Gebieten, wo Boden, Weideland und Wasser die besten Voraussetzungen lieferten. Dieser Zugang zu fruchtbarem Land war später eine große Hilfe bei der Viehzucht und bei der Schaffung von Wohlstand und Macht.

Da die Mitglieder der Selbstversorgungsgesellschaft an das Land gebunden waren, war es wichtig, genug Arbeitskräfte zu haben. Je größer die Zahl der Arbeitskräfte, desto mehr Nahrung konnte produziert werden. Diese Arbeitskräfte kamen aus der Familie. Familien in den Selbstversorgungsgesellschaften waren groß – sie bestanden normalerweise aus dem Vater, seinen Frauen, Kindern und einer Anzahl von unverheirateten Verwandten, die ein Zuhause brauchten.

Familienmitglieder arbeiteten zusammen, um ihre Grundbedürfnisse zu erfüllen. Viele der täglichen Aufgaben leisteten sie zusammen. Gleichzeitig hatte jedes Familienmitglied seine eigene Arbeit. Die Frauen bauten gewöhnlich Feldfrüchte an und bereiteten sie zu. Sie waren geschickt in der Töpferei und stellten andere Dinge für den Haushalt her. Sie zogen auch die Kinder auf. Die älteren Mädchen halfen den erwachsenen Frauen bei ihren Aufgaben.

Die Männer jagten und beaufsichtigten die älteren Jungen und lehrten sie, die Tiere zu versorgen. Mit der Zeit wurde ein Mann Familienoberhaupt und hatte die Pflicht, sie bei Gefahr zu schützen. Einige Männer wurden für spezielle Aufgaben ausgebildet – sie waren Heiler und geistige Führer, einige waren Musiker und andere lernten das Handwerk des Schmiedens. Schmiede hatten in der Selbstversorgungsgesellschaft eine ehrenwerte Position, denn sie besaßen die wertvolle Fertigkeit, Bauern mit eisernen Werkzeugen und Soldaten mit Waffen für den Krieg auszustatten.

Es ist leicht zu verstehen, warum die Menschen der Selbstversorgungsgesellschaft große Familien wollten – mehr Menschen machten die Verteilung der Arbeit leichter. Sogar die Kinder halfen der Familie zu überleben, was auch immer für kleine Aufgaben sie erfüllten. Kinder waren in Selbstversorgungsgesellschaften immer willkommen.

Die Familie stellte das meiste, was sie brauchte, selbst her.

Aber einige Arbeiten konnte die Familie allein nicht verrichten. Für die Jagd war z. B. eine große Anzahl von Männern nötig, mehr, als eine Familie stellen konnte.

Manchmal gab es auch Gefahren, und die Menschen mußten sich schützen. Große Gruppen oder Gemeinschaften konnten die Gefahren der Natur besser meistern und sich gegen jene besser wehren, die versuchten, ihnen ihr Land abzunehmen. Als die Gruppen größer wurden, entwickelten sich daraus *Stämme*. Vom Führer oder Häuptling wurde erwartet, daß er für die Gemeinschaft sprach und handelte.

Die Treue zur Gemeinschaft war sehr wichtig in der Selbstversorgungsgesellschaft, da die Gemeinschaft für das Wohlergehen aller ihrer Mitglieder sorgte. Die Gemeinschaft würde nicht zögern, Opfer zu bringen, um zu helfen, wenn einer ihrer Verwandten in Gefahr wäre. Lebenslange Freundschaften bildeten sich unter den Männern der gleichen Altersgruppe, auch Gastfreundschaft war sehr wichtig.

Die Menschen in der Selbstversorgungsgesellschaft lebten auf *Gemeinschaftsbasis* – sie dachten nicht daran, nur für sich und ihre eigene Familie zu arbeiten. Ihr Wohlstand stieg und sank mit dem Wohlstand der Gemeinschaft.

Besonders in afrikanischen Selbstversorgungsgesellschaften gab es keine großen Klassenunterschiede. Das kam hauptsächlich daher, weil es keine Großgrundbesitzer gab. Niemand konnte mit dem Land tun und lassen, was er wollte. Er konnte das Land nutzen, aber wenn er es schlecht nutzte, würde der Häuptling es zurücknehmen. Der Häuptling entschied, wieviel Land jede Familie brauchte, so daß es keinen Streit gab.

In Südafrika mußten die meisten schwarzen Selbstversorgungsbauern unter schwierigen Bedingungen arbeiten. Zwar gab es vor einigen hundert Jahren reichlich Land, doch es fiel wenig Regen, und der Boden war nicht ertragreich. Aber die Bauern kannten Methoden, um den Boden zu schützen und zu bewässern. Sie verbesserten ständig ihre Anbaumethoden und bauten neue Feldfrüchte an, wie Mais und Tomaten, die von außerhalb Afrikas kamen.

Wenn das Land keine gute Ernte mehr erzeugte oder kein gutes Weideland mehr war, zogen die Menschen zusammen auf neues Land, während das alte Land ruhte.

Das Klima in Zululand eignete sich z. B. gut für den Anbau von Mais. Die Menschen dort konnten ihren Mais gegen Rinder eintauschen, die in den trockeneren Hochländern gezüchtet wurden. Vor Hunderten von Jahren nutzten die Venda und die Phalaborwa ihren Zugang zu Eisen, um einen regelmäßigen Handel zwischen dem westlichen Transvaal und der Küste zu betreiben.

Handel wurde auch mit Nicht-Afrikanern betrieben. Elfenbein, Eisen, Zinn und Tierhäute waren bei arabischen und europäischen Handelsflotten sehr gesucht, lange bevor Südafrika von Weißen besiedelt wurde. Die Schwarzen tauschten diese Güter gegen Glasperlen, Messing und später gegen Gewehre.

(um 1980)

Peter Kolb

Die Tugenden der Hottentotten

Die Schuldigkeit erfordert es jetzt, daß ich auch von den Tugenden der Hottentotten etwas berichte. Ich bin schon im voraus davon überzeugt, daß viele Christen an ihrem Gewissen gerührt werden, wenn sie die Vollkommenheit eines ehrbaren Tugendwandels nicht an sich spüren oder wahrnehmen, den man jedoch an den Hottentotten täglich erblicken kann, wenigstens dem äußeren Ansehen und Schein nach. Sie müßten daher schamrot vor ihnen stehen und sich für Knechte erklären, die, weil sie des Herrn Wille gewußt, ihn aber nicht erfüllt haben, doppelter Schläge schuldig sind.

Ein Hottentotte rühmt sich, und das mit größtem Recht, seiner natürlichen Freiheit. Er ist niemandem gerne untertänig, leidet lieber Armut und Dürftigkeit, als daß er sich verkaufen würde. Wenn ihn aber die höchste Not treibt, Dienst bei einem andern für eine gewisse Zeit anzunehmen, so geschieht das doch immer mit der Bedingung, daß seine Freiheit dadurch keinen Schaden erleiden dürfte.

Auf diese Freiheit folgt aber gleich eine weitere Tugend, nämlich die Vergnüglichkeit. Dadurch sind sie mit allem, was ihnen begegnet, zufrieden und fragen nicht nach Köstlichkeiten, Reichtümern und anderen weltlichen Schätzen, Ehren oder hohen Würden, sondern sie nehmen mit allem vorlieb, was ihnen widerfährt, da sie darauf vertrauen, daß alles von ihrem Tiquoa Gouna oder Herrn aller Herren herkommt...

Diese Vergnüglichkeit bietet der Guttätigkeit und dem hilfreichen Beistand die Hand. Sie stehen ihrem notdürftigen

Nächsten nämlich nicht nur mit Rat, sondern auch mit der Tat bei und helfen ihm, wo immer sie nur können und soviel in ihrem Vermögen steht.

Dies ist nicht nur aus vielen erzählten Handlungen zu ersehen, da sie einander ohne Entgelt Dienst tun, sondern es wird sich auch durch andere Umstände noch mehr erhellen. Zum Beweis dieses Satzes will ich mich fremder Worte bedienen. Herr Tachard schreibt nämlich in seiner Siamischen Reise folgendermaßen: «Die Hottentotten sind guttätig und hilfreich, haben nichts für sich. Schenkt man ihnen etwas, das teilbar ist, geben sie dem ersten ihrer Kameraden, der zu ihnen kommt, etwas davon, ja sie suchen ihn deswegen auf und behalten von dem, was sie haben, das kleinste Stück für sich.»

Sollte dies nicht eine herrliche Tugend bei ihnen sein? Man probiere es, wie ich es wohl tausendmal getan, und verehre einem nur eine Pfeife Tabak und sehe zu, ob er sie allein ausrauchen werde. Sobald einer zu ihm kommt und sich ebenfalls bei ihm niederhockt, wird er sogleich die Pfeife aus dem Mund nehmen und sie seinem Kameraden übergeben. Wenn dieser dann einige Züge getan, übergibt er sie dem ersten wieder. Kommt aber ein dritter oder vierter dazu, so bekommt dieser die Pfeife und geht diese also in die Runde, solange etwas darinnen ist.

Mit Brot und anderen Eßwaren geht es ebenso. Mir ist ein merkwürdiges Erlebnis mit dem Capitain Pegu bekannt. Dieser kam zu mir und klagte über Hunger, mit dem Zusatz, er hätte bereits seit drei Tagen, die er unterwegs sei, wenig oder nichts gegessen. Ich gab ihm soviel wie ich dachte, daß er benötigte, um seinen hungrigen Magen zu sättigen. Er fing auch wacker zu essen an. Als er aber einen seiner Kameraden vorbeigehen sah, der ihn nicht anblickte, rief er ihn gleich zu sich und lud ihn ein, mit ihm zu speisen. Dazu fand sich jener auch willig ein. Ich aber sagte ihm, daß ich ihm und nicht jenem zu essen gegeben hätte, deswegen sollte er sich selbst sättigen und den Rest für seine Heimreise aufsparen. Allein der Capitain Pegu sagte mir darauf: «Dieses ist der Brauch bei den Hottentotten. Ich mag nicht allein essen, sondern dieser muß auch etwas davon haben und versuchen. Denn wenn ich einmal zu ihm komme, so gibt er wieder mir von demjenigen, was er bekommt.»

(1705/13)

André Brink

Hier ist die Erde dunkelrot, als blute sie im Innern

Wenn du in Richtung Tulbagh gehst und auf den höchsten Gipfel steigst, kannst du ringsum weit in die Ferne sehen. Du kannst sieben Tage weit sehen, denn so lange brauchst du mit dem Fuhrwerk bis Kapstadt. Du siehst den Tafelberg am Kap, obwohl er so weit weg ist, daß du nicht sicher sein kannst, daß er da ist, aber er ist da... und du kannst Paardeberg sehen und Contreberg, Riebeek-Kasteel, Huningberg, die alle kannst du sehen, ja sogar Saldanha, wo das Meer eine leuchtende Linie zieht, und das ist elend weit weg, und Piketberg und das ganze Land der Vierundzwanzig Flüsse, das ich seit meinen Kindertagen kenne. Wenn du zwischen Sonnenaufgang und Sonnenuntergang geradeaus in die

Ferne blickst, hast du den Winterberg vor Augen, dahinter das Tal von Waveren und rechts davon das schmale Tal unterhalb des Witzenbergs. Da ist der Weg zu unseren Bergen, den Skurwebergen, die so schroff und schrecklich sind wie zu Tsui-Goabs Zeiten. Hier ist die Erde dunkelrot, als blute sie im Innern, obwohl sie dort, wenn man ein Loch gräbt, gelb wird; und sie ist durchsetzt vom Grau und Schwarz der Steine, die hier vor Urzeiten verstreut worden sind. Das ist das gelbliche Grün und das Braungrün des Buschwerks, Protea und Wolfsmilch und die aschgrauen Silberbäume mit ihren pechschwarzen Stämmen. Immer wieder Heidekraut zwischen den Felsen. Nun weißt du, daß du auf dem richtigen Weg bist, und du kannst dir Zeit lassen. Das Gras wird hart und kräftig und stoppelig, mit kleinen Baumgruppen und federähnlichen Büschen dazwischen, und das Glühen des Rotgrases in der Sonne, und Binsen in den Mooren. Du bist im Hochland, und wenn du von Waveren hier raufkommst, dann ist es, als ob du die Welt hinter dir läßt, denn du gehst bergauf, immer nur bergauf. Wenn dann das Gelände endlich eben wird, bleiben die Täler eng und karg, von Felsen eingeschnürt.

Graue Steine, innen flammend rot, von den Felsen abgebrochen und überall verstreut. Gesprenkelt mit Flechten, überwuchert von grobem Gesträuch und bitterem Heidekraut und plötzlichen Flecken aus leuchtendem Gelb oder ganz winzigen blauen Blütensternen; und hoch oben im Gebirge ziehen sich durch das Schwarz und das Grau der Felsen die weißen Streifen feiner Wasserfälle. Danach ist wieder alles aus purem massivem Felsgestein. Auch ein Fels wird, glaube ich, alt, genau wie ein Baum, und mit zunehmendem Alter wird er schwarz oder grau. Tiefer drin, im Innern, da bleibt er rot, als ob seine Eingeweide glühen, als ob er noch am Leben ist; aber außen ist er alt und grau.

Keine Frage, unsere Berge sind wirklich alt, und sie erstrecken sich wie das Skelett irgendeines mächtigen, schon lange toten Tieres von einem Ende des Bokkeveld zum anderen, Knochen über Knochen, aber viel härter als Knochen; und wir alle klammern uns an sie. Sie sind unser einziger Halt. Sie schützen uns vor der Sonne und halten den Wind von den engen Tälern und Durchlässen zwischen den Felsen fern, von den Feldern und Farmen, dem unverhofften Weiß der Gehöfte und Mauern, den weidenden Schafen und Rindern. Die wie an einer Schnur aufgereihten Farmen mit ihren Häusern und Nebengebäuden und Kraalen wirken so fest und ruhig, Houd-den-Bek und Riet Rivier und Wagendrift, Winkelhaale, Lagenvlei, Buffelshoek und Elandsfontein; aber man darf sich nicht täuschen lassen. Ein einziger mächtiger Windstoß, und alles ist weg, als sei es nie dagewesen. Die Weißen, die Honkhoikwa, die Glatthaarigen fühlen sich immer noch fremd in dieser Gegend. Sie schleppen immer noch die Angst ihrer Väter mit sich herum, die in den Ebenen oder in den gefährlichen Bergen den Tod fanden. Sie haben noch nicht begriffen. Sie sind noch nicht zu Stein und Fels geworden, in die Erde gebettet und immer und immer wieder neu aus ihr geboren wie die Khoi-khoi. Zu den Einheimischen gehört man erst, wenn der Körper aus dem Staub der eigenen Ahnen geformt ist...

Wir von den Khoi, wir haben in diesen Bergen und Ebenen, diesen weiten Steppen und Mooren nie eine wilde Landschaft gesehen, die gebändigt werden muß. Es waren die Weißen, die sie wild nannten und von wilden Tieren und wilden Menschen bevölkert sahen. Für uns war es immer eine freundliche und friedliche Umgebung. Sie hat uns zu essen und zu trinken gegeben und uns Obdach gewährt, selbst in den schlimmsten Dürreperioden. Richtig wild wurde sie erst, als die Weißen kamen und anfingen, zu graben und zu wühlen und zu schießen und die Tiere zu vertreiben.

(1982)

2

Die Europäer nehmen das Land in Besitz

Wir beobachteten die Ankunft des weißen Mannes
in seltsam geformten, uns unbekannten Schiffen.
Nun sind wir Eindringlinge
an den Küsten unseres Landes.

Er brachte ein Buch mit –
das sprach von einer neuen Religion,
von Liebe, Demut und Barmherzigkeit –
um uns abzulenken von seinem Betrug.

Uns gehörten die Felder.
Nicht mehr weiden kann unser Vieh.
Und wie Vieh werden wir zusammengetrieben,
zu verenden auf dürrer Erde.

Wir sterben in der Tiefe der Erde,
um seine Truhe mit Gold zu füllen.
Seine Gier nach diesen leuchtenden Krümeln
übersteigt seine Sorge um unser Leben.

Unsere kräftigen Rücken bauen die Straßen,
auf denen der weiße Mann reist.
Seine Limousine hüllt uns in Staub –
wir werden in den Graben gedrängt.

In seinem Haus beruhigen
unsere Mütter und Schwestern seine Kinder,
verschwenden an sie Liebe –
nur um später verstoßen zu werden.

Die Ankunft des weißen Mannes
in unserem Land
war uns eine Lehre,
bitter wie Wurzeln:
Das Wort des weißen Mannes
ist einen Dreck wert!

James Matthews

Luli Callinicos

Weißer Kolonialismus

Vor ungefähr 300 Jahren spitzte sich die Landknappheit zu. Es folgte eine große Umbruchperiode. Die Kriege um Land lösten eine Kettenreaktion überall in Südafrika aus und verstreuten die Menschen bis nach Zentral- und Ostafrika. Tausende wurden in Kriegen getötet, Tausende flohen von ihren traditionellen Weideflächen und nahmen Zuflucht in Höhlen und in den Bergen. Tausende wurden gefangengenommen und von den erobernden Stämmen einverleibt. Andere schlossen sich zusammen und bildeten zu ihrem Schutz neue Gemeinschaften. In jener Zeit entstanden Nationen wie Lesotho und Ndebele.

Diese Zeit wurde als die Zeit der Unterdrückung (Mfecane) oder der erzwungenen Wanderung bekannt.

Mitten in den Unruhen der Mfecane waren 1652 holländische Siedler am Kap angekommen, hatten dort eine Kolonie gegründet und Land von den Khoi (die sie Hottentotten nannten) und den Saan (bei den Siedlern als Buschmänner bekannt) genommen.

150 Jahre später kamen dann englische Kolonialisten, um das Kap zu übernehmen. Viele der holländischen Siedler waren unzufrieden mit der englischen Herrschaft und zogen ins Landesinnere auf der Suche nach neuem Land.

Die weißen Trecker begriffen nur oberflächlich, was mit der schwarzen Gesellschaft geschah. Auch sie waren Selbstversorgungsbauern auf der Suche nach neuem Land. Trotzdem waren sie in der Lage, aus der Schwäche, die die Menschen durch die Mfecane erlitten, Nutzen zu ziehen. Große

Gebiete waren verlassen. Wenn schwarze Selbstversorgungsbauern nach den Kriegen aus ihren Zufluchtsstätten auf ihre Weideflächen zurückkamen, fanden sie dort weiße Siedler, die sie in Besitz genommen hatten.

Es begann ein erbitterter Kampf um das Land, zuerst im östlichen Kapland zwischen den Xhosa und den Holländern und später den Engländern, dann in Natal zwischen den Zulus und den Holländern und den Engländern und dann im Landesinneren.

(1980)

Kilgohr Traut

Kapitän Riebeeck und die swarten Honde

«Land! Land in Sicht!»

Der Obermaat Joost Gieter saß im Ausguck, schrie und winkte. «Land! Holt den Käptn! Land in Sicht!»

Kapitän Jan van Riebeeck hatte die Meldung des Ausgucks schon erwartet. Mit wenigen Schritten war er an Deck der «Dromedarius». Backbord, aber noch weit voraus, stiegen im Dunst Felsen aus dem Meer, dahinter konnte man den Kamm des Tafelberges mehr ahnen als sehen. Zufrieden blickte der Kapitän zur Felsenküste hinüber, rief dann nach oben:

«Er kann herunter, Obermaat. Er hat sich seine vier Reales redlich verdient.»

Vor nunmehr vier Monaten hatte die «Dromedarius», ein

schmucker, bunt bemalter Dreimaster, den Heimathafen Amsterdam verlassen, zusammen mit zwei kleineren Begleitbooten, der «Reiher» und der «Guten Hoffnung». Eine rauhe Mannschaft befand sich an Bord, Soldaten und Handwerker, Knechte und Seeleute, freigelassene Sträflinge und gescheiterte Glücksucher. Nach der langen Fahrt um Afrika herum, durch Stürme und Flauten, war in den letzten Wochen Unruhe unter der Besatzung der Schiffe aufgekommen. So hatte der Kapitän für denjenigen, der als erster Land meldete, eine Belohnung von vier spanischen Reales ausgesetzt. Heute, am Sonnabend, dem 6. April des Jahres 1652, hatten sie endlich ihr Ziel erreicht.

In seiner Kajüte nahm Riebeeck Feder und Logbuch heraus, um in wohlgesetzten Worten zu schreiben: «Gegen Fünf Glasen der Nachmittagswache sahen wir, Gott sei gelobt, das Land des Kaps der Guten Hoffnung, nämlich den Tafelberg.»

Mit Anbruch der Dunkelheit hatten sich die Boote auf Rufweite der Küste genähert. Vor der Mündung des Fresh River ließ Riebeeck Anker werfen.

Ein von der «Dromedarius» zu Wasser gelassenes Beiboot brachte am nächsten Morgen den Kapitän und eine mit Musketen ausgerüstete Begleitmannschaft an den Strand. Der zweiunddreißigjährige Jan van Riebeeck stand aufrecht am Bug. Er trug zur schwarzblauen Kapitänskleidung mit breitem, weißem Kragen einen breitrandigen, hohen, oben abgeflachten Hut, Stulpenstiefel und Stulpenhandschuhe, an einer Schärpe hing zu seiner Linken der Degen. Der Kapitän sprang als erster an Land. Noch heute am Sonntag wollte er den Platz aussuchen, auf dem das Fort errichtet werden sollte.

Riebeeck landete hier im Auftrage der holländischen Ostindienkompanie, der größten europäischen Handelsgesellschaft, um einen Stützpunkt für die Schiffe auf der Kaproute zu gründen. Fast täglich umsegelten in der Mitte des siebzehnten Jahrhunderts holländische Handelsschiffe das Kap, beladen mit Gewürzen aus Indien, mit Tee aus Ceylon, mit Seide aus China. Für die Reise von Batavia nach Amsterdam brauchten die hölzernen Frachtsegler etwa sechs Monate. Eine lange, quälende Fahrt, denn meist waren Fieber, Ruhr, Skorbut unvermeidlich. Die Ostindienkompanie hatte zwar Prämien ausgesetzt für Kapitäne, die die Strecke in kürzerer Zeit schafften, doch häufig waren die Seeleute so geschwächt, daß sie ihr Schiff nicht mehr im Sturm halten konnten. Und das Kap der Guten Hoffnung wurde nicht umsonst von den Seeleuten früher das Kap der Stürme genannt.

Die Kaufleute der Ostindiengesellschaft, denen der Gewürzhandel den Namen «Pfeffersäcke» eingetragen hatte, entschlossen sich daher, direkt am Kap einen Stützpunkt zu gründen, um von dort ihre Schiffe mit frischem Gemüse, Fleisch und Wasser zu versorgen.

Am Vormittag des 7. April 1652 suchte Jan van Riebeeck für seine Auftraggeber im fernen Amsterdam nach dem geeigneten Platz für die geplante Siedlung. Schon bald hatte er eine Stelle gefunden, an der der Fluß durch Gräben um das Fort herumgeleitet werden konnte.

Am nächsten Tag wurde das Material ausgeladen, und bereits am Mittwoch waren die Männer bei trockenem und warmem Wetter mit Hacken, Spaten, Schaufeln und Schubkarren bei der Arbeit.

Schwer atmend lief ein etwa vierzehnjähriger Junge durchs Gras, erreichte sein Dorf, das in abendlicher Ruhe lag. Die Frauen waren dabei, das Essen zu bereiten, die Männer saßen vor den runden Hütten und redeten miteinander.

Schon von weitem schrie der Junge aufgeregt: «Vater, Vater!» Aller Augen richteten sich auf ihn.

«Als ich am Fluß einen Springbock gejagt habe, ist ein riesiges Kanu den Fluß hochgekommen, auf beiden Seiten saßen Männer mit Paddeln. Und sie waren völlig weiß, ihre Haut war überall weiß, und auf dem Kopf hatten sie gelbe Haare, wie der Löwe.»

«Häuptling, dein Sohn lügt, kein Mensch hat Haare wie ein Löwe.»

«Malandela, mein Sohn, sprich die Wahrheit.»

«Es ist wahr, sie hatten gelbe Haare, gelb wie der Löwe, und einige hatten sogar rote Haare, rot wie das Feuer!»

Die jüngeren Männer blickten ungläubig, doch Rra-Dinohu, der Medizinmann, nickte. «Ja, früher sind häufiger große Kanus an der Küste gelandet, in denen Menschen waren, die weiße Haut hatten, auch Menschen, die völlig rosa waren. Nur jetzt hat man sie länger nicht mehr gesehen.»

Einige der Alten stimmten ihm zu. «Auch ich habe sie gesehen und unsere Ältesten davon erzählen hören. Doch diese Weißen sind keine richtigen Menschen. Gelbes Haar kann nicht auf dem Kopf von Menschen wachsen, es wächst nur auf den Bäumen.»

«Sie sind Söhne großer Blumen, die unter dem Meer wachsen, halb Mensch und halb Pflanze.»

«Ihre Frauen gebären keine Kinder wie normale Menschen, sie legen glänzende Glaseier, aus denen dann die kleinen Weißen schlüpfen.»

Die Aufregung legte sich bald. In den letzten Jahrzehnten hatten gelegentlich holländische oder portugiesische Schiffe am Kap festgemacht; Geschichten über die Weißen waren bis weit ins Hinterland verbreitet. Man mußte sich vor den Weißen in acht nehmen, man konnte bei ihnen aber auch fremdartige Dinge eintauschen.

Die Khoi-khoi, das Hirtenvolk, das in den Bergen des Kaplandes lebte, hatten keine Angst vor den Fremden. Sie, die sich selbst die ‹wirklichen Menschen› nannten, zogen mit ihren Rindern und Fettschwanzschafen durch das Land, und wenn die Weiden abgegrast waren, dann legten sie die Rohrgestelle und Schilfmatten, aus denen sie ihre Rundhütten bauten, einfach zusammen und zogen weiter, bis sie neue Weidegründe fanden. Sie waren es, die hier seit Jahrhunderten das Land besaßen. Schon lange konnten sie Eisen in Erdgruben schmelzen und sich daraus Pfeil- und Speerspitzen schmieden, um sich damit gegen Feinde und wilde Tiere zu verteidigen.

Doch nun hörten die Khoi-khoi vom Saldanha-Stamm mit Erstaunen, daß diesmal viele Weiße gelandet wären, auch Frauen, und daß sie dabei wären, an der Küste Häuser und Zäune zu errichten. Ihr Land war bisher für alle groß genug gewesen, es würde auch groß genug sein für die Weißen, was immer sie hier wollten.

Am Fuße des Tafelberges hatte Riebeeck ein von Palisaden umgebenes Fort errichten lassen, das den zweihundert Weißen, neben Holländern vielen Deutschen, Schutz bot. Noch mußten die Bewohner überwiegend von Schiffszwieback und Pökelfleisch leben. Denn die Schwarzen blieben zurückhaltend, sie schienen wenig Bereitschaft zu zeigen, Handel zu treiben.

Kleine Geschenke lösten allmählich die Scheu der Khoi-khoi. Man lockte sie mit Werkzeugen, Kupfer, Kleidung, Tabak; sie brachten Rinder und Schafe, langsam entfaltete sich der Tauschhandel. Vor dem Fort entwickelte sich ein richtiger Markt, auf dem die holländischen Frauen sogar Schmuck von Khoi-khoi-Handwerkern kaufen konnten.

Riebeeck mißtraute den Eingeborenen zwar, doch er mußte Frieden halten, um den Aufbau der Siedlung nicht zu gefährden. Einer seiner ersten Befehle als Kommandant galt deshalb dem Schutz der Schwarzen: «Wer einen Eingeborenen schlägt oder stößt, erhält, ob er im Recht ist oder im Unrecht, fünfzig Hiebe in Gegenwart des Mißhandelten, damit die Eingeborenen erkennen mögen, daß dieses gegen unseren Willen geschah.»

Im Kreise seiner Offiziere machte der Kapitän allerdings keinen Hehl aus seiner Verachtung für die «swarten Honde», die schwarzen Hunde.

«Nicht einmal eine menschliche Sprache haben die Hunde, sie können nur krächzen und schnalzen, wie Satan höchstselbst. Wie sich das anhört: Hott-Tott, Tott-Hott.»

«Und schmutzig sind die Hottentotten. Sie schmieren sich am ganzen Körper mit Öl ein, bis sie stinken und in der Sonne glänzen.»

Die sauberen, reinlichen Holländer schüttelten sich. Der Kapitän dachte mit Entsetzen daran, wie er vor einigen Tagen einem Khoi-khoi-Häuptling die Hand zum Gruß geboten hatte und ihm dieser darauf sofort um den Hals gefallen war. Ihm kamen danach seine Kleider so beschmutzt vor, daß er sie wegwarf.

Doch im Dezember 1652 konnte Jan van Riebeeck erst davon träumen, wie sich mit den «swarten Honden» reiner Tisch machen ließe: «Mit hundertfünfzig Mann könnten wir 10000 bis 12000 Rinder sicherstellen. Außerdem könnten wir viele Wilde fangen, denn sie kommen immer unbewaffnet zu uns, und sie als Sklaven nach Indien schikken.»

Gegenüber dem zweiten schwarzen Volk des Kaplandes verloren die Holländer aber doch bald ihre Geduld. Als Jäger lebten in den Buschwäldern die Saan, ein den Khoikhoi verwandtes Volk, das sich nach seinen eigenen, jahrhundertealten Gesetzen das Recht gegeben hatte, alle Tiere auf seinem Gebiet zu jagen und zu erlegen. Die Weißen verachteten die einfach lebenden Saan als Bosjemans, Buschmänner, und als diese sich einfach das frei weidende Vieh des Stützpunktes nahmen, setzte Riebeeck Wachen ein: «Alle Buschmänner, die ihr erwischt, werden bis aufs Blut ausgepeitscht.»

Die Stimmung zwischen Schwarzen und Weißen verschlechterte sich. Auch die in der Gegend des Stützpunktes lebenden Khoi-khoi-Stämme merkten bald, daß die Holländer immer mehr von ihren Weidegründen in Anspruch nahmen und überhaupt nicht an einen gerechten Handel dachten. Sie zogen sich zurück, weigerten sich, Vieh zu verkaufen, obwohl es sogar zu ersten Eheschließungen zwischen Khoi-khoi-Frauen und holländischen Matrosen gekommen war.

Jan van Riebeeck sah nur eine Möglichkeit, seine Schwierigkeiten zu lösen. Der Stützpunkt mußte zu einer großen

Siedlung erweitert werden, und dafür brauchte er Menschen, möglichst viele Menschen. Mehrfach schrieb er nach Amsterdam an das Direktorium der Ostindischen Kompanie:

«Wir brauchen tausend Familien, arme Bauern, Knechte, Handwerker, die man in Holland und Deutschland anwerben kann, denen wir hier zu günstigen Bedingungen Land geben. Aus Liebe zu ihren Kindern werden die Eltern dann hierbleiben, sie werden ihre Ländereien ständig verbessern, bis sie schließlich nicht mehr an die Heimkehr denken. Wenn sie dann allmählich von Holland entwöhnt sind, werden sie dies Kap als ihre Heimat betrachten.»

Doch zunächst waren die Amsterdamer Kaufleute nicht an einer so großen Siedlung interessiert. Sie fürchteten, daß dann irgendwann ihre Gesellschaft die Alleinkontrolle über den Stützpunkt verlieren könnte. Aber Riebeeck gab nicht auf.

Im Jahre 1657 schickte das Direktorium der Kompanie dann Ryklof van Goen als Kommissar ans Kap, den der Kapitän zumindest teilweise von seinen Plänen überzeugen konnte. Riebeeck erhielt die Zustimmung, daß einige seiner Leute sich als freie Bauern im Kapgebiet niederlassen dürften. Van Goen wollte dafür in Amsterdam Kredite und andere Hilfen besorgen.

Am 21. Februar 1657 konnte Jan van Riebeeck den ersten neun Siedlern Freibauernstellen verleihen, weitere folgten in den nächsten Monaten, darunter befanden sich auch mehrere Deutsche: Hermann Remajenne aus Köln, Heinrich Elbert aus Osnabrück, Otto Jansz aus Vreden, Johann Martens de Wacht aus Friedland, Christian Jantz aus Husum und weitere.

Der Stützpunkt wuchs nun sichtbar. Neben dem Fort reihten sich an zwei Straßen Häuser mit Gärten, kleine Obstplantagen wurden bebaut, eine Mole sicherte den Hafen, für die Freibauern wurde neues Land eingezäunt und streng bewacht. Jeder von ihnen, die jetzt Boers oder Buren hießen, erhielt fünfundvierzig Hektar Grund. Schon im ersten Jahr wurde so viel Land eingezäunt, daß sich die bis dahin friedfertigen Khoi-khoi immer mehr in ihrer Bewegungsfreiheit eingeschränkt fühlten. Wenn sie sich der Siedlung näherten, durften sie nur noch eingezäunte Wege benutzen, und das auf dem Land, das eigentlich ihnen gehörte. Viehdiebstähle nahmen zu, Zäune wurden niedergerissen. Der erste Weiße starb.

Riebeeck rief daraufhin die Männer der Siedlung zusammen: «Es reicht! Wir wissen alle, daß die Schwarzen keine Menschen sind, sondern schwarze, stinkende Hunde – trottelig, dumm, faul und stinkend. Wenn der Herrgott wollte, daß sie Menschen wären, dann hätte er ihnen auch eine andere Hautfarbe gegeben. Und jetzt rauben uns diese Hunde sogar das Vieh, das wir bei ihnen gegen Kaufmannswaren eingetauscht haben. Jetzt haben wir den ersten Holländer mit einem Wurfspieß im Hals gefunden.

Die Swarten sagen zwar, daß sie dieses Land von alters her besitzen, aber wir sind als Christenmenschen gelandet und haben uns dieses Land untertan gemacht. Und wir werden unsere Rechte zu wahren wissen!»

Der Kapitän fand begeisterte Zustimmung bei seinen Leuten. Die meisten Siedler waren in Holland selbst Unterdrückte, Gescheiterte, Umhergestoßene gewesen. Und hier, gegenüber den Hottentotten und Buschmännern, waren auch sie Herren. In den nächsten Tagen wurden Hottentottenkommandos gebildet, die bis weit ins Landesinnere zogen, die Schwarzen in ihren Krals und Siedlungen umstellten und mit ihren Musketen zusammenschossen, bis keine Frau und kein Kind mehr am Leben waren.

Doch die Khoi-khoi und die Saan wehrten sich, kämpften, nahmen getöteten Holländern Gewehre ab. Kapitän van Riebeeck war schließlich gezwungen, bei den Khoi-khoi-Häuptlingen um einen Friedensvertrag nachzusuchen, weil sonst die Lage der kleinen Kolonie unhaltbar geworden wäre.

So traf schließlich nach einigen Vorverhandlungen eine Delegation selbstbewußter Khoi-khoi im Fort von Kaapstad ein. Unter ihnen war auch der zum Jüngling herangewachsene Häuptlingssohn Malandela, den die erste Begegnung mit den Weißen noch erschreckt hatte, der dann aber ihre Technik und ihre Werkzeuge zu bewundern begann und von ihnen lernen wollte. Malandela, der auch etwas von der Sprache der Weißen gelernt hatte, erhob dann auch die Stimme für sein Volk:

«Wir haben in Frieden gelebt und wollen Frieden halten. Aber die weißen Männer sind gekommen und haben uns unser Land weggenommen. Es kommen immer mehr, und sie nehmen uns immer mehr von dem Land weg, das uns seit Jahrhunderten gehört hat. Sie töten unsere Familien und treiben unser Vieh davon. Können wir wohl das gleiche in Holland tun, wenn wir dorthin kommen?»

Kapitän Riebeeck antwortete ihm daraufhin, daß es am Kap nun einmal nicht genug Weiden für alle, für die Buren und die Hottentotten gäbe.

Malandela stellte zum Abschluß nur eine Frage: «Wer

sollte dann gerechterweise nachgeben – der rechtmäßige Eigentümer oder der fremde Eindringling?»

Die Abgesandten der Khoi-khoi waren dennoch bereit, mit den Weißen Frieden zu schließen. Sie nahmen dafür Geschenke wie Kupfer, Glasperlen und Tabak entgegen.

Der Friede war nur von kurzer Dauer, Riebeeck und die anderen Holländer fühlten sich durch ein Wort an «swarte Honde» nicht gebunden. Im Jahre 1662 allerdings wollte die holländische Ostindienkompanie Riebeecks gewaltsame Landnahme noch nicht unterstützen, aus Sorge um die Sicherheit ihres Stützpunktes Kaapstad. So versetzte das Direktorium Jan van Riebeeck im April, genau zehn Jahre nach seiner Ankunft, auf einen neuen Posten nach Batavia.

(1985)

Duncan Campbell Francis Moodie

Über die Buren und ihren Charakter

Aus dem Bericht eines englischen Reisenden von 1888

Ihr Charakter und ihr Benehmen sind sehr einfach, manchmal beinahe primitiv. Die Buren sind sehr gastfreundlich, besonders zu ihresgleichen, aber auch zu den Engländern, die sie kennen. Sie haben meistens große Familien mit vielen Kindern und Enkeln. Solange der Vater lebt, ist er das Oberhaupt der Sippe, und normalerweise wird mit großer Verehrung zu ihm emporgeblickt. Besonders die jüngeren Familienmitglieder behandeln den Vater mit großem Respekt. Die Kinder heiraten gewöhnlich sehr jung: die Mädchen, sobald sie 15 Jahre alt sind, und die Jungen etwa mit 18 oder 20 Jahren. Nach der Hochzeit bleiben sie oft für lange Zeit im Haus und unter der Obhut der Eltern. Erst wenn sie in der Lage sind, angemessen für sich selbst zu sorgen, ziehen sie aus.

Die Buren sind meistens bequem. Die alte Frau im Haus sitzt an der Seite des Tisches mit dem Rücken an die Wand gelehnt. Auf jeden Fall sitzt sie in der Nähe des Kaffeekessels oder der Teekanne. Wenn sich dann ein Besucher gesetzt hat, so wird er nach einigen Minuten mit der Frage begrüßt: ‹Wil Mynheer een kop koffee drink?› (‹Möchte der Herr eine Tasse Kaffee trinken?›) Wenn der Besucher schon eine weite Strecke in Staub und Hitze gereist ist, dann ist diese Frage nicht unangenehm und der Kaffee ein sehr erfrischendes Getränk.

Ein kleines Mädchen oder ein Junge oder ein Hottentotte kommen dann mit etwas warmem Wasser und einem Handtuch. Das Waschen entspannt die Haut an den Händen und im Gesicht, die vorher noch vor Hitze gebrannt hat.

Die zwei Hauptmahlzeiten werden ungefähr um 11 Uhr vormittags und um 7 Uhr abends eingenommen, und ob man nun drei Stunden vorher oder drei Minuten vorher da ist, bleibt ganz egal. Genauso wie in Amerika werden die Zeiten zum Essen strikt eingehalten, und wenn man eine halbe Stunde zu früh kommt, dann ißt man deswegen nicht früher als gewöhnlich. Die Männer sind nach der Pubertät meist stämmig, während die Frauen im wahrsten Sinne des

Wortes fett sind. Es ist nichts Ungewöhnliches, in einem Schlafzimmer vier oder fünf Betten zu finden, die von zwei oder drei verheirateten Paaren benutzt werden. Wenn ein anständiges englisches Paar zum erstenmal eines dieser Zimmer sieht, so wirkt es auf sie befremdend, aber die Holländer ziehen sich für gewöhnlich nicht aus, wenn sie zu Bett gehen, höchstens teilweise.

Die Männer tun normalerweise nicht viel mehr, als in der Nacht und am Morgen die Rinder und anderes Vieh zu kontrollieren. Einen guten Wagen und ein Gespann von 12 Ochsen braucht ein Bure, und dann findet er als Farmer überall in Südafrika ein Zuhause. Aber die Buren können es nicht ertragen, von wilden Tieren oder streitlustigen Eingeborenen belästigt zu werden. Ihre großen Herden von Schafen mit fetten Schwänzen, ihre riesigen Herden von Rindern mit langen Hörnern und ihre edlen Pferde mit dem glänzenden Fell müssen alle in Frieden und Sicherheit leben können, sonst wird man sehr bald den Ausruf vom ‹groote heer› (dem ‹großen Herrn›) hören: ‹Myn vrouw, wy moet trek.› (‹Meine Frau, wir müssen weiterziehen.›)

«Die Kaffern... Diese Race ist ohne Zweifel eine der feigsten, welche die Erde trägt; doch beim geringsten Zeichen von Furcht auf Seiten des Gegners bekommt der Kaffer Muth und kennt dann in seiner Wildheit keine Gränzen. Er übertrifft an Grausamkeit und Blutgier den amerikanischen Wilden, der ihn an edlen Eigenschaften und Muth weit überragt. Für gewöhnlich versteckt der Kaffer seine Feigheit hinter ein trotziges, anmassendes Benehmen, welches bei seiner imponierenden Persönlichkeit wohl geeignet ist, Furcht einzuflössen, sowie er indessen ernstlichen Widerstand findet, giebt er sofort nach.»

Gustav Fritsch, deutscher Reisender, 1868.

Christoph Plate

Die Schlacht am Bloodriver

Der 16. Dezember ist ein Feiertag in Südafrika. Es werden Aufmärsche veranstaltet und Reden gehalten. Man feiert den Dingaans-Tag. Den Tag des Sieges der Buren über das Volk der Zulu im Jahr 1838.

Die Zulus waren ein sehr mächtiges Volk in Südafrika. Noch heute leben sie in Natal, an der Küste des Indischen Ozeans, und sind bekannt für ihren Stolz und ihre Würde.

Sie waren das Volk, das den eindringenden Buren den größten Widerstand entgegensetzen konnte. Das hatte seine guten Gründe, denn die Zulus besaßen eine große und wohlorganisierte Armee. 40000 Krieger wurden von Shaka befehligt. Er hatte im 18. und zu Beginn des 19. Jahrhunderts sein Volk durch den straffen Aufbau der Armee zu einen versucht. Seine Regimenter, die Impis, in denen Männer bis zu 40 Jahren dienten, mußten regelmäßig an Manövern teilnehmen. Die militärischen Regeln des Zusammenlebens waren streng. Junge Männer konnten erst nach ihrem Militärdienst heiraten, und bevor sie nicht einen Feind getötet hatten, durften sie auch nicht mit einer Frau schlafen. Der König schaffte die Sandalen für seine Krieger ab und ließ sie zur Abhärtung über glühende Kohlen laufen. Vergehen wurden schwer bestraft. Ein Südafrika-Forscher schrieb 1888: «... Aber eine Niederlage, unter welchen Umständen auch immer, war das Kennwort für Leid und Wehklage und für ein unbeschreibbares Massaker. Auf Hunderte von mutigen Männern wurde dann auf Befehl ihres erbarmungslosen und nicht zu besänftigenden Gebieters Jagd gemacht, um sie als unmißverständliche Warnung für zukünftige Kriegszüge zu durchbohren.»

Auch die Waffentechnik wurde von Shaka verändert. Der bisher verwandte Wurfspieß wurde ersetzt durch einen kürzeren Stoßspieß, den Assegai. Im Krieg mußten die Kämpfer nun näher aneinander, um zu kämpfen.

Der Name Shaka flößte Angst und Bewunderung ein. Die Fähigkeit zu straffer Führung, zu genialer Neuerung und der Hang zur Grausamkeit lagen bei Shaka nahe beieinander. Ein Europäer schrieb über ihn: «Napoleon, Julius Caesar, Hannibal, Karl der Große... Männer wie diese, die sich ruhmreich über die anderen hinaushoben, hat es in regelmäßigen Abständen immer wieder in der Weltgeschichte gegeben. Zu ihnen gehört auch Shaka, und vielleicht ist er der Größte von allen.»

Shaka hatte seinen Vater und seinen Bruder rücksichtslos beseitigt. Damit hatte er alle Machtpositionen des Zulureiches inne. Ihm selbst widerfuhr dann ein ähnliches Schicksal. Im Jahr 1828 brachte Dingaan, der Bruder und Nachfolger, Shaka mit einigen ihm ergebenen Ratgebern um. Dingaan war der Mann, der das Zulu-Heer zehn Jahre später in die Schlacht am Bloodriver führen sollte.

Der Zulu-König verfügte über ein hervorragendes Spionage- und Nachrichtennetz. Dingaan hatte gehört, wie die

Buren mit anderen schwarzen Völkern umgegangen waren, die sich nicht ihrem Willen beugen wollten. Und so war er mißtrauisch, als die Buren 1838 in Natal siedeln wollten.

Ihr Führer, Piet Retief, verhandelte mit Dingaan. Es wurde ein Vertrag geschlossen, in dem Dingaan den Buren ein riesiges Gebiet überließ. Doch bei einem Fest in der Hauptstadt Umgungundlovu ließ Dingaan den Burenführer Piet Retief und seine weißen und schwarzen Begleiter erschlagen. Dieses Massaker und die Demütigung wollten die Buren rächen. Zehn Monate später zog ihr neuer Führer Andries Pretorius mit 464 Männern und mit Ochsenwagen, die Munition geladen hatten, zur Hauptstadt Dingaans. Dieser kam ihnen mit seinen Truppen entgegen, und am 16. Dezember 1838 kam es zur legendären Schlacht am Bloodriver.

Es war ein Tag voll Tod und Grauen. Die Zulus waren mit 12000 Kriegern angerückt, von denen 4000 getötet wurden. Die Buren hatten ihre Planwagen zu einem Kreisrund aufgefahren und wurden im Rücken vom Flußlauf geschützt. Bei der Verteidigung ihrer Wagenburg ließen sie die Krieger so nahe herankommen, daß jeder Schuß ein Treffer sein mußte. Auf Seiten der Buren gab es drei Verletzte. Die Zulus waren besiegt, und der Abstieg Dingaans begann.

In einem südafrikanischen Geschichtsbuch heißt es zu diesem Tag: «Die Bewohner wie auch die Besucher Südafrikas müssen sich vor Augen halten, daß die Schlacht am Bloodriver einen Wendepunkt in der Geschichte des Landes darstellt. Die Zeit der Barbarei ... war damit beendet, die Zeit der Zivilisation und der friedlichen Erschließung begann.»

(1985)

Christoph Plate

Dies ist unser Land. Die Buren auf Menschenjagd

Mmoni konnte es nicht verstehen. Sie klagte, jammerte und flehte. Es half nichts. Verzweifelt rannte sie nun schon seit Stunden neben dem weißen Mann her, der unbeweglich auf seinem Pferd saß. Zwei Kinder lagen mit zusammengebundenen Händen und Füßen quer auf dem Rücken des Pferdes. Es waren Mmonis Kinder, sie waren etwa sechs und acht Jahre alt. Der weiße Mann hatte die Kinder geraubt, als sie allein mit ihrer Mutter zur Wasserstelle gegangen waren. Die Kinder sollten verkauft werden. Sie hatte davon gehört, daß der weiße Mann Jagd auf schwarze Kinder machte, um sie an andere weiße Männer im Süden zu verkaufen.

Aber diese Kinder waren ihr Stolz, sie waren das Leben, das sie von ihrem Mann empfangen hatte. Diese Kinder bedeuteten ihr Freude, Liebe und Wohlstand. Man nannte sie Sklaven, diese Menschen, die für den weißen Mann arbeiten mußten, ohne etwas anderes dafür zu bekommen als Schläge und Verachtung. Und Sklaven sollten nun auch Mmonis Kinder werden. Die schwarze Frau bettelte, man möge ihr die beiden Kinder wiedergeben, doch dieser weiße Mann mit dem rotgebrannten Nacken schien sie nicht zu hören.

Als die Engländer 1834 in der Kapkolonie die Sklaverei verboten, zogen viele Buren mit ihren Familien und ihrem Besitz auf von Ochsen gezogenen Planwagen fort. Sie waren empört darüber, daß die Sklaven nicht mehr zur Zwangsarbeit getrieben werden durften. Die Engländer hatten sogar eine Beschwerdestelle für Arbeiter eingerichtet, die sich ungerecht von ihren weißen Herren behandelt fühlten. «Unmöglich», schrien die Buren. «Man kann einen Schwarzen doch nicht einem Weißen gleichstellen!»

So zogen viele Buren fort, lieferten sich blutige Schlachten mit schwarzen Völkern, treckten weiter und gründeten im Jahr 1852 den Staat Transvaal.

An der Einstellung der Buren zur Sklaverei hatte sich in all den Jahren, seit sie vom Kap fortgezogen waren, nichts geändert. «Wie soll ein dummer Schwarzer, der in einer stinkenden Hütte lebt, wie soll so ein Mensch gleichwertig sein mit einem von uns, von den Buren, dem auserwählten Volk Gottes?» fragten sie sich.

In Transvaal wurden Tausende von Schwarzen rücksichtslos für die Arbeiten der Buren ausgebeutet. So schrieb der englische Missionar und Afrikaforscher David Livingstone, die sogenannte ordentliche Behandlung der Schwarzen durch die Buren enthielte «immer das essentielle Element der Sklaverei, nämlich unbezahlte Zwangsarbeit. Die Stämme, die noch den Schein der Unabhängigkeit besitzen, müssen die ganze Feldarbeit (für die Buren) machen, das Land bestellen, Dämme und Kanäle bauen und sich gleichzeitig selbst ernähren. Ich habe gesehen, wie Buren in ein Dorf kamen und wie üblich zwanzig bis dreißig Frauen anforderten, um das Unkraut in ihrem Garten zu jäten. Die Buren bemühen sich gar nicht, die Niederträchtigkeit der unbezahlten Arbeit zu verbergen. Sie sagen: ‹Als Gegenleistung erlauben wir ihnen, in unserem Land zu leben.›»

Es wurden immer mehr Haussklaven und Arbeitskräfte für die Landwirtschaft der Buren gebraucht. Um die Nachfrage nach Arbeitskräften möglichst einfach zu befriedigen, machten die Buren Jagd auf Menschen. Schwarze Dörfer wurden überfallen und die Bewohner geraubt. Die Buren näherten sich zu Pferde einem Dorf und umstellten es. Schwarze, die bereits unterworfen waren, mußten sich als Schutzschild vor die Weißen stellen. Dann begannen die berittenen Weißen auf die Männer im Dorf zu schießen. Hinter dem menschlichen Schutzwall waren die Buren sicher vor eigenen Verlusten. Die Männer im Dorf mußten schließlich vor der Übermacht der Gewehre aufgeben und fliehen.

Die Frauen, die Kinder und das Vieh waren die Beute der Weißen. Mit Vorliebe wurden Kinder geraubt und in den Oranje Freistaat ‹exportiert›. Wehrlosen Müttern wie Mmoni wurden die Kinder aus den Armen gerissen und verkauft. Mmonis Kinder kaufte ein weißer Farmer bei Bloemfontein, für den sie schwere Arbeit verrichten mußten. Ihre Kinder hat Mmoni nie wiedergesehen.

(1985)

Horst Heidtmann

Buren gegen Briten

«Ich bekenne, daß wir Engländer das erste Volk der Erde sind und daß es, je mehr wir von der Welt besitzen, desto besser für die Menschheit ist... Dazu kommt, daß die Vereinigung des größten Teils der Erde unter einer Herrschaft schlechthin das Ende aller Kriege bedeutet.»

Der englische Dichter John Ruskin (1819–1900) stand nicht allein mit seiner Überzeugung, daß Großbritannien das von Gott zur Weltherrschaft auserwählte Land wäre. Allerdings wurde diese Herrschaft über «den größten Teil der Erde» durchaus nicht mit friedlichen Mitteln angestrebt.

Im 18. Jahrhundert lösen die Briten die Holländer in ihrer Rolle als führende See- und Handelsmacht der Welt ab. Noch besser als die holländischen, verstehen es die britischen Kaufleute, fremde Völker zu übervorteilen. Stück für Stück erobern die in roten Röcken steckenden Soldaten für die britische Krone neue Kolonien, häufig Gebiete, die vorher von Spanien oder Frankreich beherrscht wurden. Die englischen Kaufleute werden reich, bald reicher als ihre holländischen Konkurrenten. Und nicht zuletzt dadurch kann in England früher als anderswo in Europa die industrielle Revolution beginnen: Die Dampfmaschine und der mechanische Webstuhl werden erfunden und in Fabriken aufgestellt, wo sie schneller und billiger als die Menschen arbeiten. Damit in diesen Fabriken mehr hergestellt werden kann, braucht man mehr Rohstoffe. Hatten die holländischen Kaufleute, die «Pfeffersäcke», vor allem Gewürze aus den Kolonien geholt, so will Britannien hier vor allem billig Rohstoffe für seine Industrien gewinnen, Erze, Metalle, auch Wolle.

Nachdem im späten 18. Jahrhundert die Niederlande ihre wirtschaftliche und politische Macht fast völlig verloren haben, ergreifen die Briten die Gelegenheit, die Kolonie an der Südspitze Afrikas ohne ein großes Risiko ihrem Weltreich einzuverleiben. 1795 nähert sich ein Geschwader britischer Kriegsschiffe der Kaphalbinsel. Schlechtbezahlte holländische Söldner, zu Hilfsdiensten gezwungene Schwarze und die burische Bürgermiliz können den Rotröcken nur wenig Widerstand entgegensetzen. Am 16. September 1795 übernehmen die Engländer die Kapkolonie, die durch Napoleons Einfluß noch einmal für wenige Jahre an Holland zurückgegeben wird, um dann 1814 endgültig britische Kolonie zu werden.

Seit Beginn des 19. Jahrhunderts siedeln sich immer mehr Engländer in der Kapkolonie an. Spannungen zwischen Briten und Buren wachsen. In den Augen der Buren ist es gottgewollt, daß die Weißen die Herren und die Schwarzen die Knechte sind. Die Buren brauchen die wie Vieh gehaltenen Sklaven, um ihre riesigen Ländereien zu bewirtschaften. Die Briten wollen zwar auch die Schwarzen ausbeuten, doch mit ihren Vorstellungen von Christentum läßt sich die brutale Sklavenhaltung nicht in Einklang bringen: «Lassen wir den Hottentotten Gerechtigkeit widerfahren, ... geben wir ihnen das Recht, die Früchte ihrer Arbeit auf dem besten Markt zu verkaufen...» So werden im Jahre 1828, allerdings nur auf dem Papier, in der Kapkolonie Menschen aller Hautfarben für gleich erklärt. 1834 wird dann vom britischen Gouverneur die Sklavenhaltung offiziell verboten.

Es ändert sich dadurch aber fast nichts an der Praxis, wie Schwarze und Farbige behandelt, mißhandelt werden. Die Buren sind jedoch nicht einmal zu kleinsten Zugeständnissen bereit, sie wollen die uneingeschränkten Herren bleiben. Es erscheint ihnen unvorstellbar, daß sie mit Buschmännern und Hottentotten Lohnverhandlungen führen könnten. Sie verlassen deshalb in großen Planwagenzügen die Kolonie, um der britischen Bevormundung zu entgehen. Weiter im Landesinneren vertreiben sie wiederum Schwarze aus deren angestammten Gebieten, gründen neue Farmen, Siedlungen und 1839 die erste Burenrepublik Natal, die fast alle Kontakte zur Kapkolonie meidet.

Die Engländer wollen jedoch keinen unabhängigen Staat im Einflußbereich ihrer Kolonie dulden. Sie schicken Truppen aus, die 1843 die Burenrepublik besetzen und als Kronkolonie dem britischen Imperium angliedern. Die meisten Buren packen daraufhin wieder Betten, Hausrat, Werkzeug auf ihre Planwagen und trecken weiter nach Norden.

1849 werden neue kleine Burenrepubliken gegründet, aus denen später der Oranje Freistaat und Transvaal hervorgehen. Wenngleich die Buren zeitweise recht unbehelligt auf ihren abgelegenen Farmen wirtschaften können, so bestehen doch die Interessengegensätze mit den Briten fort. Nach den ersten Gold- und Diamantenfunden in Südafrika gewinnt die Landfrage an Bedeutung. Die Briten vermuten, daß unter dem Sand der Burenrepubliken märchenhafte Schätze liegen. So kommt es zum Jahreswechsel 1880/81 zum ersten Krieg zwischen Buren und Engländern, durch den sich die Briten in den Besitz der Bodenschätze Transvaals setzen wollen. In mehreren Gefechten können die Buren zwar ihre Unabhängigkeit wahren, sie müssen aber bei Friedensschluß den Engländern weitgehende Zugeständnisse machen; Untertanen der britischen Krone haben fortan gleiche Rechte, in Transvaal zu leben und zu arbeiten.

Briten und Buren geraten in den folgenden Jahren weiter aneinander. Kolonialpolitiker in England träumen davon, daß sich durch ganz Afrika hindurch eine breite Zone britischer Kolonien ziehen sollte, ein zusammenhängender Koloniebesitz, den eine Eisenbahnlinie vom Kap der Guten Hoffnung bis ans Mittelmeer verbindet. Mit friedlichen und weniger friedlichen Mitteln soll der Krone neues Land gewonnen werden. Die Buren bleiben jedoch nicht untätig. Unter der Führung Ohm Krügers versuchen sie die Gebiete in ihrem Einzugsbereich, die noch nicht in burischem oder englischem Besitz sind, zu erobern. Gleichzeitig versuchen die

Briten bis zum Ende des Jahrhunderts, durch Landnahmen und militärische Operationen die beiden Burenrepubliken systematisch einzukreisen.

Die Ermordung eines Engländers 1899 auf burischem Gebiet führt zu großangelegten Propagandakampagnen der Engländer. In den englischen Zeitungen heißt es, daß die Rechte und das Leben der Engländer in den Burenrepubliken nicht mehr gesichert wären. Doch im Hintergrund steht nach wie vor das Interesse an den burischen Bodenschätzen. Zahlreiche Schiffe verlassen die englischen Häfen mit Soldaten, Geschützen, Munition für Südafrika. Neue britische Truppen werden an den Grenzen der Burenrepubliken in Stellung gebracht. Die Buren fordern den sofortigen Rückzug, andernfalls müßten sie sich gezwungen sehen, «die Handlungsweise Ihrer Majestät Regierung als eine formelle Kriegserklärung zu betrachten». Die Vertreter der britischen Regierung lehnen den Rückzug ab, und so mobilisieren die Buren ihre Truppen, die sie in den vorangegangenen Jahren mit modernsten Waffen ausgerüstet haben, und greifen am 12. Oktober 1899 an der Westgrenze Transvaals britische Einheiten an. Der zweite Burenkrieg beginnt.

Zunächst müssen die britischen Truppen schwere Niederlagen einstecken. Ihre neue Superwaffe, gepanzerte Eisenbahnzüge, erweist sich als zu schwerfällig. Die britischen Truppen werden weiter verstärkt, schließlich stehen 250000 englische gegen 25000 burische Soldaten. Der junge englische Generalmajor Lord Herbert Kitchener übernimmt den Oberbefehl über die britischen Streitkräfte und führt einen brutalen Vernichtungsfeldzug, gegen den die Buren sich nur noch in einem anderthalb Jahre dauernden Guerillakrieg zur Wehr setzen können.

Unter beiden Burenkriegen hat vor allem die schwarze Bevölkerung Südafrikas zu leiden. Schwarze werden auf beiden Seiten zu Hilfsdiensten gepreßt. Schwarze Familien werden durch Krieg auseinandergerissen und müssen auf den feindlichen Seiten gegeneinander kämpfen. Bei Versorgungsschwierigkeiten, in den belagerten Städten, in den Gefangenenlagern, immer sind es zuerst die Schwarzen, die verdursten und verhungern. Buren wie Briten versuchen schwarze Stämme aufzuhetzen und sie gegen die andere Seite in den Krieg zu schicken. Und als immer mehr Schwarze in den Krieg verwickelt werden, wo sie gegen den weißen Mann zu kämpfen haben, wächst bei den weißen Männern auf beiden Seiten die Angst vor einem «Eingeborenenaufstand». Diese Angst davor, daß die Schwarzen die Situation nutzen, um gegen ihre Unterdrücker zu kämpfen, führt letztlich dazu, daß am 31. Mai 1902 in Pretoria ein Friedensvertrag unterzeichnet wird. Eigentlich haben die Engländer den Krieg gewonnen, doch sie machen den Buren besonders in Fragen der Rassenunterdrückung zahlreiche Zugeständnisse.

So sind denn die Auseinandersetzungen zwischen Buren und Holländern in Südafrika letztlich nur Auseinandersetzungen über die Frage, in welcher Art und bis zu welchem Grade die Schwarzen ausgebeutet werden dürfen und welche der beiden weißen Volksgruppen am meisten Nutzen von dieser Ausbeutung haben soll.

(1985)

Tägliche Gewalt im Township.

Heinrich Jaenecke

Konzentrationslager im Burenkrieg

Horatio Herbert Kitchener erfand den Begriff «Concentration Camp» – jenes kalte Tarnwort, das seinen alle Dimensionen sprengenden Schrecken freilich erst einige Jahrzehnte später unter Hitler erhielt. Für die zivilisierte Welt der Jahrhundertwende stellte allerdings schon Kitcheners vergleichsweise mildes Lagersystem eine unglaubliche Herausforderung dar.

Lord Kitchener hatte zuvor den Sudan unterworfen. Er betrachtete grundsätzlich alle Nicht-Briten als Menschen zweiter Klasse und die Buren speziell als «unzivilisierte Wilde mit einer dünnen weißen Tünche». Den Guerillakrieg gedachte er im Stil einer Treibjagd zu beenden. «Hier gibt es keinen richtigen Krieg mehr», schrieb er an Kriegsminister Brodrick in London, «sondern nur noch Polizeioperationen von beträchtlichem Ausmaß, um verschiedene Banden zu vernichten, die sich mit allen Mitteln ihrer Verhaftung widersetzen. Sie müssen wie wilde Tiere in Käfige getrieben werden, damit man sie fangen kann.»

Kitchener meinte das wörtlich. Er begann, den Oranje-Freistaat und große Teile Transvaals durch Stacheldrahtverhaue in Sektoren einzuteilen. Diese Linien wurden in Abständen von ein bis zwei Meilen mit «Blockhäusern» (Holzbunkern) gesichert. Die Blockhäuser waren unter sich durch Kabel verbunden, die bei Berührung Selbstschußanlagen lösten. Es gab zum Schluß 8000 Blockhäuser und 3700 Meilen (6000 Kilometer) Stacheldrahtverhau.

Innerhalb dieser Sektoren (aber auch außerhalb) begann Kitchener systematisch, also nicht mehr als «Strafe» für eine Guerillaaktion, die Farmen samt allem Inventar niederzubrennen, die Ernte zu vernichten, das Vieh fortzutreiben und die Menschen, das heißt Frauen, Kinder und alte Männer, in Lagern zu «konzentrieren». Dadurch sollte den Guerillas die Operationsbasis, den «Fischen» das Wasser entzogen werden.

Ab November 1900 rollten über die südafrikanischen Eisenbahnstrecken lange Züge mit offenen Güterwagen, in denen die menschliche Fracht zusammengepfercht war. Die Leute durften keine Habe mitnehmen. Sie wurden in der Nähe starker britischer Garnisonen ausgeladen – auf dem nackten Feld. Die Armee stellte Zelte und Decken, sonst nichts. Keine Betten, keine Sitzgelegenheiten, keine Kochgeschirre, keine Gemeinschaftsküche. An Verpflegung wurden winzige Rationen von Mehl und rohem Büchsenfleisch ausgegeben, keine Frischmilch für die Kinder. In allen Lagern brachen innerhalb kurzer Zeit Epidemien aus.

Der Burenkrieg war der Anfang von vielem, aber dieses ist im Gedächtnis des Jahrhunderts haftengeblieben: Zum erstenmal in der modernen Zeit, die so stolz auf ihre Genfer Konvention und die Einrichtung des Roten Kreuzes war, wurde mit einer Zivilbevölkerung wie mit störenden Sachen verfahren, die man aus dem Wege räumt. Nicht die Brutalität schockierte die Welt, sondern die kalte Erbarmungslosigkeit und Pedanterie der «Maßnahmen».

Insgesamt wurden 118 000 Weiße und 48 000 Schwarze interniert. Von den Weißen starben nach burischen Angaben in anderthalb Jahren 26000, nach britischer Darstellung 18000. Die «Encyclopaedia Britannica» gibt heute 20000 Tote an. Die meisten Opfer waren Kinder. Über die Toten in den «schwarzen» Lagern gibt es keine Zahlen. Um sie kümmerte sich niemand.

(1979)

Sipho Sepamla

Zivilisation also

ich dachte an Eden
das erste Mal als ich eine Feige aß
ich dachte an einen Weißenmann
    das erste Mal als ich Gottes Bildnis sah
ich dachte an einen Schwarzenmann
    das erste Mal als ich Satan auf Erden traf
ich muß ehrlich sein
    es war nicht nur Bantu-Erziehung
    es war alles Teil der wie sie es nennen
    westlichen Zivilisation

(1977)

3
Die Saat der Apartheid

Ein junges Mädchen, eins von den vielen, die jetzt auf unseren Oberschulen bearbeitet werden, die geschult werden in Angst und dem damit zusammenhängenden Haß, schrieb vor einigen Tagen in einem an die Zeitung «Die Burger» gerichteten Brief: «Wir haben Apartheid gesät, wir werden ein weißes Land ernten.» Schrecklich. Was für eine tragische Blindheit. Es ist wahr, wir haben Apartheid gesät oder säen lassen, ja, und was keimt, ist Furcht, Verzweiflung, Abstumpfung, Scheinheiligkeit, Oberflächlichkeit, Entsetzen, Perversion, Unduldsamkeit. Und Blut.

Breyten Breytenbach

Winnie Nonzamo Mandela

Mein Vater

Mein Vater war Lehrer. Er war Leiter der Schule in unserem Dorf in der Transkei. Wir wohnten 65 Meilen entfernt von diesem Dorf. Die Weißen wohnten dort, und unsere Schule war dort, und wir mußten also einen Weg von 65 Meilen zurücklegen, um in die Schule zu kommen.

Ich werde niemals vergessen, wie ich, als ich neun Jahre alt war, mit meinem Vater zusammen in dieses Dorf ging und wie kleine weiße Jungen von etwa acht Jahren meinen Vater als *boy* anredeten. Und mein Vater war Schulleiter! Er hatte die Kontrolle über eine große Schule, und wir hatten alle großen Respekt vor seiner Autorität.

Und plötzlich machte ich die Erfahrung, daß Kinder, die so alt waren wie ich selbst, ihn mit *boy* anredeten. Es gibt nichts, was verletzender, beleidigender und erniedrigender für ein Kind ist, als wenn man seinen Vater herabsetzt. Von diesem Moment an war alles klar für mich.

(um 1980)

Der ehemalige Premierminister Balthazar Johannes Vorster sagte vor dem südafrikanischen Parlament am 24. April 1968 über die Rechte der Bantus:

«Wir brauchen sie, weil sie für uns arbeiten. Aber die Tatsache, daß sie für uns arbeiten, kann Nicht-Weiße niemals berechtigen, politisches Recht zu beanspruchen. Weder jetzt noch in der Zukunft.»

Im inzwischen zerstörten und zum ‹weißen Gebiet› erklärten Crossroads bei Kapstadt. Die Bewohner durften ihre Häuser nicht vergrößern und stockten sie nach oben auf.

James Twala

Familienplanung

– Bergarbeitergedicht –

Reihe über Reihe,
Wie vom Winter geschüttelte Maishalme,
Strecken sich die Baracken von einem
Jämmerlichen Ende zum anderen.

Innerhalb der umzäunten Herberge
Toben keine fröhlichen Kinder.
Keine fleißigen Hausfrauen machen einmal
In der Woche die Wäscheleine bunt.

Hier gibt es keinen anheimelnden Essensduft,
Der während des Tages durch die Luft weht.

Der Sonnenuntergang versammelt
die halbkastrierten Bewohner
Wie verdorbene Krumen aus der Stadt.
Sie stapfen durch die großen Tore
Müde, gebeugt: und verschlossen
Ihren müden Geist, Augen und Ohren.
Für sie ist der Tag vorbei.
Sie sind zu einem Leben im Zwielicht verbannt.

Das Schweigen, das sie hinter sich ließen
Mit Anbruch der Dämmerung,
Kräuselt sich wie ein ruhiger See
Durch Gelächter, als sie herumschwirren
Wie frischverheiratete Frauen.

Sie streifen ihre Westen ab.
Einbalsamiert vom Schweiß des Tages.
Die Innereien und der Haferbrei von gestern
Werden hastig für das Abendessen wieder aufgewärmt.

Einer nach dem anderen genießen sie nackt ihre Dusche.
Bespritzen ihre steifen Körper mit Wasser
Und gehen in ihre stickigen Räume zurück.

Ein Bewohner rülpst wie ein Seeräuber.
Es echot in dem großen Raum.
Er klopft auf seinen vollen Bauch,
Der so groß ist wie ein Maulwurfshügel:
«Entschuldigt, ihr Bastards!» brüllt er.

Sie schlüpfen in ihre steinernen Betten,
Umklammern ihre ausgebeulten und nach Schweiß
Riechenden Kissen, als wären es ihre geliebten
Zurückgelassenen in den Homelands.

Sie sehen auf ihre Hemden,
Arbeitsanzüge, Hosen, Jacken – alle zerlumpt,
Die entlang den feuchten Wänden hängen
Wie ausgeblichene, staubige Familienbilder.

Kofferradios werden ausgeschaltet,
Kerzen flackern und gehen aus,
Dunkelheit und Schweigen bedeckt
Sie alle wie eine große Decke.
Allein,
Sie geben leise dem Schlaf nach.

In der Nacht
Wird der ungestörte Schlaf eines Bewohners
Unterbrochen.
Er sitzt auf der Kante seines Bettes,
Halb dösend,
Starrt von Dunkelheit zu Dunkelheit,
Und dann läßt er den Samen der Natur
Mit halber Befriedigung über sein
schmuddeliges Laken laufen:
«Familienplanung», flüstert er zu sich selbst.
Dann lullt ihn das musikalische Schnarchen
Der schlafenden Mitbewohner wieder ein.

(um 1970)

Peter Abrahams

In der weißen Stadt

Unter einem Zwang, den ich mir nicht erklären konnte, machte ich Abend für Abend lange Wanderungen in die weißen Stadtviertel von Johannesburg.

Abend für Abend verließ ich das schwarze Vrededorp und wanderte durch die breiten, sauberen, mit Bäumen bestandenen Straßen. Ich ging langsam und fühlte den kühlen Lufthauch und die süße Stille dieser Straßen. Ich nahm die Schultern zurück, hob den Kopf und füllte die Lungen mit der reinen Luft. Da war Raum zum Leben und Atmen, hier zu sein, machte mich ruhiger und glücklicher.

Auf beiden Seiten dieser Straßen standen solide, aus Ziegelsteinen errichtete Häuser. Hier konnte kein Lärm in die Häuser dringen, auch wenn die Straßen noch so laut gewesen wären. Und hätte der Wind geheult, hätte der Regen gegen die Fenster geschlagen, diese Häuser wären warm und ruhig und trocken gewesen.

Ich sah in die Fenster dieser Häuser. Ich sah das Wunder der Elektrizität. Bei solchem Licht konnte ein Junge ohne Anstrengung Lambs Erzählungen lesen. Und oft sah ich ganze Wände voll von Büchern. Was für ein Anblick! Manchmal sah ich, wie die Menschen bei Tisch saßen, wie sie von schön geformten Tellern aßen, die auf einem schneeweißen Tischtuch standen. Und die Stühle in diesen Zimmern waren groß und bequem. Und die Zimmer waren geräumig. Aus einigen drang, wenn das Fenster offen war, eine Musik, wie ich sie nie in Vrededorp gehört hatte. Manchmal überkam mich auf diesen nächtlichen Spaziergängen ein Bedürfnis. Aber die Aufschriften an den öffentlichen Aborten trieben mich fort:

NUR FÜR EUROPÄER

Manchmal wurde ich müde, aber an den Parkbänken, an denen ich vorbeikam, stand:

NUR FÜR EUROPÄER

Manchmal hatte ich das Geld für eine Tasse Tee bei mir und kam an einladenden kleinen Cafés vorüber. Es war nichts angeschlagen. Aber ich wußte, auch diese waren

NUR FÜR EUROPÄER

Im Grunde waren diese Straßen und Bäume, ja sogar die reine Luft, die ich dort atmete,

NUR FÜR EUROPÄER

Ich war der Eindringling. Und wie ein Eindringling war ich bemüht, unbemerkt zu bleiben.

Ich wünschte mir sehnlichst das, was die weißen Leute hatten. Ich beneidete sie um ihr höheres Los als Europäer.

Ein sensibler junger Mensch, der arm und enterbt ist, verfällt zwangsweise einem scharfen, schmerzhaften Minderwertigkeitsgefühl, einer Stimmung heftiger, zorniger Spannungen, verzweifelter, überwältigender Wünsche. Auf diesen nächtlichen Wegen wurde diese Stimmung Herr über mich.

(1954)

Josef Reding

Fegen erlaubt

was hast du
hier im
gotteshaus
zu suchen!?
fragte der weiße

ich fege
hier aus
sagte der
schwarze

ach so
sagte der
weiße
ich dachte
schon du
wolltest
hier beten.

(1984)

«Es gibt für ihn (den Afrikaner) in der europäischen Gemeinschaft keinen Platz außer auf der Stufe gewisser körperlicher Arbeit. Innerhalb seiner eigenen Gemeinschaft jedoch sind ihm alle Türen geöffnet. Aus diesem Grund hat es für ihn keinen Zweck, eine Ausbildung zu erhalten, die als Ziel die Aufnahme in die europäische Gemeinschaft hat, wo er nicht aufgenommen werden kann. Bisher ist er einem Schulwesen unterworfen worden, das ihn von seiner eigenen Gemeinschaft wegführte und ihn irreführte, indem es ihm die grünen Weiden der europäischen Gesellschaft zeigte, auf denen er nicht weiden durfte.»

Hendrik Verwoerd,
ehemaliger Ministerpräsident Südafrikas.

Joyce Sikakane

Das Leben in Soweto

Das Leben in Soweto beginnt um etwa 4 Uhr morgens. Soweto schläft wohlgemerkt nie – da ist von 4 Uhr morgens bis kurz nach Mitternacht das eintönige Getöse der Schnellzüge zu hören, die alle Minuten ein- und ausfahren, um die Schichtarbeiter aufzusammeln.

Man stelle sich bei Tagesanbruch einen gräulichbraunen Rauchschleier vor, der sich langsam über das ganze Getto zieht und gleichzeitig anzeigt, daß die Bewohner dieser streichholzschachtelgroßen Häuser gerade aufgestanden sind. Derjenige, den es an diesem Morgen trifft – sei es Vater, Mutter, Tochter oder Sohn, springt aus seinen Decken, um

In einem Durchgangslager in Soweto.

den Kohleofen anzuheizen, und so speit ein jeder Kamin graue Rauchschwaden aus, die das Getto völlig in sich einhüllen.

Die Gestalt eines kleinen Mädchens erhebt sich von ihrer Schlafstätte und schleicht sich auf Fußspitzen mit einem Nachttopf in der Hand vorsichtig an den anderen vorbei, stellt den Topf neben der Tür ab, öffnet diese, nimmt ihn wieder auf und schließt rasch die Tür hinter sich zu. Dann eilt sie damit zum Waschraum, um ihn dort zu entleeren – einmal im Freien, können Tropfen von verschüttetem Urin nicht mehr beanstandet werden. Da die Jungen, Väter und Onkel nachts nur ungern zum Nachttopf greifen, sind sie die ersten, die eilig die Hintertür aufsperren und abwechselnd zur Toilette eilen.

Jene Familien, an deren Öfen Heißwasserboiler angeschlossen sind, müssen nicht lange auf Wasser zum Waschen warten, da die nächtliche Kohleglut das Wasser heiß hält. Sonst muß derjenige, der Ofendienst hat, eine Stunde vor den anderen aufstehen, um die Asche auszuleeren, Papier, Holz und Kohle auflegen und ein Feuer anfachen und schließlich einen großen Topf Wasser aufstellen. Sobald das Wasser heiß ist, nimmt jedes Familienmitglied abwechselnd einen Schwamm aus einem Zinkbottich, der auf einer Bank in einer Ecke des Zimmers steht. Nach jeder Waschung wird das verschmutzte Wasser in den einzigen Abfluß in der Toilettenwand hinuntergespült. In der Zwischenzeit kocht der, der Ofendienst hat, in einem riesigen Topf einen weichen Maisbrei. Das Zischen des Wasserkessels durchbricht die trübselige Wortlosigkeit, die im Haus herrscht. In dem Wohn- und Eßraum, der nachts zugleich in einen Schlafraum verwandelt wird, schiebt jemand die doppelte Schlafliege ineinander und rollt die Schlafmatten zusammen. Andere ziehen sich an, kämmen sich, und die Frauen legen ihre Hautcreme auf. Nach dem Ankleiden geht ein jeder an den Ofen, füllt sich Maisbrei in eine Schüssel, läßt diesen rasch abkühlen und schlingt ihn hungrig hinunter. Milch zu diesem Brei, geschweige denn eine Scheibe Schwarzbrot mit Margarine oder Erdnußbutter, wäre der reinste Luxus.

Die Männer tasten die Innentaschen ihrer Jacken ab, um sicher zu sein, daß sie den «Stinker» oder Paß eingesteckt haben, damit sie von der Polizei nicht aufgegriffen werden können. Auch die Frauen durchstöbern ihre Handtaschen, und sobald sie den «Stinker» entdeckt haben, rüsten sie sich für den Weg in die Stadt des weißen Mannes. All dies geschieht in einer ungeheuren Geschwindigkeit, denn die Maschinerie der weißen Wirtschaft wartet bereits ungeduldig auf die schwarzen Hände, die ihre Räder ankurbeln werden.

Die Arbeiter strömen auf die dunklen Straßen von Soweto und eilen zur Bushaltestelle, den Taxiständen oder Bahnstationen. Es ist ungewöhnlich, daß ein Arbeiter seinen Bus, Taxi oder Zug erreicht, ohne über einen leblosen Körper am Straßenrand gestolpert zu sein. Es bedeutet qualvolles Warten auf den Anbruch des nächsten Tages, wenn ein Familienmitglied am Abend nicht zum Schlafen nach Hause gekommen ist. Unverzüglich wird einer losgeschickt, um nach dem Vermißten zu suchen. Wenn die Angehörigen einer solchen Familie am Arbeitsplatz ankommen, ohne einen der Toten auf der Straße zu erkennen, atmen sie erleichtert auf. Aber eine ungeheure Angst beschleicht sie, wenn sie die vermißte Person weder auf einem der Polizeireviere noch auf einer der Krankenstationen finden – in diesem Fall ist die einzig verbleibende Möglichkeit noch das staatliche Leichenschauhaus. Ein lautes Wehklagen erhebt sich, wenn der Vermißte tatsächlich hier entdeckt wird. Ein jedes Familienmitglied muß sich abwechselnd für eine solche Suche hergeben, da die Arbeitgeber ein Fehlen am Arbeitsplatz nur sehr ungern sehen.

(1977)

«Wenn Schwarze heute von ‹Buren› sprechen, meinen sie nicht nur Afrikaander; der Ausdruck bezeichnet inzwischen eher politische als ethnische Zugehörigkeit. Er bezieht sich auf bestimmte Verhaltensweisen und geistige Standpunkte. Der Begriff umfaßt alle Weißen, die sich willentlich und wissentlich an der Unterdrückung der Schwarzen beteiligen. Nicht alle Afrikaander sind ‹Buren›; aber viele Englischsprechende, deren Stammbäume bis zu den Siedlern von 1823 zurückreichen, sind welche...»

Nadine Gordimer, 1985.

Alex La Guma

Der Tank

Am Morgen schien die Sonne warm auf den Berg. Schnell trocknete der Tau auf dem Stechginster und den Kaskaden von Maßliebchen und Sonnenblumen. Außer Gestrüpp bedeckten junge Kiefern, Portjackson und Akazien den Hang. Weiter oben standen die großen Kiefern und ein paar Eichen, dunkelgrün und braun im Sonnenlicht, wie ein Flickmuster vor dem Blau, Grau und Gelb des Granit- und Sandgesteins. Wenn der Herbst kam, und der Winter danach, würden der Berg dunkelgrau und die Blumen nicht mehr da sein; feucht und frostig würde das Gras sich unter den Füßen anfühlen, und die überall auf den Hängen verstreuten Felsbrocken würden sich eiskalt anfassen. Das war, wenn die Erdmutter ihre Zeit erwartete.

Während er den ausgetretenen Pfad von der Teerstraße heraufkam, dachte Jonas voraus an den Winter.

Cora hatte mit Vorwurf in der Stimme zu ihm gesagt: «Wir müssen etwas finden, wo wir wohnen können.» Und er hatte sich vom Ausdruck in ihrem Gesicht beschämt gefühlt.

Im Winter würde es hier kalt sein, wenn man nichts zum

Wohnen und kein Feuer hatte, um sich Hände und Füße daran zu wärmen. Sonst konnte man nirgends hin. Ganz oben im Berg waren Höhlen, doch die waren schwer erreichbar und zu weit von der Stadt und der Straße entfernt. Außerdem war Cora ja schwanger.

Mit diesen Gedanken im Kopf ging er den Pfad entlang, und da machte er die Entdeckung.

«Zu Hause», flüsterte er bei sich. «Hier zu Hause.»

Auf der einen Seite lag auf einer kleinen Wiese neben dem Pfad ein Tank. Man hatte ihn hier ausrangiert, verbeult, rissig und nutzlos. Es war ein großer Wassertank, so einer, wie man sie auf den Dächern von Häusern sieht, aus vernietetem Stahlblech. Eine der Seitenwände war eingedrückt, eine andere losgerissen und von der Naht abgeschält wie von einem großen Büchsenöffner. Er war rostig, sah aber im ganzen noch recht stabil aus. In dem einen Ende war eine runde Öffnung, und er lag zwischen hohem Gras und Unkraut da, wie man ihn hingeschleppt und liegengelassen hatte, um ihn los zu sein.

Jonas ging auf den Tank zu, und während sein Blick die grauen, rostfleckigen Seitenwände liebkoste, wanderte er langsam durch das Gestrüpp um ihn herum und streckte schließlich die schwielige Hand aus, um das warme Metall zu fühlen. Er setzte sich in die Hocke und sah in das Innere des Tanks. Die Wände waren abgeblättert und rot vom Rost, und es roch noch nach Korrosion. In einer Ecke hatte eine Spinne ihr Netz gewebt, und auf dem Boden lag Kot von Feldmäusen.

Wie eine Quelle aus der Erde bricht, so stieg in Jonas die Erregung. Er grinste, wobei er seine großen, fleckigen Zähne zeigte, und tätschelte die Seitenwand des Tanks. Noch einmal inspizierte er die abgerissene Seite und lachte still in sich hinein. Dann betrachtete er prüfend das Gelände um den Tank herum. Die Wiese war an zwei Seiten von kleinen, sanften Hügeln eingefaßt, auf denen Heide und Sträucher wuchsen, und am Rande einer «Donga», einer kleinen Schlucht, stand groß und krumm eine Portjackson und spendete angenehmen Schatten. Die vierte Seite öffnete sich direkt zu dem Pfad hin, der daran vorbeilief und zu den höhergelegenen Hängen des Berges hinaufführte. Jetzt im sommerlichen Sonnenschein war das ein schönes Plätzchen hier.

Jonas und Cora zogen in den Tank. Jonas zertrat die Spinnen unter seinen rauhen, verschlissenen Stiefeln und fegte den Kot der Feldmäuse vom Boden auf. Gemeinsam schabten und kratzten sie die Rostflocken von den Wänden, bis sie glatt waren, dann klebten sie Teer- und Wellpappe darüber. Jeden Tag kam Jonas, beladen mit allerlei Zeug, das er vom Kehricht gerettet hatte, den Hügel herauf: Säcke und alte Kleider, Apfelkisten, zerbeulte Blechbüchsen, Stöße alter Zeitungen und weggeworfene Marmeladengläser.

Tagsüber arbeitete er als Träger auf dem Markt der Stadt und brachte von dort und anderswo allen möglichen Krimskrams mit. Cora hatte eine Bratpfanne ohne Griff und einen abgeschnittenen Sechzehnliterkanister gefunden. Jonas baute mit ein paar Steinen eine Feuerstelle, und seine Frau kochte das Gemüse, das er heimbrachte; der Rauch des Feuers stieg als dünne Säule in den Himmel.

Der Tank hatte ein neues Aussehen bekommen. Hebelnd und stemmend hatte Jonas ihn vom Boden abgehoben, so daß er jetzt auf vier Steinen ruhte, einem an jeder Ecke. Die aufgerissene Wand hatte er so zur Seite gebogen, daß sie eine Tür bildete, und die runde Öffnung am Ende diente als Fenster.

Cora hatte aus einem alten, blumigen Stoffetzen von einem zerrissenen Kleid einen Vorhang für das Fenster gemacht, und vor dem Eingang lag ein Stück von einem alten, verschlissenen Teppich. Drinnen lag eine Matratze aus alten Lumpen und Säcken, und an einer Stelle dienten zwei mit Zeitungspapier in Mustern beklebte Apfelkisten als Regale. Wenn sie entsprechend zusammenrückten, paßten sie beide gerade in den Tank.

Jonas brachte täglich etwas Gemüse vom Markt mit, und einmal gab ihm eine Frau aus einem der Häuser unten an der Straße die Reste des Abendessens, zu denen ein erst halb aufgegessenes Steak und ein wenig Brotpudding gehörten.

An den warmen Sommerabenden saßen sie zusammen auf einem kleinen Hügel neben dem Tank und sahen den großen, glänzenden Autos der Reichen zu, die auf der um den Berg führenden Straße vorüberjagten, oder sie schauten über die Stadt hinweg zum Meer, das im Sternenlicht schimmerte. Eines Tages brachte Jonas es sogar fertig, sich mit einer Flasche Ingwerbier, gemischt mit einer bestimmten rezeptfreien Medizin, zu betrinken und lag den ganzen Tag schnarchend in seliger Betäubung zwischen dem Heidekraut auf dem Platz vor dem Tank. Nachts lagen sie nebeneinander auf dem Bett aus Lumpen, Säcken und alten Kleidern, kratzten die Flöhe weg und unterhielten sich leise.

So lebten sie in dem Tank, und Coras schwangerer Leib wurde immer dicker, und in ihren Augen glänzte ein Licht, wie es in den Augen der Erdmutter scheinen mochte.

Eines Tages kam ein Wagen die Straße herauf und blieb am Fuß des Pfades stehen, und ein paar Männer stiegen aus. Sie trugen die Khaki-Uniform der Polizei, und einer von ihnen hatte ein glänzendes Lederkoppel um und eine Pistole im

Halfter. Der Trupp arbeitete sich mühsam den Hügel herauf, voran der Offizier mit der Pistole. Er war klein und dick, und als sie die Wiese mit dem Tank erreichten, war er ziemlich außer Atem und wütend.

Jonas und Cora hatten sie den Pfad heraufkommen sehen. Jonas stand ein paar Schritte vor seiner Frau und wartete, bis der Trupp auf die Wiese kam. Zwei der Männer hatten Brechstangen bei sich, und Jonas wußte, was sie vorhatten. Sie kamen auf die Wiese und besahen sich den Tank, die Feuerstelle, den Vorhang in dem runden Fenster und das Stück Teppich vor der Tür, und sie lächelten einander an.

Der Polizist mit der Pistole sah sich ebenfalls um, und dann sah er Jonas an und sagte, nachdem er wieder zu Atem gekommen war: «Also, ihr laßt es euch hier oben gutgehen, ja?»

Jonas antwortete, den Blick auf die Füße gesenkt: «Wir wohnen nur hier.»

Der Anführer des Polizeitrupps hatte ein rotes Gesicht und einen Bauch, der die Messingschnalle seines Koppels herausdrückte. Er sagte wütend: «Aber du solltest doch wissen, daß es verboten ist, hier zu wohnen, Jong. Gesundheitsvorschriften.» Er drehte sich zu seinen Leuten um und befahl: «Los, abreißen.»

Jonas fühlte plötzlich die Wut in sich aufsteigen und machte einen Schritt nach vorn. Der Polizist mit der Pistole riß den Kopf wieder zu ihm herum und fragte: «Wie? Ärger machen willst du auch noch? Mit dir und dieser verdammten Hure werden wir schon fertig!»

«Wir wohnen hier doch nur», flüsterte Jonas.

Cora hatte ihn am Arm gefaßt und hielt ihn fest. «Jonas», sagte sie, «Jonas, tu nichts. Wir können nichts tun. Sie nehmen dich mit, und was wird dann aus mir?»

Sie war dem Weinen nahe, und das Licht schien nicht mehr in ihrem Gesicht. So standen sie und sahen zu, wie die Polizisten an die Arbeit gingen. Zwei von ihnen stemmten die Schultern gegen den Tank und drückten. Der Tank begann auf den Steinen unter seinen Ecken zu rutschen, dann kippte er ruckartig auf der anderen Seite ab. Die Männer schoben ihre Eisen darunter und stemmten ihn hoch, bis er auf die Seite fiel. Die Apfelkisten polterten berstend darin herum, und der Vorhang riß sich los.

Jonas weinte, daß ihm die Tränen die stoppligen Wangen hinunterliefen. Plötzlich schrie er: «Wir wollten doch hier nur wohnen! Dürfen Menschen nicht wohnen? Dürfen Menschen nicht wohnen?»

Der Polizist mit der Pistole beachtete ihn nicht, sondern sah seinen Männern bei der Arbeit zu. Wieder stemmten sie den Tank hoch, bis er nochmals und nochmals kippte und schwankend am Rand der kleinen Schlucht lag. Dann gaben sie ihm noch einen letzten Stoß, und er fiel über den Rand und polterte und krachte unter dem Wehklagen des mißhandelten Blechs in die Donga hinunter, wo er krumm und verbeult liegenblieb.

Danach rissen die Männer die Feuerstelle auseinander. Sie rollten die Steine weg und zerschlugen die Bratpfanne ohne Griff und den abgeschnittenen Kanister.

Als sie mit allem fertig waren, sah der Polizist mit der Pistole wieder Jonas an. Er sagte kalt: «Ich warne dich. Laß dich heute nacht nicht in dieser Gegend von mir erwischen. Ihr verdammten Bergler versaut die ganze Landschaft. Laß dich noch einmal hier antreffen, und du sitzt es im Gefängnis ab. Jetzt verschwindet hier!»

Jonas antwortete nicht. Er sah nur auf die Trümmer, die

auf der Wiese herumlagen. Der Tank war fort, die Asche des Feuers in der Gegend verstreut.

Cora weinte leise hinter ihm, aber er hörte sie nicht, solche Trauer und Wut waren in ihm.

Die Männer, die den Tank zerstört hatten, gingen wieder den Hügel hinunter, stiegen in den Wagen und fuhren davon.

(1971)

Nadine Gordimer

Lebensbedingungen der Weißen

Die Lebensbedingungen der Weißen sind eine Sache für sich. Selbst jene wenigen Weißen, deren Verwandte im Gefängnis sitzen, wachen immer noch jeden Morgen genauso auf wie ich – beim Gesang der Webervögel und dem mechanisch klingenden Schwirren der Haubenbartvögel in einem weißen Vorort. Soweto ist nur acht Meilen von meinem Haus entfernt; wenn ich dort nicht Freunde hätte, würden mir die Kämpfe – Steine gegen Gewehre und Tränengas – in den Straßen von Soweto nicht bewußt sein. Fernsehbilder kommen über Satelliten genausogut von der anderen Seite der Erde wie aus einem Ort, der nur acht Meilen entfernt ist, und die Schauplätze erscheinen dem Betrachter immer gleich weit entfernt. Wie ist es möglich, daß die Wintersonne scheint, die gurrenden Tauben den Frühling ankündigen, die einheimischen Arbeiter wie an jedem Nachmittag von den Hinterhöfen kommen und beim Chinesen ihre Einsätze für die Lotterie Fah Fee abliefern?

Was den Lebensstil angeht, gibt es im Ablauf des Alltags aller Weißen erschreckend wenig Unterschiede – ob sie nun zu denen gehören, die fähig sind, die Krise in unserem Land zu ignorieren, oder zu denen, die dazu entschieden Stellung beziehen. Manche gehen zu Protestversammlungen, andere spielen Golf. Wir alle wohnen in ruhigen Straßen, gehen ins Theater oder Kino, erfreuen uns an gutem Essen und haben für die Nacht ein sicheres Dach überm Kopf. Inzwischen gehen in den schwarzen Siedlungen Tausende von Kindern nicht mehr zur Schule, Väter und Söhne verschwinden in Polizeiautos oder liegen erschossen in den dunklen Straßen; gesellschaftliche Veranstaltungen finden an Särgen statt, und der gesellschaftliche Umgang ist auf Trauerfeiern beschränkt.

(1985)

James Matthews

Zwei kleine schwarze Jungen
stehen vor den öffentlichen Toiletten,
einer nicht größer als ein Grashüpfer,
der andere einen Haarschopf mehr.
«Du kannst dort nicht hinein»,
sagte der Große und deutet auf ein Schild:
«Nur für Weiße.»
Verwirrt entgegnete der Kleinere:
«Scheißen Weiße nicht wie ich?» *(1972)*

Eugène Terreblanche, Führer der faschistischen ‹Afrikaanse Weerstandsbeweging› mit Anhängern.

Apartheidsgesetze

Auszüge

- Es ist gesetzwidrig für einen Weißen und einen Nichtweißen, bei einer Tasse Tee in einem Café in einer Stadt irgendwo in Südafrika zusammenzusitzen, außer sie besitzen dafür eine besondere Genehmigung.
- Der Minister für Bantu-Administration und Entwicklung kann, wenn die Ortsbehörde keine Einwendungen macht, durch eine Bekanntmachung im Amtsblatt eine gesellschaftliche Veranstaltung in einem Privathaus in einer Stadt, an der ein Afrikaner teilnimmt, verbieten, wenn nach seiner Auffassung eine solche Veranstaltung im Hinblick auf die Gegend, in der das Haus liegt, unerwünscht ist. Jeder Afrikaner, der eine solche Veranstaltung besucht, macht sich einer strafbaren Handlung schuldig und kann mit einer Geldstrafe oder einer Gefängnisstrafe bis zu 2 Monaten oder mit beiden dieser Strafen belegt werden.

- Wenn ein Inder (oder ein Mischling oder ein Afrikaner) in einem öffentlichen Park auf einer Bank sitzt, die ausschließlich zur Benutzung durch Weiße bereitgestellt wurde, um so gegen die Apartheidsgesetze zu protestieren, macht er sich einer strafbaren Handlung schuldig, die mit einer Geldstrafe oder einer Gefängnisstrafe bis zu 3 Jahren oder einer Auspeitschung bis zu 10 Schlägen oder mit jeweils zwei dieser Strafen geahndet wird.
- Wenn ein Redner vor einer Versammlung etwas sagt, was einen Mischling (oder einen Afrikaner oder Inder) unter seinen Zuhörern veranlaßt, den Schalter eines Postamtes

zu benutzen, der für die ausschließliche Benutzung durch Weiße reserviert ist, um so gegen die Apartheidsgesetze zu protestieren, macht dieser (der Redner) sich einer strafbaren Handlung schuldig, die mit einer Geldstrafe oder mit einer Gefängnisstrafe bis zu 5 Jahren oder mit einer Auspeitschung bis zu 10 Schlägen oder mit jeweils zwei dieser Strafen geahndet wird; bei rückfälligen Tätern darf sich das Gericht nicht mit einer Geldstrafe begnügen, sondern muß eine Gefängnisstrafe oder eine Auspeitschung verhängen.

– Jede Person, die ein Krankenhaus leitet, das nach 1937 in einer Stadt errichtet wurde, und die ohne Genehmigung des Ministers für Eingeborenenangelegenheiten einen Afrikaner aufnimmt, macht sich einer strafbaren Handlung schuldig, außer es handelt sich um einen Notfall.

Gladys Thomas

Unmoralische Liebe

Lieben in Furcht
ist lieben, wie ich liebe.
Dies Kind unter meinem Herzen,
empfangen ohne Hingabe –
dein Orgasmus, deine Leidenschaft!
Wie kann ich geborgen sein in unserer Liebe,
wenn Angst in meiner Liebe ist?
Angst vor dem Klopfen an der Tür,
Angst vor dem Straßenlicht,

Angst vor blendenden Taschenlampen in unser Gesicht,
Angst vor Gefängnismauern –
diese Angst tötet meine Jugend,
tötet mein Lachen.
Die dunkle Straße macht mir angst,
der dunkle Berghang macht mir angst.

Halt mich in deinen weißen Armen, mein Liebster!
Wir müssen unser Kind bewahren, mein Liebster.
Bring es fort aus dieser Hölle, mein Liebster!
Wir müssen es schützen vor dieser Angst, mein Liebster.
Oder ich muß es töten in meinem Leib!
Dies Kind darf in dieser Angst nicht leben:
Angst, zu wissen, wer sein Vater ist.
Angst vor Straßenlicht.
Angst vor dem Blenden der Taschenlampen.
Angst vor Gefängnismauern.

Sie beschmutzen unsere Liebe,
wenn er in dieser Hölle bleibt.
Empfangen in Furcht –
wird er hassen und fluchen.

Er darf nicht in Angst leben
wie diese weißen Arme und diese schwarze Brust.
Erhebe dich und kämpfe gegen diese Angst.
Du sollst frei sein, zu lieben
unseren Sohn.

(1972)

Schwarze Mütter betreuen weiße Kinder, um ihre eigenen Kinder ernähren zu können.

André Brink

Das schwarze Hausmädchen

Patience hatte die letzten drei Jahre bei einem reichen englischen Ehepaar in Lower Houghton gearbeitet. Im großen und ganzen waren sie freundlich und rücksichtsvoll zu ihr gewesen, doch kam sie bald dahinter, daß jedesmal, wenn die Frau des Hauses fort war, der Mann einen Vorwand fand, um in ihrer Nähe zu sein. Nichts Ernsthaftes: ein Lächeln, ein paar vielsagende Andeutungen, nichts weiter. Vor zwei Monaten hatte die Frau jedoch ins Krankenhaus gemußt. Während Patience das Schlafzimmer aufräumte, tauchte ihr Arbeitgeber auf und fing an, sie zu umschmeicheln; als sie sich seinen Versuchen widersetzte, sie zu streicheln, stieß er sie zu

Boden, schloß die Tür ab und vergewaltigte sie. Hinterher war er plötzlich die Zerknirschung in Person und bot ihr zwanzig Rand, damit sie den Mund hielt. Sie jedoch war in einem solchen Zustand, daß sie nur noch daran denken konnte, nach Hause zu laufen. Erst am nächsten Tag willigte sie ein, sich von Henry auf die Polizei begleiten zu lassen, wo sie die zwanzig Rand vorwies und Anzeige erstattete. Von dort aus ging sie zu einem Arzt.

Ihr Arbeitgeber wurde festgenommen und verhört. Vierzehn Tage vor der Verhandlung fuhr der Mann zum Haus der Maphuna in Alexandra und bot ihnen eine ansehnliche Summe, falls sie die Anklage zurückzögen. Patience jedoch weigerte sich, seine sabbernd vorgebrachten Bitten anzuhören. Sie war verlobt gewesen, doch nach dem, was geschehen war, hatte ihr Zukünftiger die Verlobung gelöst; die einzige Genugtuung, die sie sich noch erhoffen konnte, war, daß der Gerechtigkeit Genüge getan wurde.

Es schien eine reine Formalität zu sein. Doch vor Gericht erzählte der Arbeitgeber die Sache ganz anders – er und seine Frau hätten von Anfang an Schwierigkeiten mit Patience gehabt; ihre schwarzen Freunde hätten praktisch bei ihr Schlange gestanden und sie von der Arbeit abgehalten; einmal, sagte er, hätten sie sie in ihrem eigenen Schlafzimmer mit einem Liebhaber überrascht. Und als seine Frau im Krankenhaus gewesen sei, wäre es immer schlimmer geworden, habe Patience ihn durchs ganze Haus verfolgt und ihm unsittliche Anträge gemacht, so daß er sich gezwungen gesehen habe, sie zu entlassen und ihr den Lohn für die vierzehntägige Kündigungsfrist auszuzahlen, eben jene zwanzig Rand, die sie dem Gericht als Beweis vorgelegt hätte. In einem hysterischen Ausbruch habe sie sich die Kleider zerrissen, geschworen, daß sie sich an ihm rächen werde, indem sie ihn wegen Vergewaltigung anzeige und so weiter. Seine Frau bestätigte unter Eid seine Aussage über Patiences allgemeines Verhalten. Andere Zeugen gab es nicht. Das Urteil lautete auf nicht schuldig, und der Richter hatte Patience ernste Vorhaltungen gemacht.

(1979)

James Matthews

Büro für Rassenbestimmung –
geistige Folterkammern,
in denen Personalien festgestellt werden.

Büro für Rassenbestimmung –
reißt Familien auseinander
wie Äste von einem Baum.

Büro für Rassenbestimmung –
nimmt einer alten Mutter
die Fürsorge ihres Sohnes.

Büro für Rassenbestimmung –
unterteilt die Rassen,
ordnet sie in Farbkatalogen.

Büro für Rassenbestimmung –
bewahrt weiße Vorherrschaft,
hat die Seele einer Maschine.

(1972)

Alex La Guma

«Wo ist dein Paß, Kaffer?»

Wenn ein Afrikaner sechzehn ist, wird er noch einmal geboren, oder, noch schlimmer, er wird in die Scharen des Teufels aufgenommen, eingeführt in die Blutriten einer Knechtschaft, die so grausam ist wie Caligula und so gnadenlos wie Nero. Ihre Fesseln sind die verschlungenen Ketten unendlicher Vorschriften, vernietet mit Gummistempeln. Und die kratzenden Federn in den Büros des Eingeborenenkommissars sind wie Brandeisen, die Narben für das ganze Leben hinterlassen.

«Wo ist dein Paß, Kaffer?»

«Hier.»

«So, du bist also von da und da. Wo ist deine Erlaubnis, dort wegzuziehen?»

«Sie ist hier.»

«Gut. Du hast zwar die Erlaubnis, von da und da wegzuziehen, aber wo ist deine Erlaubnis, *hier* zu sein?»

«Sie ist hier.»

«So. Du hattest zwar die Erlaubnis, von da und da wegzuziehen, und hast auch die Erlaubnis, hier zu sein, aber wo arbeitest du?»

«Ich arbeite hier, für den und den.»

«Gut. Ausgezeichnet. Hast du eine Genehmigung, für den und den zu arbeiten?»

«Sie ist hier.»

«So. Ja, ich sehe. Es steht alles hier und ist abgestempelt, und dieser der und der, für den du arbeitest, hat regelmäßig jeden Monat unterschrieben. Gut. Ausgezeichnet, alles ist in Ordnung. Aber sag mal, wo wohnst du hier genau?»

«In der und der Location, Township, Straße, Gasse oder Erdhöhle.»

«Tadellos. Du wohnst also in der und der Location, Township, Straße, Gasse, Erdhöhle; hast du auch die notwendige Erlaubnis – unterschrieben, gesiegelt und gestempelt?»

«Hier ist sie.»

«Wunderbar: Du hast alles: die Erlaubnis zu existieren, wie die Tatsache beweist, daß du bei der Behörde registriert bist; die Erlaubnis, den Ort des vormaligen Aufenthalts zu verlassen; die Erlaubnis, hierherzukommen und hierzubleiben durch die Gnade Gottes und des Eingeborenenkommissars; du hast die Erlaubnis, für den und den zu arbeiten; du hast die Erlaubnis, in der und der Location zu wohnen. Sag mal, bist du verheiratet?»

«Ja.»

«Wo ist deine Frau, deine Kinder?»

«Sie sind dort, wo ich früher gewohnt habe.»

«Gut. Denk dran, sie können nicht kommen, um bei dir zu wohnen oder dich zu besuchen, wenn sie sich nicht vorher eine Genehmigung besorgen. Das nicht zu tun, bedeutet, den Zorn des Teufels und seiner Großmutter heraufzubeschwören.»

«Ich werd dran denken.»

«Gut. Natürlich müßten deine Frau, deine Kinder, deine Onkel und Tanten, Großväter und Großmütter und wen es da sonst noch gibt, die bei dir *wohnen* wollen – wenn sie die Erlaubnis haben, von da und da hierherzukommen, um dich zu besuchen –, dafür eine Erlaubnis haben. Das verstehst du gewiß.»

«Ich verstehe.»

«Und außerdem verstehst du wohl auch, daß du ohne Erlaubnis deine Arbeit bei dem und dem nicht aufgeben darfst, um bei einem anderen eine andere Arbeit aufzunehmen?»

«Das stimmt.»

«Tadellos. Du bist ein guter Kaffer. Du verstehst natürlich, daß du nicht von hier wegziehen darfst, um an einem anderen Ort zu leben, ohne die vorherige Erlaubnis, daß du hier weg und dort hin kannst. Und dort zu bleiben, zu wohnen, zu arbeiten, zur Arbeit zu gehen und von der Arbeit zu kommen, zu gewissen Zeiten auszugehen und so weiter und so fort, erfordert ebenfalls eine Erlaubnis.»

«Ich verstehe.»

«Du bist ein Hexenmeister, wenn du in der Lage bist, das zu verstehen. Aber eines mußt du verstehen.»

«Was?»

«Wenn das alles nicht mit Sorgfalt befolgt wird, dann ab ins Gefängnis mit dir, oder alle Genehmigungen werden annulliert, so daß du aufhörst zu existieren. Du wirst nichts sein, niemand, du wirst praktisch abgeschafft. Du kannst nirgendwohin auf dieser Erde, niemand kann dir Arbeit geben, nirgendwo kannst du anerkannt werden; du wirst nicht essen und trinken; du wirst ein Nichts sein, vielleicht sogar weniger als ein Nichts.»

«Ich verstehe.»

«So sei es.»

(1972)

Selina Moesi

Frauenleben auf dem Land

Selina Moesi wurde auf einer Farm geboren, die weißen Siedlern gehörte. Dort hat sie viele Jahre lang gelebt – bis der Farmer in eine andere Gegend zog. Danach kam sie mit ihrer Familie nach Lebowa.

«Als wir noch auf dem Bauernhof waren, hatten wir auch eigenes Land, das wir bestellen durften... und wir haben für den Farmer gearbeitet – dafür gab es 10 Rand im Monat. Unsere eigenen Felder haben wir mit der Hacke bearbeitet und dann Tomaten und Erdnüsse angebaut. Das Leben war nicht leicht, wir waren arm, aber wir mußten wenigstens nicht allzusehr hungern. Und jetzt sind wir hier, wo die Stammesführung zuständig ist und es die Planungen von der Landwirtschaftsbehörde gibt – für uns heißt das nur, daß wir viel weniger Land haben als vorher.

Die Planung funktioniert so, daß man Geld an den Häuptling zahlt; von der Höhe des Betrags hängt es angeblich ab, welche Felder man zugeteilt bekommt. Uns haben sie gesagt, die Flurstücke sind einen Morgen groß – aber wenn man nachmißt, sind sie viel kleiner. Wir mußten ja unser Vieh aufgeben und natürlich auch unser schönes Haus – für das Haus haben wir keine Entschädigung bekommen. Nach der neuen Planung ist Viehhaltung nicht mehr erlaubt. Ich habe unsere Tiere zu Verwandten gebracht, aber dort sind sie verendet.

Jetzt ist nichts mehr übrig. Die Menschen verhungern, ein paar Fälle hat es schon gegeben. Ich glaube, in der Stadt hat man keine Ahnung, wie schlimm die Lage hier draußen ist. Immer wieder werden wir verdrängt – auf immer kleinere

Fleckchen Land. Und immer mehr Menschen kommen hierher. Was, um alles in der Welt, bleibt uns jetzt noch übrig?»

Selina erzählt, daß sie einmal zu einem Treffen mit den Beamten der regionalen Landwirtschaftsbehörde geladen wurde. Man verlangte von ihr, sie solle Dünger kaufen. «Ein Sack kostet über sieben Rand – völlig unerschwinglich für Leute, die am Verhungern sind.» Sie sieht die Zukunft sehr düster.

«Sobald es für ein Gebiet einen Bewirtschaftungsplan gibt, müssen wir uns daran halten. Wir dürfen dann zum Beispiel kein Feuerholz mehr schlagen. Also sind wir gezwungen, Kohle zu kaufen – das kostet vier Rand pro Woche. Als wir noch auf der Farm gelebt haben, gab es das alles nicht. Jetzt brauchen wir ständig Geld, aber wir haben keine Arbeit – wo soll das Geld herkommen? Früher hatten wir genug Feuerholz, wir konnten eine ganze Menge anbauen und hatten sogar etwas Vieh. Nun sind wir verzweifelt. Sollen wir verhungern? Ist das die Absicht der Regierung und der schwarzen Häuptlinge? Wie sonst soll man sich diese entsetzliche Planungsbehörde erklären, die uns bloß immer ärmer macht?»

(1986)

Ellen Kuzwayo

Die Frau als ‹Minderjährige›

In Südafrika zählen schwarze Frauen zur Kategorie der ‹Minderjährigen›. Sogar gegenüber ihren eigenen Söhnen werden sie ungeachtet des Altersunterschieds als ‹minderjährig› definiert. Ich machte diese höchst ärgerliche und demütigende Erfahrung das erste Mal 1969, als ich als südafrikanische Vertreterin zu einem Treffen des International Training Instituts, einer Einrichtung des Weltbundes YWCA, nach New York fuhr. Als ich zu diesem Zweck einen Paß beantragte, fragten sie mich bei der Behörde als erstes, wer mein nächster männlicher Verwandter sei. Ohne groß zu überlegen, sagte ich, daß ich verwitwet sei und einen Vater und drei Söhne hätte. Als der Beamte hörte, daß ich mit meinen Söhnen zusammenlebte, sagte er ungeniert, ich solle die Formulare meinem ältesten Sohn zur Unterschrift vorlegen, womit dieser sein Einverständnis für meine Auslandsreise gäbe. Meinen Einwand, mein Sohn lebe aber in meinem Hause, wo ich das Sagen hätte und für alles verantwortlich sei, fegte er mit einer leichten Handbewegung beiseite. Ohne die Zustimmung und Unterschrift meines Sohnes würde ich den Paß kaum bekommen.

Welch absurde Verhältnisse, wo eine Mutter ihren Sohn um Erlaubnis fragen muß. Ich war verärgert und wütend – aber was sollte ich tun? Ich brauchte den Paß dringend. Nachdem ich meinem Ärger und Widerwillen Luft gemacht hatte, raffte ich die Formulare zusammen und verließ mißmutig den Raum.

Als ich meinem ältesten Sohn Everington von meinem Besuch bei der Paßbehörde erzählte, sagte er: «Mama, ich werde dieses Formular wie verlangt ausfüllen und unterschreiben, nicht weil mir das Spaß macht, sondern damit du deinen Paß bekommst. Die Tatsache, daß ich als dein Sohn dir die Erlaubnis für eine Auslandsreise geben muß, ist eine Schande.»

Zwar ist diese eine menschenunwürdige Praxis in den letzten Jahren nicht mehr zur Anwendung gekommen, aber es gibt noch genügend andere.

(1985)

Alex La Guma

Die Frau als ‹James Bond›

Aus dem Radio hinter ihr tönte ‹Annie Get Your Gun› – Anleitungen für Hausfrauen zum Umgang mit Feuerwaffen – und eine Stimme sagte:

«...der Colt Woodsman ist eine kleinkalibrige Pistole und wahrscheinlich ein wenig zu lang, um sie in einer Damenhandtasche tragen zu können...»

Das erinnerte sie an diesen furchtbar unangenehmen Polizei-Ausbilder während der Zeit, als sie dem Schießverein angehört hatte. Er roch nach abgestandenem Tabakrauch, und an seinem Backenknochen bemerkte sie die Anfänge eines Geschwürs, als er einmal direkt neben ihr stand, um ihr die richtige Haltung beim Schießen zu zeigen. Da hatte er etwas über Smith and Wessons erzählt, und ihr schlug sein warmer und säuerlicher Atem entgegen. «Nicht zucken, langsam drücken», hatte er mit kehliger Burenaussprache gesagt, und sie haßte diesen Klang wie seine Körperausdünstungen, und darum hatte sie dann diese Schießübungen aufgegeben. Sie würde sowieso niemals wie John Wayne mit so einem blödsinnigen Riesenrevolver herumlaufen, doch sie kaufte sich später eine kleine Pistole, die man in den BH oder hinters Strumpfband stecken konnte.

«Man weiß nie, wann einer dieser schrecklichen Kaffern verrückt spielt», hatte sich eine der Frauen im Schießverein affektiert und ein wenig hysterisch geäußert. Mit den riesigen Ohrschützern aus Gummi sah sie ziemlich komisch aus. (...) Aber sie hatte trotzdem die kleine Beretta gekauft. James Bond, wie James Bond. Wenn es keinen Ausweg mehr gibt, kannst du immer noch zur Armee, dachte sie jetzt und knickte den Strohhalm in ihrem Glas.

Die Stimme im Radio sagte:

«Nicht vergessen: Beim Zielen niemals auf den Kopf zielen, sondern auf die Brustmitte, wo die Fläche am größten ist. Der Ruck, der durch den Rückstoß erzeugt wird...» Sie hörte nicht weiter zu.

(1981)

Mzimkulu Malunga

Mein Leben als Minenarbeiter

Ich habe mir die Bergarbeit nicht ausgesucht. Mir blieb einfach keine andere Wahl. Nach der Schule hatte ich keinen Job, und in den ersten Monaten des Jahres 1986 wurde der Umschlag, in dem ich meine Ablehnungsbescheide aufhob, immer dicker.

Dann versuchte ich es wie viele Arbeitslose: ich fuhr jeden Tag in die Stadt und klopfte an die Türen, um nach Arbeit zu fragen. Das Resultat war noch deprimierender, als Absagen auf schriftliche Bewerbungen zu bekommen.

An einem Freitagnachmittag im Juni kehrte ich von einem weiteren erfolglosen Tag der Jobsuche nach Hause zurück. Mein Onkel Hoenene saß auf dem Sofa und las Zeitung. «Du siehst müde aus, mein Junge», sagte er. «Was ist los?» Ich zuckte die Schultern. «Diese Jobsucherei geht mir auf die Nerven.»

«Warum gehst du dann nicht in die Minen?» Er hatte, bevor er auf Rente ging, zehn Jahre als Bergmann gearbeitet.

«Wer, ich? In die Minen? Das ist einer der letzten Plätze, wo ich arbeiten würde.»

«Ich weiß, daß ihr jungen Kerle aus den Townships denkt, die Leute auf den Minen sind ein bißchen blöd. Aber heutzutage ist das anders.»

«Mein Problem wäre, daß ich im Lager leben müßte», sagte ich. Ich hatte Geschichten von Leuten gehört, die die meiste Zeit arbeiten mußten, ohne Freizeit und Ruhepausen zu haben. Und die Idee, nur mit Männern zusammenzuleben, mochte ich auch nicht. Ich hatte auch in den Zeitungen gelesen, daß es in den Minen Jobs gab, die Schwarze nicht machen durften. Und ich hatte über viele Unfälle gelesen. Ich hatte Angst, untertage zu gehen, und der Lohn eines Bergarbeiters schien auch nicht verlockend.

(...)

Mein Leben im Bergwerk begann am Mittwochmorgen, dem 25. Juli 1986. Ich stellte mich in der East Driefontein Goldmine außerhalb von Johannesburg vor. Die Vorgesetzten wollten mich haben und gaben mir ein Anstellungsschreiben. Ich sollte 44 Rand und 88 Cents pro Woche verdienen (etwa 40,- DM).

Aber zunächst mußte ich noch zu ‹Mzilikazi› gehen, dem Verwaltungsbüro der Bergwerkskammer in Oberholzer/Carletonville. Man bekommt einen Vertrag mit den persönlichen Daten, ein Foto wird gemacht, Fingerabdrücke genommen und Bluttests durchgeführt.

(...)

Im Lager lebten 13 000 Arbeiter, eingeschlossen von Hochsicherheitszäunen. In meiner Abteilung lebten zwanzig Leute in einem Raum. Dreckige Stiefel und verschmierte Overalls stapelten sich vor den Türen.

(...)

Am Abend erzählte Ntate Chaka (Vater Chaka) mir etwas über die Gesetze des Schlafsaals: «Wir machen es so: Immer im Wechsel holen wir uns aus der Küche ‹mqombothi› (Hirsebier). Du mußt uns also auch Bier bringen, wenn du an der Reihe bist. Wenn du die Forderungen nicht erfüllst, wird die ‹Nation› (die Leute im Schlafsaal) nicht sehr glücklich sein. Und sie werden dir ein entsprechendes Urteil verpassen... beispielsweise können sie dich dazu verdonnern, das Bier eine ganze Woche lang zu holen.»

(...)

Ich verzog mich hinter die Toiletten. Mein Herz pochte. Dies war der einzige Ort, an dem man atmen konnte, ohne von einem Vorarbeiter angebrüllt oder schikaniert zu werden. Ich schaute, ohne nachzudenken, nach Osten, in Richtung Soweto. Meine Augen brannten und Tränen liefen über meine grauen, staubverschmierten Wangen. Dann wurde es für einen Moment dunkel und ich verlor das Bewußtsein. Plötzlich wurde ich von einem der Vorarbeiter geweckt. Er war berüchtigt dafür, den Leuten auf die Toiletten zu folgen und sie bei den Vorgesetzten anzuschwärzen. «Was machst du hier?» brüllte er. «Geh an die Arbeit, es ist keine Schlafenszeit.»

(...)

Um halb drei morgens ging mit einem schrillen Schrei die Sirene los. Dann noch einmal. Arbeiter sprangen von ihren Metallpritschen, einige hatten noch die Augen geschlossen und zogen ihre Untertageklamotten an. Je nach Absprachen in den unterschiedlichen Schlafsälen blieb in einigen Räumen das Licht die ganze Nacht an. Bei uns wurden die Lichter abends um halb neun ausgeschaltet.

(...)

Am Minenschacht kontrollierte ein Wächter bei jedem Arbeiter die Nummer und den Ausweis. Der ‹Käfig›, ein riesiger metallener rechteckiger Kasten, in dem die Minenarbeiter jeden Tag auf die verschiedenen Ebenen fuhren, war grau angestrichen. Im Kasten gab es drei Abteilungen: Die mittlere für die Vorarbeiter, das untere und das obere Deck für die gewöhnlichen Minenarbeiter. Ich war privilegiert als ‹mabalane› (Zuarbeiter der Verwaltung, der monatlich bezahlt wird) und konnte mit den Vorarbeitern einfahren. Hier war es nicht so eng wie auf den anderen Decks. Durch die Ventilationslöcher konnte ich das Zugseil sehen, und ich starrte auf das schmierige schwarze Ding, an dem unsere Leben hingen. Dann hörte ich eine tiefe Stimme an meinem Ohr. Es war Bra Thabo: «Du wirst schon nicht abkratzen, hör auf zu zittern.»

Es ging abwärts. Der Käfigchauffeur steckte einen Schlüssel in eine elektronische Box neben der Tür. Die Lampe an der Box schaltete von Rot auf Grün und wieder auf Rot. Ich dachte an einen niederstoßenden Habicht, als der Käfig über Tausende von Metern in den Schacht hinabstürzte.

Meine Lungen hörten auf zu arbeiten – es war ein Gefühl, als kämen sie mir zum Mund heraus. Meine Nase war zu, und meine Ohren wurden wie durch eine mysteriöse elektrische Kraft verschweißt. Kein Ton war zu hören, alles still, außer den Käfigrädern, die an den senkrechten Gleisen, die vom tiefsten Punkt des Schachtes hinaufführten, entlangrollten. Ich versuchte verzweifelt, Spucke im Mund zu sammeln. An den Helmen auf den verbitterten Gesichtern leuchteten Lampen, und Schweiß lief an den Schläfen herab.

Vier Minuten später kamen wir am Ziel an: Ebene 14, 1400 Meter untertage. Andere Bergarbeiter mußten noch tiefer hinab. Der Nebenstollen Nr. 1 schluckte die Arbeiter der Nachmittagsschicht und spuckte die Leute der Frühschicht wieder aus. Im Stollen 1 arbeiteten 3000, im Stollen 2 sogar 5000 Männer.

Als ich aus dem Käfig stieg, ließ der Druck im rechten Ohr und in der Nase nach. Grelle Lichter erhellten die Szene, aber die Staubwolken erinnerten uns daran, wo wir waren. Ebene 14 war dafür berüchtigt, die Lungen der Arbeiter zu ruinieren.

(...)

Nach einem 20minütigen Marsch entlang der heißen und matschigen Lorenbahn erreichten wir die Sammelstelle. Wir konnten uns 10 Minuten ausruhen, bevor wir eine Leiter heraufklettern mußten, bis zu der Stelle, an der das Gold abgebaut wurde. Die Bohrer dröhnten schon. Wir krochen 50 Meter weiter, die überhängenden scharfkantigen Felsbrocken scheuerten auf meinem Rücken. Die Maschinisten hatten sich fast ganz ausgezogen und bearbeiteten die Felsen mit Bohrern. Der Oberaufseher kontrollierte ab und zu die Arbeit und brüllte gegen den Maschinenlärm: «Ihr müßt euch beeilen, ich will sprengen.»

(...)

(1988)

Ronald Williams

Der Paß und das Mädchen von zu Hause

Masiza fühlte, wie seine Schultern schmerzten, als er sich im Bett herumdrehte. So war es immer am Sonntagmorgen nach der Woche harter Arbeit. Er konnte keinen Sinn darin sehen, sechs Tage in der Woche für ein paar Pfund zu schuften, einen Tag Pause, und dann wieder von vorn damit anzufangen – Tag für Tag, Jahr für Jahr.

Diese Gedanken beschäftigten ihn immer, aber an diesem Morgen mischten sie sich mit einem Freudeschauer der Erwartung. Die Dinge würden sich zum Besseren wenden, denn am Donnerstag hatte Masiza Rebecca kennengelernt.

Nun hatte sich Masiza nie viel mit Frauen abgegeben, auf

Weiße «Herrin» und schwarzes «Mädchen» in der Kapprovinz.

jeden Fall nicht, seit er in die Stadt gekommen war. Aber Rebecca war anders. Sie war kein Stadtmädchen. Sie war vom Lande gekommen, von einem Dorf, das nicht weit von dem seinen entfernt lag. Noch hatte sie nicht die Art der Stadtmädchen angenommen. Er hatte das an der Einfachheit ihrer Kleidung, ihrer offenen, nicht ausweichenden Unterhaltung, ihrem direkten Blick und ihrer allgemeinen Scheu erkannt. Masiza fühlte, daß er zu Hause war, nachdem er sie kennengelernt hatte. Es war ein seltenes Aufeinandertreffen, und sie, aufgeregt, daß sie auf einen «Jungen von zu Haus» getroffen war, hatte ihn für Sonntag auf ihre Arbeitsstelle eingeladen. Ihre Arbeitgeber würden tagsüber außer Haus sein.

Masiza hatte frohgemut angenommen. Solch ein Glück für einen Mann, so weit weg von zu Hause. Drei Jahre in Kapstadt, ohne die Gesellschaft einer Frau, und nun eine von zu

Hause zu treffen, unverdorben. Er hob seinen Kopf und schaute durchs Zimmer. Fondis Bett war leer. Es war früh am Morgen, und es gab keinen Grund für seinen Zimmerkameraden, zu dieser Zeit schon aufzusein, außer daß er Maisie zur Bushaltestelle gebracht hatte, da sie um acht Uhr auf Arbeit sein mußte.

‹Arme Kerle, solche wie Fondi›, dachte Masiza. Ihre Mädchen mußten sie spätnachts in das Junggesellenwohnheim herein- und frühmorgens wieder hinausschmuggeln, während die Hausverwalter noch schliefen – wenn man kein «Schweigegeld» zahlen wollte, und Fondi hatte geschworen, dies niemals zu tun. Er würde es nicht zulassen, daß einer ihm so das Blut aussaugte.

Masiza war gerade dabei, den schönsten und breitesten Schlips, den er besaß, umzubinden, als Fondi eintrat. Fondi war überrascht, als er sah, wie herausgeputzt Masiza war.

«Was ist denn heute los?» fragte er. «Erzähle mir nicht, daß du zur Kirche gehst, oder bist du vielleicht bekehrt worden?»

Masiza schaute erst auf seine gutgeputzten Schuhe, entfernte dann ein Stäubchen von seiner Schulter, bevor er antwortete.

«Ich fahre nach Sea Point.»

Fondi schaute überrascht auf, dann breitete sich ein Lächeln über sein ganzes Gesicht. «Welchen Verwandten willst du besuchen? Oder bist du auf Arbeitssuche, Hausboy, Gartenboy?» Und er brach in Gelächter aus.

«Mach dich nur weiter lustig, aber ihr werdet alle noch staunen», erwiderte Masiza. «Ich will ein Mädchen besuchen, nicht eine von euren kettenrauchenden und trunksüchtigen netten Zeitvertreiben. Ich spreche von einem richtigen Mädchen von zu Haus. Und noch eins, sie hat ein Dienstmädchenzimmer ganz für sich allein. Ich werde nie wieder Miete zahlen oder Essen kaufen müssen, solange sie arbeitet...»

«Wofür du dann im Garten arbeiten und den Wagen des Herrn waschen und all die lausigen Gelegenheitsarbeiten erledigen mußt.» Fondi schüttelte den Kopf. «So etwas werde ich nie tun.»

«Es ist besser, als was ihr tut, und du und Maisie, ihr werdet eines Tages auch geschnappt», warnte Masiza.

In der Art ging es weiter, während Masiza seinen besten Anzug nahm und Fondi seine gewöhnlichen Sachen, denn Fondi war weise. Er zog nie feine Sachen an, wenn er wußte, daß viel getrunken werden würde. Bald darauf ging er.

Masiza konnte nicht glauben, daß er die schmutzigen Sachen angehabt hatte, die auf dem Boden lagen. Der leuchtend blaue Anzug, den er nun anzog, gab ihm ein Gefühl von Eleganz. Er entschloß sich, ihn nicht damit zu verderben, daß er irgend etwas aus den schmutzigen Taschen einsteckte. Nicht einmal die Monatskarte für die dritte Klasse würde er benutzen. Dieser Tag verlangte nach der zweiten Klasse.

Masiza schritt mit hocherhobenem Haupt munter in Richtung Bahnhof. Er lief die ganze Strecke auf der geteerten Straße und mied die sandigen Fußwege. Er grüßte jeden, den er traf, selbst jene, die er nicht kannte.

Masiza war glücklich. Das Leben bot schließlich auch seine Vorteile. Ein Mann muß nur auf seine Chance warten. Er freute sich auch auf ein üppiges Mahl, da er ohne Frühstück weggegangen war. Er hatte wirklich vor, sich mit dem Essen des Weißen den Magen vollzuschlagen.

Eilig ging er vom Cape-Town-Bahnhof zur Bushaltestelle. Wenige Minuten danach befand er sich auf dem Oberdeck eines Sea-Point-Busses. Der Weg war einfach zu finden. Er würde an Bushaltestelle zwanzig aussteigen, die Mount Street hinauflaufen, drittes Tor auf der rechten Seite, dort würde sein Mädchen von zu Haus auf ihn warten. Masiza rutschte ungeduldig auf seinem Sitz hin und her. Der Bus fuhr ihm zu langsam, und er hielt oft an. Er fühlte, daß er ihn leicht hätte zu Fuß überholen können.

Als der Schaffner «Bushaltestelle zwanzig» schrie, war Masiza bereits abgesprungen.

Gleich nachdem er den Bus verlassen hatte, sah er zwei Afrikaner, die hastig in die entgegengesetzte Richtung liefen. Sie sahen aufgeregt aus. Immer wieder schauten sie sich um und zeigten in verschiedene Richtungen, als seien sie sich nicht klar darüber, welchen Weg sie einschlagen sollten. Masiza stand da und rückte seinen Schlips gerade, während er sie neugierig beobachtete. Als sie an ihm vorüberkamen, sagte der eine: «Du hast dir den falschen Tag ausgesucht, Bruder, die Dinge stehen schlecht hier.» Sie verschwanden um eine Ecke, bevor er fragen konnte, was sie meinten.

Was sie auch immer meinten, nichts würde diesen Tag verderben. Zur Abwechslung hätte er auch einmal etwas zu sagen, wenn sich seine Freunde über ihre Liebesabenteuer unterhielten. Sie hatten ihn immer aufgezogen, nun, dies würde sie zum Schweigen bringen.

Gerade als er den ersten Schritt machen wollte, schwenkte ein Gefangenenwagen der Polizei in sein Blickfeld. Er ging los, bremste sich aber. ‹Ich habe nichts zu befürchten. Ich habe nichts getan›, dachte er und versuchte, sich selbst zu überzeugen, obwohl er wußte, daß Polizisten nicht darauf warten, daß ein Afrikaner etwas tut, ehe sie ihn anhalten und ausfragen.

«He du, komm her!» rief einer der Polizisten, als der Wagen hielt. Masiza schaute so unschuldig drein, als meinte der Polizist jemand hinter ihm.

«Du.» Ungeduldig. Masiza wies fragend mit dem Finger auf sich. «Ja, du!» brüllte der nun verärgerte Polizist, wobei er aus dem Wagen stieg und etwas auf afrikaans murmelte.

«Wohin gehen Sie?»

«Hier hinauf, *baas*, nur bis dorthin», und Masiza zeigte auf sein Ziel und gab sein Bestreben zu erkennen, so schnell wie möglich dorthin zu gelangen.

«Ihr Eingeborenen macht aus Sea Point noch eure Siedlung, wer sind Sie?»

«Ich bin –» Der Polizist streckte seine Hand aus. Masiza brauchte nicht zu fragen, was er wollte. Er langte nach seinem Ausweis in der Tasche. Er war nicht da. Er suchte in allen seinen Taschen nach, doch das kleine Referenzbuch war nicht vorhanden. Masiza verfiel in Panik.

«Kein Ausweis!» Der Polizist ergriff ihn am Oberarm und befahl ihm mitzukommen.

«Bitte, *baas*, ich –»

«Wir haben genug von euren Diebstählen und Kämpfen, los!»

Da erinnerte sich Masiza. Die schmutzigen Sachen, die er verschmäht hatte. Dort war sein Ausweis, in den dreckigen Taschen, zusammen mit seiner Fahrkarte der dritten Klasse und dem schmutzigen Taschentuch, mit dem er sich eine ganze Woche lang den Schweiß abgewischt hatte. Masiza wurde schnell das ganze Ausmaß der Schwierigkeiten bewußt, in denen er steckte. Der mögliche Verlust seiner Arbeit nach einem unbestimmten Aufenthalt im Gefängnis, dem dann eine lange, ungewisse und frustrierende Arbeitssuche folgen würde, vielleicht gar am Ende Deportation...

Als er an sein Mädchen aus der Heimat dachte, beschloß er, es noch einmal zu versuchen. «Bitte, *baas*, ich habe ihn zu Hause, Sir...» Innerhalb weniger Sekunden war er recht und schlecht in dem vollgestopften Gefangenenwagen untergebracht. Er hörte bald, daß es nach der tödlichen Stichverletzung eines Mannes in einem Bedienstetenzimmer eine Polizeirazzia gegeben hatte. Der Wagen raste zur Polizeistation, und alle Hoffnungen auf einen angenehmen Tag mit dem Mädchen von zu Haus schwanden. Masiza stellte sie sich vor, wie sie auf ihn wartete, es dann aufgab und meinte, daß die Stadt die Menschen wirklich verderbe und sie wenig vertrauenswürdig mache, selbst die von «zu Haus».

Masizas Magen knurrte vor Hunger, und ihm kam das frische Brot in den Sinn, das er unangerührt zu Hause gelassen hatte.

(1968)

Zindzi Mandela

Daheim bin ich
wo Trauer
geboren wird

Daheim ist
wohin ich zurückkehren kann
wo ein Dach für mich ist
unter dem Dach nichts von Wert
für den schwarzen Mann

Daheim
das ist eine enttäuschte Frau
abwesende Eltern
darbende Kinder
abhängige Verwandte

Daheim
das ist das Grab der Lebenden,
ihr Begräbnis

Oh, schwarz zu sein!

(1982)

Bericht der Kirchen

Driefontein – schwarzes Gemeinwesen oder schwarzer Fleck?

Driefontein ist ein kleines ländliches Gebiet im südöstlichen Transvaal, das Zuhause von 5000 schwarzen Afrikanern. Es war von ihnen gekauft worden vor der Verabschiedung des Landgesetzes (Land Act) von 1913. Es war lastenfreier Grundbesitz, den die Käufer und ihre Erben für immer besitzen konnten.

Die Lebensbedingungen in Driefontein sind nicht ideal. Viele Männer müssen zu Wanderarbeitern werden, um ihre Familien mit dem Nötigsten zu versorgen. «Trotzdem wird das Land bebaut, so daß die Ernährung einigermaßen gesichert ist. Der Gesundheitszustand der Leute ist entsprechend. Akazien sorgen für Feuerholz, das sonst in vielen ländlichen Gebieten knapp oder gar nicht vorhanden ist. Häuser und Hütten sind in gepflegtem Zustand. Es gibt drei Schulen und 14 Kirchen.»

200 bis 300 Familien besitzen eigenes Land und bewirtschaften es. Die übrigen sind entweder Wanderarbeiter oder Pächter bei den Grundbesitzern oder aber arbeitslos. Für Einrichtungen des allgemeinen Wohls hat es verschiedene Initiativen aus dem Gemeinwesen heraus gegeben: Man hat eine Klinik errichtet und einen Gemeindevorstand gewählt, der dafür zu sorgen hatte, daß Gesetzesübertretungen und Gelegenheitskriminalität unter Kontrolle blieben.

Die Beziehungen zwischen Driefontein und den weißen Farmern in der Umgebung waren gut bis in die 60er Jahre hinein, als einige weiße Farmer sich über Konkurrenz bei Arbeitskräften für die Farmen beklagten. Die Farmer von Driefontein selbst stellten nämlich Unterkünfte für ihre Landarbeiter und gaben ihnen ein Stück Land zur Eigenbewirtschaftung. Familien, die auf die Weise ihr Auskommen hatten, mußten ihre Arbeitskraft nicht länger billig auf den Farmen der Weißen anbieten.

Alles in allem war Driefontein zwar kein blühendes Gemeinwesen, aber doch von solcher Qualität, daß man es gerne mittrug und entwickelte.

Die Regierung versteht solche Gebiete wie Driefontein als «black spots» (schwarze Flecken), da sie die Durchführung der Bantustanpolitik behindern, die eindeutig unterscheidbar von den sie bewohnenden «Nationen» her bestimmte «Homelands» als Zielvorstellung hat.

Die Regierung hat verschiedene Gründe dafür vorgelegt,

warum die Leute von Driefontein umgesiedelt werden müßten. Darunter waren die folgenden:

Weiße Farmer aus der Umgebung waren verärgert darüber, daß Driefontein für sie wegen der Arbeitskräfte für die Farmarbeit zur Konkurrenz wurde.

Driefontein ist «schlecht gelegen»; daraus ergibt sich die Notwendigkeit zur «homeland-consolidation» (Arrondierung des Homelands);

der Heyshope Damm, der am Assegai-Fluß gebaut werden soll, wird dazu führen, daß Teile von Driefontein überflutet werden (tatsächlich noch nicht einmal ein Drittel).

Die Regierung beschloß schon 1965, gegen Driefontein vorzugehen. Erste Schritte waren, daß Hausnummern angebracht werden mußten und die Namen der Besucher registriert wurden. Die Leute hielten das für Maßnahmen, um die Postzustellung zu verbessern. Die Regierung unterrichtete den Gemeindevorstand von Driefontein zweimal – 1968 und 1975 – davon, daß die Umsiedlung geplant sei. Allerdings fehlte es an entsprechender Konsultation – die meisten Leute nahmen die bedrohliche Ankündigung nicht ernst. Außer solchen Drohungen übte die Regierung auf verschiedene Weise Druck aus, um die Leute zum Umzug zu bewegen. Einige berichten darüber, daß die Männer keine Jobs in den Minen mehr bekommen können, weil die Leute sich weigern, umzuziehen, und daß die Verwaltung es ablehnte, Leute aus Driefontein bei dem Dammbauprojekt einzusetzen. Die Regierung bot auch an, Leute per Bus mitzunehmen, um ihnen ihr neues Siedlungsgebiet in Lochiel zu zeigen. Dieses Angebot wurde zurückgewiesen. Im August 1982 bot das Department of Cooperation and Development sogar an, alle Grundbesitzer mit Land zu entschädigen –

und nicht nur solche mit mehr als 20 Hektar, was sonst die Regel war.
Im März und April kam es zu großen Versammlungen, auf denen die Umsiedlung abgelehnt wurde. Bei der zweiten dieser Versammlungen wurde Bürgermeister Mkhize erschossen. Die Polizei behauptet, die Massen wären aufrührerisch geworden. Andere Berichte dagegen besagen, daß Mkhize angeboten habe, sich abführen zu lassen, und die Polizei in keinerlei Gefahr gewesen sei. 2000 Menschen nahmen an Mkhizes Beerdigung teil, als er in Driefontein begraben wurde. Viele der Organisationen, die die Apartheid ablehnen, waren vertreten.

(1984)

Webster Makaza

Black Boy

«Heeeey, boooy... boooy!»

Vusumuzi bückte sich und spähte durch ein Wirrwarr von Baumstämmen und Blättern, aber er konnte nichts sehen.

Zögernd ging er ein paar Schritte den Pfad hinunter in die Richtung des bittenden Schreis... Huch... Guter Gott! Als er weiterkroch, sah er ein zerstörtes Auto auf der Seite liegen. Die Motorhaube war zerschmettert, die Windschutzscheibe zertrümmert. Er rannte den Rest des Weges hinunter, hielt inne und starrte den verunglückten Oldsmobile an, der sich offensichtlich überschlagen hatte. Unter der zerdrückten Tür quoll das weiße, blutige Gesicht eines Mannes hervor.

Wanderarbeiter in einer Mine.

«Boooy, hilf m-mir...» rief ein verzerrter Mund. Mit einem kribbelnden Gefühl der Angst lief er ein bißchen näher und blieb drei Meter vor dem Mann stehen.

«V-versuch, das Ding v-von m-meinen Schultern runterzukriegen. K-komm näher», bettelte der Mann.

Er lief, bis er ungefähr einen Meter von dem Auto entfernt war, und untersuchte das Wrack. Es war schon eine ziemlich böse Geschichte. Blut strömte aus dem rechten Arm des Mannes, als ob seine Arterie verletzt wäre.

«Mach schnell, Junge... ich bin schwach... h-hab 'ne Menge Blut v-verloren... Hol diese v-verdammte Tür v-von mir runter.» Der Mann schien am Ende seiner Kräfte zu sein.

«Ja, baas», antwortete er.

Die Türangel war tief in die Schulterblätter des Mannes eingegraben, und über der Tür lag das gesamte Gewicht des Wagens. Ja, er mußte versuchen, diese Tür anzuheben, um die Schmerzen des Mannes zu lindern. Dann würde er zur Landstraße hinauflaufen und ein Auto anhalten, um nach Hilfe zu fragen... Er beugte sich hinunter und zerrte angestrengt an der verdrehten Tür.

«G-Gottverdammt, mach sch-schnell, black boy!»

Vusumuzi hielt die Luft an; er erstarrte und seine Augen wurden zu schmalen Schlitzen. «*Aikona, baas.* Ich nicht schwarzer boy. Ich Vusumuzi», hauchte er und tat einen Schritt zurück.

«N-Na los!» kommandierte das weiße Gesicht. «Du k-kannst es heben... Mein Rücken e-erdrückt m-mich...»

Vusumuzi hatte sich wieder gefangen und stand ganz ruhig. Der leidende weiße Mann hatte ihn «schwarzer boy» genannt. Er wollte sich umdrehen und weglaufen, aber Mitleid und ein Schuldgefühl hielten ihn zurück.

«Schmerzt es sehr?» fragte er den Mann sanft.

«H-Hol das D-Ding von m-mir runter, du schwarzer Kaffer!»

Vusumuzi stand still, und die Tränen in seinen Augen ließen die Welt verschwommen erscheinen. Dann sagte er laut: «Ich will dem baas helfen... Warum redet baas dann so? Ich kann nicht dafür, daß ich schwarz bin...»

Er begann zu schluchzen. «Wenn ich schwach bin, weil ich schwarz bin – dann will ich nicht schwarz sein...»

«Gottverdammt noch mal, Kaffer! Hör auf zu reden und hilf m-mir...» Die Stimme schwand, und der Kopf des Mannes senkte sich.

Vusumuzi war unentschlossen. Zu Tode erschrocken näherte er sich wieder dem Mann und hob langsam seinen Arm an. Der Kopf des Mannes rollte schwach auf eine Seite, und für einen kurzen Moment waren seine Augen geschlossen. Vusumuzi beobachtete, wie sich die grauen Augen öffneten und ihn anstarrten, dann, plötzlich, schnellte sein rechter Arm vor und seine weißen Finger versuchten, Vusumuzis rechtes Bein zu erfassen.

«Aikona, baas», entfuhr es Vusumuzi und er sprang weg, zitternd.

Weiße Finger krallten sich in das blutgetränkte Gras und ergriffen einen Klumpen Erde und stießen ihn wieder fort, schwach. Er landete unmittelbar vor Vusumuzis rechtem Fuß.

«Aikona, baas», protestierte Vusumuzi.

Der Mann starrte ihn mit enttäuschten Augen an.

«T-Tut mir leid, Junge... Ich wollte dich n-nicht v-verletzen... Ich bin vor lauter Schmerzen ganz von Sinnen...» Die keuchende Stimme ging über in einen langen Seufzer. «Geh und h-hol H-Hilfe...» Der Mann atmete schwer, hob dann aber seine Stimme in einer plötzlichen Anstrengung. «I-Ich b-bin gefahren, hab v-versucht, nicht eine sch-schwarze Frau zu ü-überrollen. Vielleicht hab ich sie gestreift... Ich weiß nicht. I-Ich hab die Kontrolle über mein Auto verloren... Ich bin gegen die B-Brücke gefahren, habe mich überschlagen und bin hier runtergerollt... Alles nur wegen dieser verdammten Kafferfrau...» Er röchelte.

Vusumuzi kletterte den abschüssigen Pfad ein paar Meter hinauf und hielt inne.

«Verlasse mich n-nicht, J-Junge... ich wollte d-dich nicht verschrecken...» Er ging weiter den Weg hinauf, so lange, bis die Stimme des weißen Mannes nurmehr ein entferntes Echo war. Von der Stelle aus, an der er stand, konnte er die Dächer der vorbeisausenden Autos sehen und, wenn er die Augen um den Bruchteil eines Zolls hob, auch den verwundeten weißen Mann. Ja. Er würde einem Auto winken und den weißen Leuten, die drin sitzen, erzählen, daß ein Weißer verwundet war und dort unten verbluten würde. Damit hätte er das getan, was man von ihm erwarten konnte, und dann würde er zurück in sein Dorf gehen. Er gelangte an die Straße und stand still. Auf der entgegengesetzten Seite strömten die Autos entlang. Er war zu erschüttert, als daß er hätte rufen oder winken können.

Er stand auf dem Schotter. Das Bild von einem Weißen, der unter einem Autowrack starb, zerfloß allmählich in seiner Vorstellung.

Er mußte ins Dorf, nach Hause, in Sicherheit. Er merkte, wie er lief und nicht eher anhielt, als bis er den Zaun seines Dorfes erreicht hatte. Da aber hatte er schon vergessen, daß er einen weißen Mann unter einem zerstörten Wagen zurückgelassen hatte, und später wollte er nicht wahrhaben, daß er dies alles erlebt hatte. Die Furcht hatte dieses Stück Wirklichkeit völlig aus seinem Bewußtsein gestrichen, und niemals war er in der Lage, darüber zu sprechen.

(1970)

«...ich weiß genau, daß die meisten Führer in Südafrika und vernünftige Südafrikaner das Prinzip ‹ein Mensch, eine Stimme› in einem gemeinsamen System nicht akzeptieren werden. Dieses Prinzip würde zur Herrschaft einer Gruppe über die andere und zum Chaos führen. Deshalb lehne ich dies als eine Lösung ab.»

Aus einer Rede Präsident Bothas im Januar 1986

«Veränderte Rasseneinteilung
Im vergangenen Jahr wurde die Rassenzugehörigkeit von insgesamt 718 Menschen verändert. Anträge von 197 Antragstellern mußten abgewiesen werden, teilte Innenminister Stoffel Botha dem Parlament mit. Er führte folgende Reklassifikationen an: 5 Weiße wurden zu Cape-Farbigen erklärt; 313 Cape-Farbige wurden zu Weißen; 4 Cape-Farbige wurden zu Chinesen; ein Weißer wurde Chinese; zwei Schwarze wurden zu Indern...»

Weekly Mail, Johannesburg, 13. Mai 1988

4
Blutige Unterdrückung und wachsender Widerstand

Man kann keine böse Krankheit
mit süßer Medizin heilen.

Südafrikanisches Sprichwort

Die Gesetze hatten es unmöglich gemacht, mit legalen Mitteln gegen die weiße Vorherrschaft zu kämpfen, und hatten uns vor die Alternative gestellt: sich endgültig damit abzufinden, nur ein Mensch zweiter Klasse zu sein, oder der Regierung die Stirn zu bieten. Und so entschlossen wir uns, das Gesetz zu bekämpfen.

Nelson Mandela im Rivonia-Prozeß

«Ironie der Geschichte
Die Apartheid, deren Zweck es war, eine vereinte schwarze Reaktion zu unterbinden, hatte eben diese Reaktion verursacht. Dadurch, daß sie den Schwarzen nicht einmal den winzigsten Anteil in einer gemeinsamen gemischtrassigen Gesellschaft gewährten, hatten die Rassisten die aufgewecktesten jungen Schwarzen dazu getrieben, nicht nur einen Anteil an einer solchen Gesellschaft zu verlangen, sondern den dominierenden Anteil – zu ihren eigenen Bedingungen.»

Donald Woods, 1978.

Azazi Seedat

Schwarze Jugendliche

Wie sehen die Lebensbedingungen für schwarze Jugendliche aus?

Die Bildungsmöglichkeiten sind sehr gering. Nur sehr, sehr wenige haben die Möglichkeit, zur Universität zu gehen. Die Mehrheit der Jugendlichen ist gezwungen, in den Fabriken und Minen zu arbeiten.

Nur ein kleiner Teil der Schüler, die die Schule verlassen, kann lesen und schreiben. Um ein Beispiel zu geben:

Nur 14 Prozent kommen nach 7 Jahren Primary School zur Secondary School. Mindestens die Hälfte aller Schüler muß aus finanziellen Gründen die Schule nach dem 4. Schuljahr verlassen. Die Schulen sind überfüllt, in ländlichen Gegenden sind 55 Schüler in einer Klasse. Hinzu kommt, daß die Ausbildung der Lehrer sehr schlecht ist. Sie sind ebenso Produkte der Apartheid, nur wenige haben eine Universitätsausbildung.

Was machen die Jugendlichen, wenn sie die Schule verlassen haben?

Sie leisten ungelernte oder halbgelernte Arbeit. Zwar gibt es das Job Reservation Act, das den weißen Arbeitern die qualifizierten Arbeitsplätze sichern sollte, nicht mehr. Aber die meisten Unternehmer geben qualifizierte Arbeit nur an Weiße. Schwarze erhalten kaum eine Ausbildung.

Haben Jugendliche irgendwelche Rechte?

Nein. Wird ein schwarzer Jugendlicher 16 Jahre alt, muß er einen Paß bei sich haben. Ein Paß für Schwarze in Südafrika ist nicht einfach ein Identitätsnachweis wie die Pässe, die du und ich tragen. Der Paß kontrolliert das Leben völlig. Er dokumentiert, wo sie leben, wo sie arbeiten, wo sie reisen, einfach alles. Man kann nicht umziehen oder erhält keine Arbeit ohne Paß.

Jugendliche werden auch in immer größerem Ausmaß Opfer der Repression.

Ja, viele Jugendliche sind im Gefängnis. Die letzte Zahl, die ich gelesen habe – und die ist mehrere Wochen alt und ich bin sicher, daß sie seitdem gestiegen ist –, war 14000. Ein Drittel von ihnen war jünger als 16 Jahre. Sie verhaften 10- und 11jährige.

Einem 11jährigen, dem vorgeworfen wurde, Steine geschmissen zu haben, wurde die Freilassung gegen Kaution verweigert. Er sitzt für Monate im Gefängnis. Welches 11jährige Kind in der Bundesrepublik weiß, wie Gefängnisse sind?

Man muß auch die Morde erwähnen. In Südafrika werden jetzt lateinamerikanische Taktiken angewendet: Leute werden ermordet, entführt, verschwinden.

Unsere Kämpfer, die vom Regime gehängt wurden, waren junge Menschen. Sie waren 20, 21 Jahre alt, alle Mitglieder des ANC. Man braucht also viel Mut, in den ANC und Umkhonto zu gehen. Wir haben es mit einem sehr brutalen Gegner zu tun.

Trotzdem wächst der Widerstand. Es wird gesagt, der Kampf der schwarzen Jugendlichen hat ein neues Niveau erreicht. Was ist neu?

Neu ist, daß der Widerstand trotz der großen Repression über längere Zeit aufrechterhalten werden kann. Er hat einen Punkt erreicht, wo die Jugendlichen sagen: «Jetzt oder nie! Es gibt kein Zurück, wir sind bereit, für unsere Befreiung zu sterben. Wir haben endgültig genug vom Apartheidsystem und von Bantu-Erziehung. Wir wollen es nicht länger, und wir sind bereit, falls es notwendig ist, für unser Ziel zu sterben.» Das ist der Unterschied zu früher.

Was ebenfalls neu ist, ist die breite Unterstützung. Sie erhalten Unterstützung von Weißen und Braunen, von Arbeitern, von den Frauenorganisationen, von den Kirchen, von lokalen Gemeindeorganisationen. Alle sind vereint im Kampf.

(1985)

«Wer von den Schwarzen die angebotenen Bildungsmöglichkeiten nutzt, hat schnell die Möglichkeit zum Aufstieg.»

Kai-Uwe von Hassel, ehemaliger Bundestagspräsident, in den «Kieler Nachrichten» vom 28.12.1973.

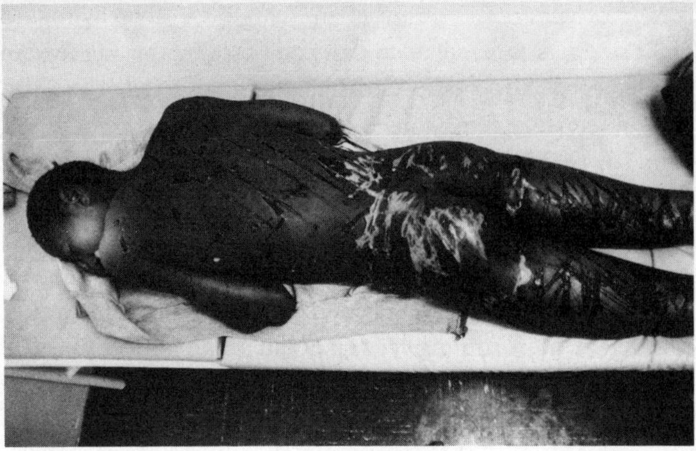

Opfer von bezahlten Schlägertrupps (Vigilantes) im Oranje Freistaat.

Aufruf der Schüler von Soweto

Das Volk Südafrikas geht jetzt in die dritte Phase seines Kampfes gegen die Unterdrücker; die heißt Operation AZIKWELWA! (Streik!)

Die Rassisten verloren durch unsere letzte Demonstration – von Zynikern als Krawall bezeichnet – Millionen von Rand, weil das Volk nicht zur Arbeit ging. Deshalb planten sie, ohne Verzug das Bündnis zwischen Arbeitern und Studenten zu brechen. Sie riefen sofort die Arbeiter auf, Keulen und Spieße mitzutragen, um ihre eigenen Kinder zu ermorden – welche doch für eine gerechte Sache protestierten.

Arbeitende Eltern, nehmt die Tatsache zur Kenntnis, daß Ihr, wenn Ihr zur Arbeit geht, Vorster dazu auffordert, uns – Eure Kinder – zu schlachten, wie er es schon getan hat.

Wir wollen Examensarbeiten schreiben, aber wir sind nicht so egoistisch, sie auch dann zu schreiben, wenn unsere Brüder im John-Vorster-Gefängnis getötet werden. Eltern, Ihr solltet stolz sein, solche Kinder gezeugt zu haben: ein Kind, das es vorzieht, den Kampf gegen die Unterdrückung durchzuhalten, anstatt in betrunkener Frustration und Banditentum unterzugehen; ein Kind, das es vorzieht, durch eine Kugel zu sterben, anstatt eine vergiftete Erziehung zu schlucken, welche es selbst und seine Eltern in die Position ständiger Unterordnung verweist. Seid Ihr nicht stolz über die Soldaten der Befreiung, die Ihr gezeugt habt? Wenn Ihr stolz seid, unterstützt sie! Geht nicht zur Arbeit am Montag!

...Die Geschichte wird dieses Jahr als den Anfang vom Ende des unterdrückerischen Systems bezeichnen, als den Anfang vom Ende der ausbeuterischen Arbeitsbedingungen in Südafrika einordnen.

Vorster spricht davon, daß Schwarze in Soweto Haus-Eigentümer sein sollen. Dieser Sieg wurde errungen, weil wir, die Studenten, eure Kinder, beschlossen, unser Blut zu vergießen. Und nun auf zu größeren Siegen:

– Abschaffung des Bantu-Schulsystems
– Freilassung der Gefangenen, die während der Demonstration verhaftet wurden.
– Sturz der Unterdrückung.

...Unsere Parolen sind:
Weg mit Vorster!
Nieder mit der Unterdrückung!
Alle Macht dem Volk!...
AZIKWELWA MADODA! Männer, es wird gestreikt!

(23. 6. 1976)

James Matthews

Azikwelwa

Er brauchte nicht zu Fuß zu gehen. Er blickte über die Schulter auf die vielen Hunderte, die hinter ihm kamen, und dann auf die Hunderte, die vor ihm dahinzogen – zu Fuß. Es war der fünfte Tag ihres langen Marsches nach Johannesburg, aber für ihn war es der erste. Er war einer der wenigen Farbigen, die mit der Masse der Afrikaner zogen: Alten und Jungen, Großen und Kleinen, solchen, die gut zu Fuß waren, und solchen, die hinkten, Müttern und Söhnen, Vätern und Töchtern, Großeltern und Schulkindern; einige adrett angezogen, mit Hornbrillen auf der Nase und Aktenmappen in der Hand, viele aber auch in zerrissenen Overalls und Schuhen mit papierdünnen Sohlen, so daß sie jeden Stein spürten, auf den sie traten. Alle legten sie den langen Weg nach Johannesburg zu Fuß zurück.

Etliche Abende, ehe der Boykott losgehen sollte, hatte das rasch pochende Herz der Siedlung noch hektischer geschlagen als sonst. Wo immer jemand seine Stimme erhob, war er von Zuhörern umringt, und als die Stunden dahingingen, gab es viele solche Gruppen, bis die Siedlung ein einziger pulsierender Versammlungsort war. Da waren die Unbeherrschten, deren Augen nur Gewalttat sahen, und die riefen: «Steckt die Busse in Brand!» Und dann waren da die wenigen, die flüsterten: «Akzeptiert die Bedingungen.» Aber es waren auch die vielen da, die herausfordernd riefen: «*Azikwelwa!* Wir fahren nicht!»

Als sie ihren Marsch begannen, war der Himmel über den zitternden Sternen noch dunkel. Er beobachtete sie von seinem Zimmer aus, und nach einer Weile kehrte er in die Wärme seiner Decken zurück. Später hatte er dann einen Bus ganz für sich allein gehabt, als er zum Bahnhof gefahren war. Es gab zornige Rufe, als er den Bus bestieg, doch diejenigen, die am lautesten riefen, wurden von denjenigen zurückgehalten, die sich Rosetten an die Brust geheftet hatten. Dann, als der Bus die lange, dichte Reihe der zu Fuß Marschierenden entlangfuhr, hörte er ihren Ruf abermals. Als er von der Arbeit heimfuhr, kehrten auch sie nach Hause zurück, und ein Lied stieg von ihnen auf. Ein Stein traf die Seite des Busses, und er starrte angestrengt durch das Rückfenster. Viele Männer hatten einen Jüngling an der Schulter gepackt und schüttelten ihn durch, doch dann waren sie mit einemmal alle verschwunden, als der Bus um eine Biegung der Straße herumfuhr. Als ob alles nach einem Plan ablief, wimmelte es auf den Straßen der Siedlung von Menschen, die einander umarmten und so laut sangen, wie sie konnten. In den Höfen der illegalen Kneipen floß der *Skokiaan* reichlich für diejenigen, die Geld hatten, dafür zu bezahlen; doch auch diejenigen, die mit leeren Taschen kamen, bekamen etwas für ihre durstigen Kehlen. Wenn sie sich ansahen, riefen sie: «*Azikwelwa!* Mein Bruder!»

Vier Tage lang sah er ihnen zu, wie sie den langen Weg zu Fuß machten, und vier Nächte lang sah er sie tanzen und sich die Müdigkeit wegtrinken, und der Geist ihres Stolzes erfüllte ihn. Ihr Wort war genausogut wie das des weißen Mannes. Sie erklärten, sie würden lieber die vielen Meilen zu Fuß zurücklegen, als die Fahrpreiserhöhung von einem Penny zu bezahlen, die die Busgesellschaft verlangte. Viele Weiße höhnten über ihre Entschlossenheit, und das war jetzt ihre Antwort darauf: eine lange Reihe leerer Busse. Am fünften

Morgen, als die erste Welle der zu Fuß Gehenden an seiner Tür vorübergekommen war, schloß er sich ihnen an. Aus den Seitenstraßen kamen ganze Scharen hinzu, und die Masse der Menschen drang durch die Tore der Siedlung.

Zu seiner Linken marschierte ein alter Mann, der sich auf einen Stock stützte, und vor ihm watschelte eine fette Frau, die ein Bündel Wäsche auf dem Kopf balancierte. Er blickte um sich. Er sah viele solcher Frauen, und manche trugen noch Babies auf dem Rücken, deren Köpfe zur Hüftbewegung ihrer Mütter schwankten.

Es war noch früh, und die erste Meile lag noch nicht hinter ihnen, aber sie waren alle in Hochstimmung. Wer auf dem Fahrrad mitfuhr, hatte noch einen Mitfahrer hintendrauf. Die alten Klapperkisten von Autos, die es in der Siedlung gab, waren bis zum Bersten voll und flitzten vorwärts. Ein Mann, der seine Stiefel an den Schnürsenkeln zusammengebunden um den Hals trug, scherzte mit einem Freund und sagte, so sei es leichter zu gehen. Alle stimmten sie in das Lachen ein. Sie waren auf dem langen Marsch, und sie waren stolz.

Eine Meile nach der anderen blieb hinter ihnen zurück, doch das Lachen hörte nicht auf. Immer weiter gingen sie. Die Alten, die Kranken und die Schwachen konnten nicht mithalten. Die Spitze der Marschsäule war breit und dichtgedrängt, doch hinter ihnen wurde sie immer dünner und lief in vereinzelten Vorwärtsstrebenden aus.

Dann war plötzlich Polizei da, und die Autos standen in Reihen, die Mitfahrenden stiegen aus und drängten auf die Seite. Die Autobesitzer beschwerten sich: ihre Wagen würden nicht als Taxis benutzt – trotzdem müßten sie wegen Überladung Strafe zahlen. Barsch verlangte die Polizei ihre Ausweise zu sehen, und angstvoll schluckte mancher, während sie auf die Polizeiautos warteten, in denen sie abtransportiert wurden. Dann kam das nächste Polizeiaufgebot, das mit ausgestreckten Händen und schlagbereiten Gummiknüppeln auf jene wartete, die nicht jene Papiere vorzeigen konnten, die ihnen das Recht gaben, sich zu bewegen. Viele verdrückten sich in Seitenstraßen, um der Polizei zu entgehen, denn die Polizei wollte, daß sie den Bus benutzten und nicht zu Fuß gingen, auf daß keine Willenskraft sich bildete und sie keine Stimme besäßen.

«Ausweis! Wo ist er?» wurde er gefragt. Derjenige, dem diese Stimme gehörte, machte sich nicht einmal die Mühe aufzublicken, und erst, als er nicht antwortete, sah er ihn an.

«Ich brauch keinen Ausweis», erwiderte er.

«Was haben Sie dann hier zu suchen?»

«Ich gehe zu Fuß.»

«Sind Sie wohl 'n Kommunist, was?»

«Ich gehe zu Fuß.» Er ließ den Polizisten stehen, der bereits ein anderes Opfer an der Hemdbrust gepackt hatte und es nach seinem Ausweis fragte.

Ein großes Auto hielt vor ihnen. Am Steuer saß eine junge weiße Frau. Sie machte die Wagenschläge zu beiden Seiten auf und rief laut: «Kommt! Frauen und Alte!» Niemand machte Anstalten einzusteigen. Dann trat doch eine Frau mit einem Kind auf dem Rücken und einem Koffer in der Hand scheu hinzu und stieg hinten ein. Andere folgten ihrem Beispiel, doch der alte Mann schüttelte den Kopf und erklärte, er sei noch nicht zu alt, einen solchen langen Weg zu Fuß zurücklegen zu können.

Andere Autos hielten, die von Weißen gefahren wurden, und sie nahmen jene mit, die fahren wollten.

Ein Wagen wurde angehalten, und der Fahrer fragte den

jungen Polizisten, auf wessen Befehl er den Wagen anhalte und verlange, daß die Mitfahrer ausstiegen. Der Polizist stand unentschlossen da, und das Auto fuhr weiter. Daraufhin stürmte der Polizist auf den nächststehenden Mann zu und schrie: «Ihr Kaffern bildet euch wohl groß was ein, wie?»

Diejenigen, die verhaftet wurden, trugen den Freien Botschaften auf – Benachrichtigungen, die einem Vater sagen, sein Sohn sei festgenommen worden, einem Arbeitgeber, daß sein Angestellter wieder zur Arbeit kommen würde, die Kindern erklärten, sie sollten sich keine Sorgen machen und einander helfen.

Und es waren immer noch viele, die weitermarschierten; wenn auch schweren Herzens, so gingen sie doch unaufhaltsam weiter, und bald war der lange Weg zu Ende, denn unter ihnen lag die Stadt. Bei ihrem Eintritt in die Stadt sahen die Polizisten sie ungläubig an; da reckten sie die Schultern und den Kopf und lächelten. Einen weiteren Tag hatten sie den langen Weg zurückgelegt.

Es war spät, als er die Apotheke betrat, in der er als Laufbursche arbeitete.

«Jonathan. Warum kommst du so spät?»

«Ich bin zu Fuß gelaufen.»

«Den ganzen Weg?» Der weiße Mann in dem weißen Kittel sah ihn verwundert an.

«Den ganzen Weg.»

«Aber warum? Du bist doch keiner von ihnen.»

Er konnte dem weißen Mann nicht sagen, welches Gefühl ihn erfüllte, daß er, wenn er in ihrer Mitte war, spürte, daß es gut sei.

Mittags gesellte er sich auf dem Platz zu ihnen. Sie saßen

mit Kaffeebechern und noch heißen Fladen in der Hand da, die sie von den Straßenverkäufern an ihren Verkaufsständen gekauft hatten. Einige von ihnen hockten um Damebretter herum und benutzten Kronenkorken als Steine, doch die meisten umdrängten diejenigen, die Zeitungen gekauft hatten. Auf der ersten Seite waren Bilder, auf denen die vielen Fußgänger zu sehen waren, und in den Berichten hieß es, daß der Boykott bald vorüber sein werde und die Anführer des Boykotts sich mit der Busgesellschaft geeinigt hätten. Unterdrückter Ärger machte sich Luft, und manche sagten es laut heraus, daß sie es nicht glaubten. Ein Mann faßte schließlich in Worte, was sie alle dachten. «Wieso kommt es, daß man sich nicht an uns wendet? Sind wir nicht diejenigen, die zu Fuß gehen? Bildet sich die Busgesellschaft vielleicht ein, weil sie mit ein paar Männern gesprochen hätten, würden wir jetzt ängstlich wie die Schafe wieder mit ihren Bussen fahren, statt zu Fuß zu laufen?»

Letztere Frage war an einen von jenen gerichtet, die abends in der Siedlung die Farben der Boykottorganisation an der Brust trugen.

Der war ein untersetzter, drahtiger Mann, der hinter der Brille mit den dicken Gläsern mit den Augen blinkerte. Er nahm die Brille ab, putzte sie nervös mit dem Taschentuch und setzte sie wieder auf seine breite, platte Nase. Ehe er sprach, räusperte er sich, und dann sagte er mit einer überraschend lauten Stimme: «Glaubt das nicht, meine Brüder. Es liegt nicht bei unseren Anführern zu entscheiden, ob wir fahren oder zu Fuß gehen. Erst müssen die Leute in der Siedlung befragt werden. Die Männer von der Busgesellschaft müssen unsere Anführer ja für kleine Kinder halten, die sich leicht von ihren Worten einschüchtern lassen. Gebt nicht acht auf das, was dort in der Zeitung geschrieben steht, denn das ist das Wort des weißen Mannes.»

Seine Worte flößten ihnen wieder Zuversicht ein, doch gab es ein paar wenige, die der lange Weg bereits mürbe gemacht hatte und die sagten, es sei eine gute Sache. «Der weiße Mann hat gesehen, daß der schwarze Mann zu seinem Wort steht.» Jetzt würden sie wieder fahren.

Jonathan war voller Zweifel. Immer war er unter denen, die litten, ohne aufzumucken. Immer war er unter denen, die keine Stimme hatten. Immer war er unter denen, die viele Schmerzen zu ertragen hatten. Immer war er unter den Unerwünschten, die die Verlierer waren.

Insgeheim hatte er gedacht, daß der Boykott nur den ersten Tag über andauern und die Leute mit den müden Gliedern in der Siedlung danach wieder mit dem Bus fahren und damit ihr Ziel verraten würden. Doch als er auch den zweiten Tag noch andauerte, dann den dritten und noch einen, stieg seine Hoffnung, daß sie sich diesmal als Männer erweisen würden. Durchzuhalten war zu einem Symbol für ihn geworden. Solange sie zu Fuß gingen, würde sein Leben nicht mehr vollkommen sinnlos sein. Voller Stolz würde er einmal sagen können, daß auch er zu denen gehört habe, die den langen Weg zu Fuß zurückgelegt hätten, als sie der Busgesellschaft bewiesen, daß sie einen eigenen Willen besäßen und nicht durch Worte zum Schweigen und zum Gehorsam gebracht werden könnten.

Bei all seinen Botengängen war Jonathan niedergedrückt, und als er die Nachmittagszeitung las, ließ er sich noch mehr von der Verzweiflung bedrücken, und ihn fröstelte in der Nachmittagssonne. Er kam sich verraten vor. In der Zeitung hieß es, man sei sich einig geworden, und am nächsten Morgen würden die Busse wieder voll sein. Der Boykott sei vorbei.

Um zu vergessen, warf er sich in seine Arbeit und war erleichtert, als er eine ganze Reihe von Medikamenten auszutragen hatte, so daß er den Rest des Nachmittags über beschäftigt sein würde.

Nach getaner Arbeit schloß er sich der Kolonne der Heimkehrer an, die die erste Anhöhe erklomm, welche aus der Stadt hinausführte. Es wurde nicht viel geredet, und als einer fragte, ob sie jetzt diesen langen Marsch das letzte Mal machen würden, antworteten ihm Achselzucken und verstörtes Kopfschütteln. Die Marschglieder bildeten eine lange Kolonne schwerer Herzen und schlurfender Füße. Keine Scherzworte gingen hin und her, nirgendwo wurde gelacht. Nur Zweifel und Ungewißheit. Ihre Schritte wurden zu Trommelschlägen ihrer Niederlage.

Der Weg war lang, die Straße nahm kein Ende. Autos hielten, und sie sahen ohne sonderliches Interesse zu denen hin, die hineinkletterten. Mit bösen Vorahnungen passierten sie die erste Gruppe grinsender Polizisten, und als sie nicht angehalten wurden, schien ihr Betrogenwordensein vollständig.

Ein junger Mann hob seine Stimme und sagte laut: «*Azikwelwa!*» Die um ihn herum bedachten ihn mit Schimpfworten. Doch er wollte sich nicht mundtot machen lassen und wiederholte lauter, so daß seine Stimme noch weiter trug: «*Azikwelwa!* Meine Brüder und Schwestern.» Diejenigen, die den Ausbruch des jungen Mannes hörten, drehten die Köpfe nach ihm und starrten ihn an und summten vor Neugier.

«Gibt es Neuigkeiten?» – «Marschieren wir morgen wieder?» – «Was ist passiert?» Sie fragten, doch sie erhielten keine Antwort. Dann rief eine Stimme: «Heute abend in der Siedlung werden wir es ja hören», und diese Feststellung wurde aufgegriffen und ging durch die Reihen. Daraufhin schritten sie kräftiger aus, und Jonathans Herz hielt Schritt mit ihnen.

Sie kamen an weiteren Kolonnen von Polizisten vorbei, und sie wurden weder angehalten, noch wurden ihre Ausweise verlangt. Auch die Autos mit den Beifahrern durften ungehindert passieren, und die Meilen blieben hinter ihnen zurück, während sie sich der Siedlung näherten.

Kaum hatte er zu Abend gegessen, ging Jonathan zusammen mit den anderen zum Fußballplatz, wo die Boykottorganisation ihre Versammlung abhielt, und dort drängte er sich bis nach vorn vor. Der Fußballplatz füllte sich, und als er sich umwandte, war der Rand des Spielfelds vor lauter Menschen nicht zu sehen.

Ein Sprecher stieg auf eine umgekehrte Kiste und hielt die Hände in die Höhe. Es war derselbe Mann, der am Nachmittag auf dem Platz gesprochen hatte. Seine Stimme dröhnte.

«Die Busgesellschaft hat von sich aus gehandelt, nachdem sie mit denen geredet hatte, die niemals für uns sprechen könnten. Deshalb steht in den Zeitungen des weißen Mannes, daß der Boykott zu Ende ist! Aus und vorbei! Daß wir uns, wie kleine Kinder, mit dem einverstanden erklärt hätten, was sie uns gesagt haben, und daß wir morgen wieder ihre Busse besteigen würden. Aber sie irren sich. Unsere Antwort lautet: *Azikwelwa! Azikwelwa...!*» Der Rest ging unter in dem Getöse, das aus Tausenden von Kehlen erscholl, und als andere Sprecher versuchten, Reden zu halten, erlebten sie das gleiche. Die Leute der Siedlung brauchten keine weiteren Reden, und die Menge zerstreute sich.

Wieder waren die Hinterhöfe der illegalen Schnapskneipen überfüllt, und der *Skokiaan* floß, man brauchte nur um ein Glas zu bitten.

Den Becher *Skokiaan* unberührt vor sich, saß Jonathan auf einer Bank und lächelte stillvergnügt vor sich hin. Ihm gegenüber lehnte ein Trinker sich gegen die Wand, und seine Frau warf Jonathan mutwillige Blicke zu. Als er sie ansah, und all die Menschen um ihn herumwimmelten, fühlte Jonathan, wie eine Welle der Liebe durch seinen Körper ging. Er hob seinen Becher und trank der Frau zu.

«*Azikwelwa!* Meine Schwester!» sagte er.

(1977)

«Die Weißen betrachten Dinge, die die Schwarzen tun, nicht unbedingt auf logische Weise. Sie betrachten sie in bezug darauf, wie sehr sie jetzt in ihrer Position als Weiße gefährdet sind, und das ist die Ursache für die Polizeibrutalität.»
Steve Biko, 1976 vor dem Obersten Gericht Südafrikas.

Die neue Heimat für Zwangsumgesiedelte.

Winnie Nonzamo Mandela

Meine Verbannung

Es war in der Nacht zum 16. Mai 1977.

Ich saß wie gewöhnlich über meinen Büchern in meinem Haus in Soweto. Da ich tagsüber arbeitete, kam ich immer erst nachts zum Studieren. In dieser Nacht saß ich an einer Soziologiearbeit, die ich am nächsten Tag abgeben mußte.

Schon eine Zeitlang hatte ich merkwürdige Geräusche gehört – Schritte, die um mein Haus gingen, hatte dem aber weiter keine Beachtung geschenkt. Ich bin an merkwürdige Geräusche gewöhnt. Eigentlich lebe ich ständig in dem Bewußtsein, daß ich beobachtet werde, daß ich niemals allein bin, nirgends; wo ich auch bin. Das gehört einfach zu meinem Leben. Es war nichts Besonderes für mich, Schritte zu hören; ich hab nicht einmal nachgeschaut, so wenig interessierte es mich, wer da nachts um mein Haus ging. Beamte der Sicherheitspolizei sind ja ständig um mich herum.

Gegen 5 Uhr hörte ich plötzlich einen Krach, als fiele jemand direkt durch die Wand in mein Zimmer – ich habe Zementmauern in meinem Haus in Orlando in Soweto! Es war ein furchtbarer Lärm, als prasselten Steine auf mein Haus nieder. Sie hämmerten überall zugleich an mein Haus, an die Tür, an die Fenster, von allen Seiten. Von allen Seiten schlugen sie mit ihren Fäusten an die Wand.

Da wußte ich, was geschehen würde.

Mir war klar, daß das Verhaftung bedeutete, und zwar unter Anklage des Paragraphen 6 des Terrorismusgesetzes.

Als ich die Tür aufmachte, war es, als stürmte die ganze südafrikanische Armee in mein Haus – Männer in Tarnuniform, Sicherheitspolizei, alle schwer bewaffnet. Ich griff automatisch zu meinem Koffer – seit Jahren habe ich ihn für solche Fälle immer gepackt stehen. «Sie sind verhaftet», hieß es; dann gab es den üblichen zornigen Wortwechsel; ich wollte Zindzi nicht allein zurücklassen, ohne zu wissen, wie lange ich fort sein würde. Aber nicht einmal ausreden ließen sie mich; ich wurde einfach mit Gewalt weggeschleppt und zur Polizeistation Protea gebracht. Dort wollten sie mich verhören. Wenn man aber so oft eingesperrt war wie ich, läßt man diese sinnlose Prozedur nicht mehr über sich ergehen. Kein Polizist kann mehr kommen und sich einbilden, daß er mich – so alt wie ich jetzt bin! – einfach verhören kann. Als ich noch jünger und unerfahrener war, war das vielleicht noch etwas anderes, aber heute – jeder kleine burische Polizist, der kommt und mir Fragen stellen will, verschwendet seine Zeit. Wir beleidigen uns gegenseitig – das ist alles.

Um 10 Uhr morgens sah ich plötzlich Zindzi auf meine Zelle zukommen, eskortiert von schwerbewaffneter Polizei. Sie hatte unseren Hausschlüssel in der Hand. Die drei Beamten, die versucht hatten, mich zu verhören, erhoben sich, und einer von ihnen sagte: «Wir gehen jetzt. Sie sind in den Oranjefreistaat verbannt.» Ich hatte nicht die leiseste Ahnung, was er meinte. Ich dachte, ich sei verhaftet und würde von Protea in ein Gefängnis nach Pretoria verlegt oder in irgendein anderes Gefängnis, wie gewöhnlich. Erst als Zindzi mit den schwerbewaffneten Männern hereinkam, begann mir zu dämmern, daß ich in Verbannung geschickt werden sollte.

Ich wurde in einen Armeelastwagen verladen, der vor der Polizeistation stand. Alles, was uns gehört, hatten sie einfach auf den Wagen geworfen; nicht gepackt, sondern geworfen. Sie hatten Decken und Laken vom Bett gerissen, hatten die Schränke leer gefegt, mein Geschirr, Nelsons Bücher, Bestecke, Vasen und Lebensmittel – alles, was ihnen in die Hände kam. Drei Viertel des Geschirrs war dabei zu Bruch gegangen. Das ist ihre Art zu packen, die Hälfte war kaputt.

Dann fuhren wir ab, ganz einfach so.

Zindzi und ich saßen hinten, mitten zwischen schwerbewaffneten Männern, eine Eskorte von Armeefahrzeugen vor und hinter uns. Ich hatte noch nie von einem Ort mit dem Namen Brandfort gehört. Vor der Polizeistation in Brandfort wurden wir abgeladen und offiziell der Sicherheitspolizei des Free State übergeben, die in voller Stärke zu unserer Begrüßung aufmarschiert war. Man brachte uns zu diesem «Haus» – Schönfärberei, diese drei Zellen «Haus» zu nennen.

Als wir hierherkamen, konnten wir das Haus nicht einmal betreten. Vor dem Eingang türmte sich ein hoher Sandhaufen, und die drei winzigen Räume waren voller Schutt und Müll. Nicht eins unserer Möbelstücke paßte durch die Tür; die Türen in diesen Baracken sind so klein wie Toilettentüren. Sofa, Betten, Kühlschrank – alles ging zurück in die Polizeistation und wurde dort untergestellt. Wir hatten buchstäblich nichts. Kein Licht, kein Wasser, keinen Ofen, nichts zu essen. Sie warfen unsere Bündel auf den Fußboden – dann waren wir allein.

Wir haben die erste Nacht zusammengekauert auf einer Matratze verbracht. Es war schrecklich. Wirklich – die erste Zeit war schrecklich. Zindzi wäre fast durchgedreht. Und genau darauf hatten sie es ja wohl auch abgesehen: sie wollten, daß wir zusammenbrechen.

Die Menschen hier in Brandfort hatten eine wochenlange Einschüchterungskampagne hinter sich. Auf zahlreichen Versammlungen hatten Parlamentsmitglieder und Polizei ihnen erzählt, eine ‹schlimme Kommunistin› käme nach Brandfort, eine ‹extrem gefährliche Frau›; es sei gefährlich für jeden, der Kontakt mit ihr habe. «Sie wird euch erzählen, daß ihr für euer Land kämpfen müßt; sie wird euch lauter Lügen erzählen; wer ihr Haus betritt, wird verhaftet und muß damit rechnen, den Rest seines Lebens im Gefängnis zu verbringen, so wie wir ihren Mann lebenslang hinter Schloß und Riegel gebracht haben.»

Man kann sich vorstellen, wie das die Leute eingeschüchtert hat.

Und wir, wir konnten uns zu Anfang mit ihnen überhaupt

nicht verständigen; Afrikaans spreche ich nicht, und Shona, die Sprache der Schwarzen hier, davon verstand ich am Anfang kein Wort. Nicht mal die Kinder hatten sie verschont. Den Eltern war befohlen worden, auch den Kindern jeden Umgang mit uns zu verbieten.

Aber letztlich hat die Regierung mit der Verleumdungskampagne genau das Gegenteil von dem erreicht, was sie beabsichtigt hatte. Die Leute sagten sich ganz einfach: An dieser Frau muß etwas sein, was für uns gut ist, da die Regierung offensichtlich um jeden Preis verhindern will, daß wir es erfahren. Automatisch setzt ein Schwarzer voraus, daß etwas gut sein muß, was ein Weißer ihm als schlecht verkaufen will. Umgekehrt ist es genauso.

Es dauerte nicht lange, da haben kleine Kinder, wenn sie auf der Straße an mir vorbeigingen, ihre kleinen Hände zu Fäusten geballt und hochgereckt. Wir haben ihnen niemals beigebracht, daß dies der ‹Black Power-Gruß› ist und als Zeichen der Solidarität im Kampf verstanden wird. Das wußten die Leute von allein, das mußte ihnen niemand erzählen. Natürlich haben sie sich zurückgehalten, bis die Polizei sich wieder aus der Township zurückgezogen hatte; aber dann kamen sie zu uns und brachten uns kleine Geschenke – ein Stück Kürbis, ein paar Bohnen, was zu essen.

Jeder wußte von Nelson Mandela, jeder kannte diesen Namen.

Ich habe schon vor langer Zeit aufgehört, als Individuum zu existieren. Die Ideale, die politischen Ziele, für die ich einstehe, das sind die Ideale und Ziele des Volkes in diesem Land. Sie können ja ihre eigenen Ideale nicht einfach vergessen. Dieses mein ‹privates Ich› gibt es nicht. Was immer sie mir antun, das tun sie dem Volk in diesem Land an. Ich bin und bleibe immer nur ein politisches Barometer. An meiner jeweiligen Situation kann man den gerade im Land herrschenden politischen Druck ablesen.

Wenn sie mich ins Exil schicken, meinen sie nicht mich als Individuum. Sie bilden sich ein, mit mir könnten sie auch die politischen Ideen verbannen. Aber das ist eine historische Unmöglichkeit. Das wird ihnen niemals gelingen.

Ich als Individuum habe keinerlei Bedeutung für sie. Das, wofür ich einstehe, wollen sie verbannen. Sie könnten mir keine größere Ehre erweisen.

(1984)

Breyten Breytenbach

Die Gefängniswelt

Wenn Sie irgend etwas von der Gefängniswelt verstehen wollen – die eine ganz eigene Welt ist, mit eigenen Kasten und Kultur und Sprache, mit einer ganz eigenen Wirklichkeit letztendlich –, dann müssen Sie wissen, welche Faktoren ihr Wesen bestimmen. Am Kap wird Ihnen besonders auffallen, daß das Gefängnisleben von Banden bestimmt wird. Am wichtigsten sind drei Gliederungen, nämlich die *Sechsundzwanziger*, die sich auf Geldsachen spezialisiert haben – sie monopolisieren die Schmuggel-, An- und Verkaufsringe; die *Siebenundzwanziger*, die die Männer des ‹igazi›, das heißt Blut, sind, und das bedeutet, daß sie Berufsmörder, also ganz einfach Henker und sonst nichts sind; und die *Achtundzwanziger*, die Homosexualität als eine Weltanschauung praktizieren und idealisieren, die Herren des Sexlebens, Zuhälter, Luden sind – diejenigen, die die übrige Gefängnisbevölkerung mit *wyfietjies* (kleinen Frauen) beliefern, die sie durch Vergewaltigung und Bestechung abrichten.

Es gibt viel Rivalität (und Mord) unter den Banden, und jede hat ihre eigene innere Struktur und Arbeitsbereiche, die mit Begriffen aus dem Militär bezeichnet werden und ironischerweise auch mit solchen aus dem Rechtswesen; sie haben ihre ‹Richter›, ihre ‹Staatsanwälte›, ihre ‹Gerichtshöfe›, ihre *tekener* (Polizeizeichner, Sachbearbeiter, Gerichtsschreiber), deren einzige Aufgabe es ist, die Todesbefehle zu unterzeichnen; es gibt ‹Generäle›, ‹Obersten›, ‹Hauptleute› und ‹Gemeine›. In der Regel steigt man nur auf, wenn man ganz genau bezeichnete Gewalthandlungen begeht: einem Wärter mit einem Messer in die Rippen zu stechen, bringt die Beförderung zum Oberst ein, und die Insignien dafür werden dir in die Schulter tätowiert. Ein Bandengeneral hat wirklich ungeheure Macht, er muß gegrüßt werden, wenn man im Gang an ihm vorbeigeht.

Der *kring* (Kreis), der die Regierung bildet, hat über ein Todesurteil zu entscheiden. Ist einmal eine solche Entscheidung ausgeführt worden, dann kommt es vor, daß einzelne Körperteile des Opfers in einer rituellen Zeremonie verzehrt werden...

Natürlich gibt es einige Leute, die nicht zu einer Bande gehören. Sie werden *mumpatas*, das heißt ‹Schafe› genannt. Ein *mumpata* zu sein, schützt einen unglücklicherweise nicht davor, als Opfer ausgesucht zu werden. Diese Banden haben Verbindungen zu solchen draußen, die im Kap-Gebiet operieren, wie z. B. die Skorpione oder die Bastarde, innerhalb des Gefängnisses sind sie aber weit besser organisiert und einflußreicher als draußen auf den Straßen. (Das eine ist einfach die Fortsetzung des anderen.) Ursprünglich entstanden sie aus dem Wunsch der Sträflinge, zusammenzuhalten und für gewisse Rechte zu kämpfen: sie nennen sich noch *wetslaners*, ‹diejenigen, die die Gesetze brechen› (aber auch ‹diejenigen, die die Gesetze brechen, die ein neues Recht schaffen›) – ein Hinweis auf den ursprünglichen Anlaß ihres Bestehens. Aber von diesem Aspekt des ‹Gefangene-vereinigt-euch› kann nicht mehr die Rede sein.

Ich könnte Ihnen viele grauenerregende Vorfälle von Bandenkriegen, Bandenmorden, Bandenkannibalismus, Bandenvergewaltigung erzählen. Es wäre ein Bekenntnis für sich. Warum ‹dulden› es die Behörden, daß es diese Banden gibt? Weil es ihnen schließlich nicht so viel ausmacht, wenn sich die Gefangenen gegenseitig ausrotten wollen? Kernstück des südafrikanischen Gefängnissystems ist die Aberkennung der Menschenwürde des ‹anderen› – und darin spiegelt es nur den größeren südafrikanischen Kosmos wider: aus diesem Grund sind die Machthaber, die, die sich für überlegen halten, zwangsläufig moralisch heruntergekommen, das ist der Grund, weshalb sie in Niemandsland wohnen. Natürlich gibt es eine Art Zusammenarbeit zwischen dem Buren (weiß oder schwarz) und den Banden, da die Banden zu einem großen Teil die Disziplinierungsaufgaben der Wärter übernommen haben.

Weiße gehören auch zu diesen Banden; Sie erkennen sie an den besonderen Tätowierungen um den Hals herum – einen Galgen im Kleinformat, eine Frackschleife, ein paar Würfel (da sie auch ‹unter einer Nummer laufen›, d. h. zu einer Nummernbande gehören) oder an den eingravierten Sternen auf den Schultern. Auch bei ihnen gibt es Fememorde. Weiße schlitzen ebenso den Bauch des Opfers auf, nehmen das Herz, die Leber, Teile der Eingeweide heraus – um sie zu essen. Wir sprechen von dem sozialen Klima, (...) von Standhaftigkeit und Verzweiflung. Von ‹Gesetzen›. Das ist grotesk. Es ist die Dialektik, die Interaktion zwischen dem Menschen und seiner Umgebung bis hin zu den schrecklichsten und entwürdigendsten Auswirkungen, die sich darin offenbart. Ich könnte Ihnen von Leuten erzählen, die ich selbst gesehen habe, denen der Penis an der Wurzel abgeschnitten worden war; von den roten Spritzern, die ich an der Wand eines Flurs sah, regelmäßig alle paar Meter auf einer Strecke von mehr als hundert Metern, wo ein Opfer, dem man das Messer ins Herz gestoßen hatte, entlanggelaufen war und Blut aus seiner durchbohrten Pumpe verspritzt hatte – sich so lange ans Leben klammerte, bis ihm nichts mehr davon blieb. Ich könnte Ihnen von einer Zelle, die ich sah, erzählen, mit blutverkrusteten Wänden, in der das Blut aus zerschnittenen Adern eine Matratze durchtränkte, von den Fliegen und Ameisen. Ich könnte Ihnen von Leuten erzählen, die mit Hämmern zu Tode geknüppelt wurden, die man zum Steinebrechen braucht; von Leuten, die man in epileptischen Anfällen sterben ließ, indem man ihnen ihre Medikamente vorenthielt; von Leuten, die man völlig nackt in ihren Zellen ließ; von Leuten, die in einem Gefängniswagen vom Gericht weggefahren wurden, in dem alle sangen, um bei der Hinrichtung die Laute desjenigen zu übertönen, der verdächtigt wurde, zum Verräter geworden zu sein, und wie man wieder den Kopf abschnitt, der dann herausrollte, als der Wagen seinen Bestimmungsort erreicht hatte und die Türen aufgeschlossen wurden. Ich könnte Ihnen beschreiben, wie ein Informant langsam getötet wird, sein Bauch mit kleinen Klingen aufgeschnitten wird, die aus geradegebogenen Mundstücken von Filterzigaretten gemacht werden, und wie seine Eingeweide herausgeholt werden, während er noch am Leben ist – die dann der Länge nach durch die ganze Zelle ausgelegt werden –, wie so ein Mann um den Tod bettelt.

Die Erde ist grau.

Die Buren könnten Ihnen erzählen, wie sie, wenn sie einen *bandiet* erschießen, aufpassen müssen, daß der Körper beim Fallen *innerhalb* der Mauern bleibt – *das* ist erlaubt; wenn er nach draußen fällt, haben sie die Scherereien einer Untersuchung und müssen möglicherweise sogar mit einer Anklage wegen fahrlässiger Tötung rechnen.

(1984)

Christopher van Wyk

In Haft

Er fiel aus dem neunten Stock
Er erhängte sich
Er rutschte auf Seife aus als er sich wusch
Er erhängte sich
Er rutschte auf Seife aus als er sich wusch
Er fiel aus dem neunten Stock
Er erhängte sich als er sich wusch
Er rutschte aus dem neunten Stock
Er erhängte sich aus dem neunten Stock
Er rutschte aus dem neunten Stock als er sich wusch

Er fiel von einem Stück Seife als er ausrutschte
Er erhängte sich aus dem neunten Stock
Er wusch sich im neunten Stock als er ausrutschte
Er erhängte sich an einem Stück Seife als er sich wusch.

(1980)

Fanie Kuduka, 11 Jahre:

Kinderfolter

Ich lebe mit meiner Mutter, zwei Brüdern und zwei Schwestern zusammen. Ich bin der Älteste. Geboren wurde ich am 15. Januar 1974 im Lombardy-Krankenhaus.

Ich besuche die Ikage-Volksschule in der zwölften Avenue. Meine Lieblingsfächer sind Englisch und Rechnen. Ich mag meine Lehrerin, weil sie uns nicht zu hart straft. Ihr Name ist Miss Ncube.

An einem Tag im Juni, ungefähr zwei Uhr, sagte Miss Ncube, wir sollten uns beeilen, nach Hause zu kommen, gleich werde es regnen. Als ich die dreizehnte Straße erreichte, kam der Regen schon sehr hart herunter. Ich lief zu einem alten Schuppen, um mich unterzustellen.

Dann sah ich einen Soldaten. Er kam direkt auf mich zu. Ich wollte weglaufen, aber dann fiel mir ein, was ein Freund einmal gesagt hatte. Die Polizei schießt auf dich, wenn du wegrennst, hatte er gesagt. Also stand ich still. Ich atmete ganz langsam, damit der Soldat mich nicht hört. Aber dann sah er mich.

«Komm, komm», sagte er zu mir. Ich fragte ihn, warum.

Er sagte, weil ich Steine geworfen und Busse angezündet hätte und den Mercedes von einem weißen Mann. Ich sagte ihm, daß ich nichts dergleichen getan habe. Aber er glaubte mir nicht. Er zwang mich, mitzugehen.

Sie brachten mich zur Polizeistation von Wynberg. Die Polizisten wollten, daß ich sage, daß ich in der Township Steine geschmissen hätte. Ich sagte ihnen, daß ich das nicht getan habe. Sie sagten, sie würden mich hauen, bis ich die Wahrheit sage.

Sie fingen an, mich mit Schläuchen und Fäusten zu schlagen. Sie traten mich mit ihren schweren Stiefeln. Das waren weiße und schwarze Polizisten, und sie traten mich überall hin. Sie hörten erst auf, als mein Zahn rausfiel.

Ich blutete stark, und es tat sehr weh. Sie sagten, daß ich eine Erklärung abgeben muß. Ich hatte Angst. Ich schrieb alles, was sie wollten.

Dann brachten sie mich heim. Meine Mutter war schon sehr besorgt, weil ich nicht von der Schule zurückgekommen war und es schon acht Uhr abends war. Ich hatte nur meine Schuluniform an und fror sehr.

Ich hoffte, jetzt würden sie mich in Ruhe lassen, aber sie nahmen meine Mutter und mich wieder zur Polizeistation mit. Dort zeigten sie ihr meine Aussage. Ich sagte ihr, daß ich das alles nicht gemacht habe, aber sie befahlen mir, meinen Mund zu halten. Meine Mutter fing zu weinen an.

Dann schickten sie meine Mutter nach Hause. Mein Kiefer tat sehr weh, und meine Lippen waren geschwollen. Ich konnte nicht essen. Sie sperrten mich in eine kleine Zelle. Ich hatte Angst und schlief lange nicht ein.

Am nächsten Tag nahmen sie mich in einem Auto mit. Sie befahlen mir, ihnen die Buben zu zeigen, mit denen ich

Steine geworfen hätte. Ich sagte, daß ich nichts davon weiß. Sie schlugen mir ins Gesicht und befahlen mir, ihnen zu gehorchen.

Da sah ich einen Jungen, der oft in unsere Schule kommt und «Siyayinyova» ruft (Wir müssen alles kaputtmachen!). Er sagt zu uns, wir sollen die Klassenzimmer verlassen. Den zeigte ich den Polizisten, aber sie sagten, den können sie nicht verhaften. Der ist ihr Freund. Ich sagte, ich wüßte keinen anderen.

Später kam meine Mutter wieder, und sie brachten mich zum Büro des Ortsrichters in Randburg. Wieder wollten sie, daß ich was unterschreibe. Ich sagte: «Wenn ich euch die Wahrheit sage, laßt ihr mich dann mit meiner Mutter nach Hause gehen?» Sie sagten ja. Also sagte ich ihnen die Wahrheit. Ich sagte: Ich hab's nicht getan. Aber die Polizisten befahlen mir, meinen Namen hinzuschreiben. Da schrieb ich meinen Namen hin – ich konnte ja nichts anderes tun.

Ich ging wieder nicht mit meiner Mutter nach Hause. Sie schickten mich statt dessen nach John Vorster Square (dem Polizeihauptquartier von Johannesburg). In John Vorster wurde ich zusammen mit zwölf erwachsenen Männern eingesperrt. Ich denke, die meisten von ihnen waren Autodiebe.

Der Boden war einfach Zement, und es gab eine Toilette für uns alle. Zuerst genierte ich mich, vor so vielen Menschen die Toilette zu benützen. Aber dann sah ich, daß das allen egal war.

Als wir dort ankamen, befahlen sie mir, die Schuluniform auszuziehen. Sie gaben mir eine Gefängnisuniform. Die war nicht für so kleine Menschen wie mich gemacht. Als sie mich zur Zelle brachten, lachten alle über mich mit meiner großen Uniform.

Wenn wir unsere Wäsche wuschen, machten wir das in der Toilettenschüssel, und dann hängten wir sie an die Wasserrohre. Wir saßen nackt in eine Decke gewickelt und warteten, bis die Wäsche trocken war.

Jeden Morgen weckten sie uns um vier und gaben uns Tee. Nach dem Tee putzten wir die Zelle und die Gänge. Wenn wir mit Putzen fertig waren, begann das ‹Lustigsein›. Da waren ein paar ganz verrückte Kerle in der Zelle.

Die zwangen uns, schlimme Sachen zu machen. Sie befahlen uns, die Decken aufzurollen und sie herumzuschieben, wie wenn wir ein Auto fahren würden. Dann fragten sie nach dem Führerschein. Wer sagte, daß er keinen hat, den traten sie und taten alles mögliche mit ihm.

Manchmal versuchten die Männer auch, uns zu ‹markieren›. Zuerst zeichnen sie auf deinem Körper mit einem Kugelschreiber – und dann benutzen sie ein Messer oder ein scharfes Metallstück, damit die Zeichnung für den Rest deines Lebens bleibt.

Meine Mutter kam mich dreimal die Woche besuchen, und ich sprach zu ihr durch die Gitter. Sie brachte mir jedesmal was zum Essen und Trinken mit. Aber ich durfte nichts annehmen. Und sie durfte auch nicht lange bleiben. Immer nur fünf Minuten. Wenn sie wegging, habe ich immer geweint. Sie hatte auch Tränen in den Augen.

Jetzt bin ich wieder zu Hause. Etwas weiß ich jetzt genau: Ich mag keine Polizisten. Wenn jemand mir Ärger macht oder mir weh tut, zur Polizei gehe ich bestimmt nicht. Die nehmen dann doch nur mich fest, statt den anderen, und sagen, daß ich dies oder das getan habe, lauter Dinge, die ich nicht getan habe … Ich gehe jetzt nirgends mehr alleine hin.

(1988)

Brief aus Maseru

Yolande lebt

Das Massaker an Flüchtlingen in Lesotho

Alfred Marwanqana, geboren 1935, wurde 1956 als politischer Gefangener auf dem Robben Island inhaftiert. Zurück blieben seine Frau Nellie, sein gerade ein Jahr alter Sohn Mzukisi, die dreijährige Thandiswa und seine Tochter Pumeza mit ihren fünf Jahren. 1980 kehrte er zu seiner Familie zurück, nachdem er seine Strafe bis auf den letzten Tag abgesessen hatte. Anschließend wurde er sofort nach Illinge in der Transkei gebannt. Nellie arbeitete weiterhin in Port Elizabeth als Hausangestellte bei Mrs. Potgieter, für 20 Rand im Monat. Alfred bekam bei den Wasserwerken in Illingen 16 Rand im Monat. Nur über Briefe hielten sie den Kontakt aufrecht.

Solange Alfred auf Robben Island war, konnte Nellie ihn nicht besuchen, da die Kinder zu klein waren, um sie alleine zu lassen, und an ihrer Arbeitsstelle bekam sie nicht genug Urlaub, um die Reise nach Kapstadt anzutreten.

Kurz nach Alfreds Entlassung hatte Nellie ein weiteres Baby, Phumelane, die nun fast drei ist. Nellie mußte die Kinder sich selbst überlassen, während sie zur Arbeit ging. Mit 17 wurde Thandiswa schwanger und bekam Monde, der jetzt vier ist. Dies alles belastete Nellies geringes Einkommen sehr.

Seit 1980 wurde Alfred von der sogenannten Transkei-Regierung viermal eingesperrt. Schließlich verließ er Südafrika und kam vor etwa vier Monaten nach Lesotho, wo er hoffte, eine Arbeit zu finden und endlich frei von ständigen Verhaftungen und Gefängnisstrafen zu sein. Sie hatten vereinbart, daß die Familie nachkommen würde, sobald er ein Haus gefunden hätte und das Schuljahr zu Ende wäre.

Am 4. Dezember 1982 kam die ganze Familie in Lesotho an: Pumeza, Phumelande, Mzukisi, Mutter Nellie und Thandiswa mit Monde und Yolande, die sie vor neun Monaten zur Welt gebracht hatte. Sie übernachteten im Hilton, da es spät war, als sie ankamen und sie Alfred nicht finden konnten. Am nächsten Morgen kam Sydney, ein Freund von Alfred, und nahm die Familie mit zu seinem Haus, dem National Teachers Training Centre, wo Alfred wohnte. Sie waren mit Transkei-Pässen gereist. «Es war das erste Mal seit vielen Jahren, daß wir für vier ganze Tage zusammen wohnten», sagte Nellie.

Am Abend des 8. Dezember hatten sie Huhn gekocht, um die Ankunft zu feiern. Es waren viele Besucher gekommen, und sie hatten einen wundervollen Abend zusammen. Es war ihr letztes Abendessen.

Gegen Mitternacht gingen sie zu Bett. Sydney schlief in seinem Zimmer. Nellies Familie im zweiten Schlafzimmer. Im Wohnzimmer lag Mzukisi auf einem Bett, Thandiswa mit ihrem Baby auf dem Boden. Alfred und Nellie teilten sich das einzige Bett in einem anderen Raum, Pumeza, Monde und Phumela schliefen auf dem Boden.

Als die Eingangstür aufgebrochen wurde, schrie Thandiswa nach ihrem Vater. «Bitte, Mutter, bring mein Kind in Sicherheit», schrie sie, und Nellie dachte, sie sei aus dem Fenster gesprungen, um in Sicherheit zu kommen.

Sie hörten Schüsse im vordersten Zimmer, und daraufhin traten die Buren die Tür zu Nellies Zimmer ein. «Wir warfen uns mit unseren Kindern auf den Boden. Sie befahlen, Frauen und Kinder sollten ins Bad gehen.» Tochter Pumeza kroch auf allen vieren mit den beiden Babies aus dem Zimmer, weil sie solche Angst hatte. Wäre sie aufrecht gegangen, wäre sie jetzt tot. Sie gingen zum Bad und schlossen die Tür. Ohrenbetäubende Schüsse und Explosionen folgten. Die Buren durchsuchten dann die Zimmer nach Dokumenten und Geld. Yolande schrie die ganze Zeit, aber Nellie konnte nicht hinausgehen und ihr Enkelkind zu sich nehmen. Sie wußten nicht, wie lange sie so zusammengepfercht eingeschlossen dastanden. Als Nellie einmal versuchte, das Bad zu verlassen, sah sie einen Weißen, wie er die Räume durchsuchte. Also zog sie sich sofort wieder ins Bad zurück, wo die Jungen still vor sich hinschluchzten und die Tochter sie verängstigt ansah. Nachdem sie sicher waren, daß die Buren das Haus verlassen hatten, gingen sie raus, sie hob das Baby auf und ging in ihr Zimmer.

In einer Ecke in Sitzhaltung ihr Mann Alfred, dessen Leichnam sich bereits kalt anfühlte. Alle Reisetaschen, in denen sich ihre Kleider befanden, waren zerschossen. Sie legte Alfred auf den Boden und bedeckte ihn. Pumeza rief nach ihrer Mutter. Nellie rannte hin und fand ihren Sohn Mzukisi tot. Sie nahm ihn auf den Arm und hielt ihn fest.

Nellie ging in Sydneys Zimmer. Er und seine Frau lagen tot auf dem Boden. Nirgends war Thandiswa zu finden. Sie gingen nach draußen. Die Kette, mit der sie in der Nacht die Tür versperrt hatten, hing lose nach unten, das Schloß war durchschossen. Alles war ruhig.

Sie liefen zum nächsten Nachbarn, der Missionsstation der Seventh Day Adventisten. Pumeza und die Kinder blieben zurück, Yolande gaben sie eine Tasse Milch, die sie nicht trinken wollte, da sie bisher gestillt worden war. Nellie lief in der Gegend herum und rief nach Thandiswa. Sie suchte nochmals in Sydneys Zimmer und fand in der Ecke, neben der Tür, unter einem Bündel Kleider Thandiswa, die sich darunter hatte verbergen wollen. Ein Schuß war ihr direkt durch den Kopf gegangen, ihr Körper bereits kalt.

Später fanden wir Nellie, sie hielt ihren toten Sohn Mzukisi in den Armen, sein Kopf lag in ihrem Schoß.

Die Leichen ihres Mannes, ihrer Tochter und ihres Sohnes wurden gegen elf am nächsten Morgen weggetragen. Sie aber weigerte sich wegzugehen. Pumeza und die beiden Kleinen Monde und Yolande blieben in der Mission.

Nellie möchte nicht mehr in Lesotho bleiben. Nach Südafrika kann sie nicht zurück, weil sie dort nur Verhaftung und Mord erwarten. Sie möchte weit weg und für ihre beiden Kinder und die beiden Enkelkinder sorgen.

(1983)

Gcina Mhlope

Sag Nein

Sag Nein, Schwarze Frau
Sag Nein
Wenn sie deinen arbeitslosen Sohn
einen faulen Tsotsi nennen
Sag Nein

Sag Nein, Schwarze Frau
Sag Nein
Wenn sie deinen sechzigjährigen Mann
einen Boy nennen
Sag Nein

Sag Nein, Schwarze Frau
Sag Nein
Wenn sie deine im Gefängnis vergewaltigte Tochter
eine Hure nennen
Sag Nein

Sag Nein, Schwarze Frau
Sag Nein
Wenn sie deine weiße Schwester
eine Madam nennen
Sag Nein

Sag Nein, Schwarze Frau
Sag Nein
Wenn sie deinen weißen Bruder
einen Baas nennen
Sag Nein

Sag Nein, Schwarze Frau
Sag Nein
Wenn sie euren Gewerkschafter
einen Terroristen nennen
Sag Nein

Sag Nein, Schwarze Frau
Sag Nein
Wenn sie dir im Wagen zur Freiheit
einen Rücksitz geben
Sag Nein
Ja Schwarze Frau
ein großes NEIN

(1983)

Steve Biko

Über Black Consciousness

Wir haben Schwarze als Menschen definiert, die durch Gesetz oder Tradition politisch, wirtschaftlich und sozial als Gruppe der südafrikanischen Gesellschaft diskriminiert werden und die sich als eine Einheit im Kampf um die Verwirklichung ihrer Hoffnungen identifizieren. Diese Definition veranschaulicht uns einige Dinge:

1. Schwarzsein ist keine Frage der Hautfarbe – Schwarzsein spiegelt eine geistige Haltung wider.
2. Durch die einfache Tatsache, daß ihr euch als schwarz bezeichnet, habt ihr euch auf den Weg zur Emanzipation gemacht, habt ihr euch dazu verpflichtet, gegen alle Kräfte zu kämpfen, die versuchen, eure Hautfarbe als einen Stempel zu benutzen, der euch als untergeordnete Wesen kennzeichnet.

Aus diesen Feststellungen ergibt sich, daß die Bezeichnung «schwarz» nicht notwendigerweise allumfassend ist; d.h.

die Tatsache, daß wir alle «Nicht-Weiße» sind, bedeutet nicht unbedingt, daß wir alle schwarz sind. Es gibt «Nicht-Weiße», es wird sie geben, es wird sie eine lange Zeit geben. Wenn jemand sich wünscht, weiß zu sein, seine Hautfarbe das aber unmöglich macht, dann ist dies ein «Nicht-Weißer». Jeder, der einen Weißen «Baas» nennt, jeder, der bei der Polizei oder Geheimpolizei ist, ist schon dadurch ein «Nicht-Weißer». Schwarze, wirkliche Schwarze sind die, die es fertigbringen, den Weißen erhobenen Hauptes herauszufordern, statt ihm freiwillig ihre Seele auszuliefern.

Kurz gesagt: Black Consciousness ist im wesentlichen die Einsicht des Schwarzen in die Notwendigkeit, sich mit seinen Brüdern in der gemeinsamen Ursache all ihrer Aktionen – ihrer Hautfarbe – zusammenzufinden und so als Gruppe vorzugehen, um die Fesseln der ewigen Sklaverei abzuwerfen. Black Consciousness will die Lüge entlarven, daß Schwarz-Sein eine Abweichung vom «Normalen» ist, dem Weiß-Sein. Es ist die Manifestation einer neuen Einsicht, daß die Schwarzen durch den Versuch, vor sich selbst wegzulaufen und den Weißen nachzueifern, die Intelligenz ihres Schöpfers beleidigen, wer immer das auch sein mag. Black Consciousness begreift daher die schöpferische Absicht Gottes, Schwarze schwarz zu schaffen. Er versucht, die Gemeinschaft der Schwarzen mit einem neuen Selbstgefühl zu erfüllen, mit Stolz auf ihre Anstrengungen, ihr eigenes Wertsystem, ihre Kultur, ihre Religion und ihre Lebenseinstellung…

In Begriffen der Black Consiciousness-Bewegung erkennen wir die Existenz einer entscheidenden Kraft in Südafrika. Das ist der Rassismus der Weißen. Es ist die Kraft, gegen die wir uns alle formieren. Sie wirkt in ihrer Totalität zermürbend, indem sie sowohl in unserer Offensive als auch in unserer Verteidigung erscheint. Bis heute war ihr stärkster Verbündeter unsere Weigerung, uns als Schwarze zusammenzuschließen, weil man uns gesagt hat, dies wäre rassistisch. Auf diese Art können die Weißen Wohlbefinden und Sicherheit erlangen, indem sie sich hinter ihrem weißen Rassismus verbarrikadieren und darüber hinaus Geist und Körper der arglosen schwarzen Massen ausbeuten, während wir uns beständig in einer Welt amorpher allgemeiner Menschlichkeit verlieren, in der die Hautfarbe keine Rolle spielt. Ihre Agenten sind stets unter uns. Sie sagen uns, es sei unmoralisch, sich in einen Kokon zurückzuziehen. Sie sagen, daß der Dialog die Antwort auf unsere Probleme sei und daß es ein Unglück sei, daß es hier und da weißen Rassismus gäbe, daß man aber verstehen müsse, daß die Dinge sich ändern. Dies sind in der Tat die größten Rassisten, denn sie weigern sich, uns die Intelligenz zuzusprechen zu wissen, was wir wollen. Ihre Absicht ist offenkundig; sie wollen das Barometer sein, an dem der Rest der weißen Gesellschaft die Gefühle der schwarzen Welt abliest. *Dadurch* glauben *wir*, daß die weiße Herrschaft sich in ihrem Wesen als Totalität darstellt, die uns nicht nur provoziert, sondern gleichzeitig unsere Antwort auf diese Provokation kontrolliert. Das ist ein wichtiger Gesichtspunkt, den man festhalten muß, weil er oft von denen vergessen wird, die glauben, daß es ein paar gute Weiße gibt. Natürlich gibt es ein paar gute Weiße, genauso wie es ein paar schlechte Schwarze gibt…

Das Grundproblem in Südafrika ist laut Analyse liberaler Weißer die Apartheid. Um sie zu bekämpfen, sagen sie, müssen wir rassisch gemischte Gruppen bilden. Zwischen diesen beiden Extremen, behaupten sie, liege das Land voll

Milch und Honig, für das wir uns einsetzen. These, Antithese und Synthese wurden von einigen großen Philosophen als die Hauptpunkte angeführt, um die sich jede soziale Revolution dreht. Für die Liberalen bedeutet die These Apartheid, die Antithese wäre die Aufhebung der Rassentrennung; die Synthese jedoch ist äußerst schwach formuliert. Sie möchten den Schwarzen weismachen, die Integration sei die ideale Lösung. Black Consciousness definiert die Situation anders. Die These ist in der Tat ein starker weißer Rassismus, und deshalb muß die Antithese dazu automatisch eine starke Solidarität unter den Schwarzen sein, welche dieser weiße Rassismus auszubeuten versucht. Aus diesen beiden Situationen heraus können wir deshalb so etwas wie ein Gleichgewicht zu erlangen hoffen – eine wahre Humanität, in der Machtpolitik keinen Raum hat. Diese Analyse macht die Differenz zwischen dem alten und dem neuen Ansatz deutlich. Der Fehler der Liberalen liegt darin, daß ihre Antithese bereits eine verwässerte Version der Wahrheit ist, deren unmittelbare Nähe das besagte Gleichgewicht null und nichtig macht...

Black Consciousness ist eine geistige Einstellung und eine Lebensform, der positivste Ruf, der seit langer Zeit aus der schwarzen Welt laut wird. Das Wesentlichste ist, daß der Schwarze sich der Notwendigkeit bewußt wird, sich mit seinen Brüdern um die Ursache der Unterdrückung – die schwarze Hautfarbe – zu scharen und als Gruppe zu handeln, um sich von den Ketten zu befreien, die sie zu unaufhörlicher Knechtschaft zusammenschweißen. Black Consciousness gründet sich auf eine Selbstprüfung, die die Schwarzen letztlich zu der Auffassung führen muß, daß sie mit dem Versuch, vor sich selbst davonzulaufen und es dem

Weißen gleichzutun, die Intelligenz desjenigen beleidigen, der – wer immer es war – sie als Schwarze erschuf. Die Philosophie des Black Consciousness drückt darum Gruppenstolz und die Entschlossenheit der Schwarzen aus, sich zu erheben und ihr wahres Ich, das sie vor sich haben, zu erlangen. Freiheit ist die Fähigkeit, seine Identität nach den eigenen Möglichkeiten zu bestimmen, Möglichkeiten, die nicht durch die Macht, die andere über einen haben, sondern allein durch die Beziehungen zu Gott und der natürlichen Umwelt eingeschränkt werden. In eigener Initiative möchte der Schwarze deshalb seine Umgebung erforschen und seine Möglichkeiten testen – mit anderen Worten: seine Freiheit mit allen Mitteln, die er für angemessen hält, zu realisieren. Im Mittelpunkt dieses Denkens steht bei den Schwarzen die Einsicht, daß die mächtigste Waffe in der Hand des Unterdrückers das Bewußtsein des Unterdrückten ist. Ist jemand im Herzen frei, kann keine von Menschen geschmiedete Kette ihn zur Knechtschaft zwingen, aber ist das Bewußtsein eines Menschen so durch den Unterdrücker manipuliert und kontrolliert, daß der Unterdrückte sich dem weißen Manne verpflichtet fühlt, dann wird es nichts geben, was der Unterdrückte tun könnte, seine mächtigen Herren einzuschüchtern. So bringt nun das Denken im Sinne von Black Consciousness den Schwarzen dazu, daß er sich als vollwertig ansieht. Es macht ihn weniger abhängig und gibt ihm mehr Freiheit, sein Menschsein zum Ausdruck zu bringen. Am Ende dieses Prozesses wird er keine Versuche mehr dulden, die sein Menschsein schmälern.

(1971/73)

Alex La Guma

«Wir wollen keine Umsiedlung!»

Der Polizeisergeant führte den kleinen Lastwagenkonvoi durch die Landschaft, die Räder knirschten auf dem trockenen und harschen Sand des Weges und schleuderten ihn mit klickenden Geräuschen gegen die Karosserie und die Scheiben der Wagen. Beiderseits der Sandstraße reckten sich aus den Feldern Dornenbäume wie knorrige Hände. Vor der unregelmäßigen Linie des Horizontes tanzte die Hitze im dunstigen Blau. Der Konvoi schaukelte wie trunken an der abbröckelnden Uferböschung des Flußbettes entlang. Bevor er die ersten Häuser des Dorfes erreicht hatte, mußte er anhalten, denn die Weiterfahrt war durch gefällte Eukalyptusbäume, die quer über den zerfurchten Weg gelegt worden waren, unmöglich.

Jenseits der Barrikade konnte der Sergeant einige Leute sehen, alte Weiber und bucklige Greise, die bewegungslos wie grobe Schnitzereien vor den Türen ihrer Lehmhütten hockten; dann bemerkte er einen Menschenauflauf, der sich beim Lärm der ankommenden Lastwagen unter einer Baumgruppe versammelt hatte. Auf ihm lastete das dumpfe Gefühl, daß hier etwas nicht so lief, wie es laufen sollte.

«Sehn wir mal nach», rief er dem Angestellten des Bantu-Beauftragten zu und kletterte aus dem Landrover. Der Angestellte, der nach dem Gottesdienst ein Sporthemd und kurze Khakihosen angezogen hatte, blickte den Sergeant besorgt an und kletterte dann, einen Aktenordner mit amtlichen Papieren unter dem Arm, auf der Beifahrerseite aus dem Auto.

Als die Menschenmenge die beiden kommen sah, begann sie unter den Bäumen zu singen. Das verdroß den Sergeanten. Ihn störten die Gesänge der Schwarzen, denn wenn Schwarze zu singen anfangen, so war das immer mit Ärger verbunden. Er marschierte mit schwerem Schritt auf die Barrikade aus Bäumen zu, seine Augen, hell wie Tautropfen, aber mit hängenden Tränensäcken, die ausgekochten Teebeuteln glichen, blickten verärgert auf. Dann rief er: «Was ist denn hier los, Leute?»

Eine gewichtige Frau, die grobe, feste Kleidung mit einem Ledergürtel zusammengehalten, die er als die Schwester des Häuptlings erkannte, machte mit ihren dicken, schwarzen Armen in der Luft eine beschwichtigende Geste, und die Menge verstummte. Die mächtige Stimme der Frau schallte herüber.

«Es hat keinen Zweck weiterzugehen.»

Der Sergeant blieb zögernd vor der Barrikade stehen, ohne es eigentlich zu wollen, und überlegte, ob er auch keinen Fehler machte: Man muß sich jederzeit auf Grund seiner Autorität durchsetzen. Um seine Unschlüssigkeit zu verbergen, weigerte er sich, die Frau als Verhandlungspartnerin anzuerkennen, und fragte: «Wer bist du überhaupt? Nein, mit dir spreche ich nicht. Wo ist Hlangeni? Wißt ihr denn nicht, daß ihr heute umgesiedelt werden sollt? Was soll der Unsinn, warum liegen diese Bäume hier im Weg? Seht, wir haben sogar Lastwagen mitgebracht.»

«Mit den Lastwagen könnt ihr wieder wegfahren», rief die Frau über die Barrikade hinweg, «wir bleiben nämlich hier, und das haben wir eurem Magistrat bereits mitgeteilt.»

«Ich rede überhaupt nicht mit dir», entgegnete der Sergeant frostig, «wo ist Bürgermeister Hlangeni?»

Dann wandte er sich an die versammelte Menschenmenge: «Hört nicht auf diese Frau. Sie ist nur hier, um Unruhe zu stiften, ich weiß das ganz genau.»

Ein Mann, der ihm als Kobe – oder so ähnlich – bekannt war, sagte:

«Hier ist kein Hlangeni, Hlangeni ist nicht unter diesen Leuten!»

Es erhob sich ein allgemeines Murren und Scharren in der Menge, und dann fingen sie wieder an zu singen. Der Sergeant machte beherzt einen Schritt nach vorn. «Was ist hier eigentlich los?» schrie er nervös. «Ihr wißt, daß ihr umziehen müßt.» Er zeigte auf den Angestellten mit dem Aktenordner:

«Hier steht der Boss mit den Anordnungen der Regierung. Es sind die gleichen Papiere, die Hlangeni ausgehändigt wurden.»

Als Kobe den Angestellten sah, rief er:

«Er ist noch ein Grünschnabel.»

Der Ton des Sergeanten wurde jetzt schärfer:

«Du solltest mehr Respekt vor der Regierung haben, Mann. Sei kein Narr. Sag deinen Leuten, sie sollen ihr Zeug nehmen und zu den Lastwagen bringen.»

Da lachte die Frau laut schallend:

«Was soll das ganze Gerede? Es wird Zeit, daß ihr hier wieder verschwindet!»

Darauf begannen die Menschen wieder zu singen und tanzten dazu im Rhythmus ihres Liedes. Der Sergeant verlor die Fassung und begann, sein Pistolenhalfter zu öffnen. Ein Schrei mischte sich in den Gesang, eine Art Heulton der Frauen, und ein Jugendlicher warf mit einem Stein nach dem Sergeanten. Der Stein traf ihn zwar nicht, aber der Angestellte floh in Panik und ließ dabei den Aktenordner fallen, so daß die amtlichen Papiere über den Sand flogen. Der Sergeant hatte seinen Revolver herausgerissen und gab einen Warnschuß in die Luft ab, doch es hagelte bereits Steine. Der Angestellte kletterte verängstigt in den Landrover, während ein Steinbrocken am Maschendraht vor der Windschutzscheibe abprallte. Die Fahrer des kleinen Konvois starteten wie rasend die Lastwagen, Kupplungen und Gangschaltungen knirschten und krachten, und die singenden Dorfbewohner kamen im Feuerschutz des Steinhagels, unter dem Scheiben zersprangen und Lack zersplitterte, bedrohlich näher.

Der Polizeisergeant steckte seinen Revolver weg und rannte nun auch schwerfällig mit rotangelaufenem Gesicht zurück zum Landrover. Er hatte erkannt, daß er diese Situation nicht alleine meistern konnte. Er mußte Verstärkung holen. Wer hätte denn auch ahnen können, daß diese verfluchten Kaffern so einen Aufstand machen würden? Zunächst war er von diesem Haufen Paviane in zerlumpten Klamotten besiegt worden. Wohin würde das noch führen?

Ein Stein riß ihm die Uniformmütze, die dann zwischen den amtlichen Papieren des Angestellten über den Sand rollte, vom Kopf. Er erreichte mit Mühe und Not den Landrover und sprang schweratmend in den gepanzerten Wagen. Es hagelte weiterhin von der Barrikade her und aus den Bäumen Steine, die auf das Blech der Lastwagen donnerten, die mit durchdrehenden Antriebsrädern den Staub aufwirbelten, als sie eine Kehrtwendung machten, um schnell auf der Straße zurückzufahren, auf der sie gekommen waren. Hinter ihnen sang die Menge ihre fremdartigen Gesänge.

(1979)

Desmond Mpilo Tutu

In Ihrem Namen

Aus einer Rede vor dem AStA der Witwatersrand Universität, Johannesburg

Und Sie? Was halten Sie von der Sache? Was tun Sie? Ist das heutige Südafrika das, was Sie für Ihre Kinder wünschen, ein geteiltes, getrenntes Südafrika, wo es eigentlich für niemanden wirklich Freiheit gibt? Auch Sie leiden unter der Diskriminierung. Sie werden eingeschränkt, denn Sie können auch nicht jeden zum Nachbarn haben, den Sie haben möchten. Ihre Wahlmöglichkeiten sind begrenzt: Es sieht so aus, als ob Sie nicht Personen heiraten, Sie heiraten Rassen, und die sind für Sie verordnet worden. Sie können nicht frei und offen diskutieren. Was verstehen Sie wirklich von Kommunismus oder Marxismus? Sie werden einer Gehirnwäsche unterzogen von dieser schrecklichen öffentlichen Rundfunkanstalt SABC und von jener Stimme, die die Tagespolitik kommentiert, die Sie ständig in die Irre führt, da sie die Propagandaarbeit für die Nationalistische Partei besorgt. Und Sie sitzen einfach da und tun nichts dagegen.

In Ihrem Namen werden zahlreiche Menschen in Acht und Bann getan, sogar nach 15 Jahren Gefangenschaft auf Robben Island, wo sie nun wirklich kaum zu subversiver Tätigkeit gekommen sein dürften. Sie werden für weitere fünf Jahre dazu verurteilt, Gefangene auf eigene Kosten sein zu müssen, und Sie sitzen einfach da und tun nichts dagegen; Sie sagen nichts dazu, Sie sind schließlich zu beschäftigt, Ihr Studium abzuschließen, damit Sie berechtigt sind, sich ins Erwerbsleben zu stürzen. Das alles aber wird in Ihrem Na-

Weißer Protest gegen Desmond Tutu: «Desmond Tutu als erster Diener ins Pollsmoor-Gefängnis» (in Pollsmoor wurde u. a. Nelson Mandela inhaftiert).

men getan und im Namen der christlichen Zivilisation und der freien Wirtschaft. In Ihrem Namen werden Menschen in Militärgefängnisse eingesperrt, weil sie als Pazifisten jede Art von Krieg ablehnen. Sie aber nehmen all das gelassen hin. Sie schlafen bequem in Ihren weißen Laken nach einer üppigen Mahlzeit und sagen und unternehmen nichts gegen eine Regierung, die in Ihrem Namen Menschen das Recht auf Verweigerung des Wehrdienstes aus Gewissensgründen einfach abspricht. (Es ist so ziemlich die einzige Regierung der sogenannten freien Welt, die das tut.) Ein Geistlicher wird bösartig bestraft, weil er an einer Kirchentagung teilgenommen hat, und Sie sitzen da und sagen und unternehmen nichts dagegen. Schwarze werden wie Vieh von einem Ort zum anderen verfrachtet – und das geschieht zum Schutz Ihrer Identität, zur Bewahrung Ihrer Privilegien! –, und Sie machen weiter, als ob nichts geschehen wäre. All diese teuflischen Machenschaften werden in Ihrem Namen ausgeheckt, um Sie zu beschützen; und das im Jahr 1980, nachdem es den 16. Juni 1976 gegeben hat und den 21. März 1960. Und Sie sind ganz zufrieden damit, denn Sie sagen und tun praktisch nichts dagegen. Haben Sie auch nur an Ihren Parlamentsabgeordneten geschrieben?

Wir setzen uns für die Befreiung der Schwarzen ein, und damit setzen wir uns auch für die Befreiung der Weißen ein. Sie werden niemals frei sein, solange wir Schwarze nicht frei sind. Schließen Sie sich dem Freiheitskampf an. Schütteln Sie die Lustlosigkeit und die Apathie der Wohlstandsgesellschaft ab. Arbeiten Sie für ein besseres Südafrika für sich und für uns und für unsere Kinder. Beseitigen Sie alles Elend, alle Unterdrückung und alle Ungerechtigkeit, deren Opfer die Schwarzen sind und deren Nutznießer die Weißen, damit Sie nicht eines Tages den Sturm ernten. Schlagen Sie sich auf die Seite derer, die gewinnen werden. Unterdrückung, Ungerechtigkeit, Ausbeutung usw., all das hat verloren, denn Gott ist auf unserer Seite, auf der Seite der Gerechtigkeit, des Friedens, der Versöhnung, des Lachens und der Freude, der Gemeinsamkeit und des Mitleids, der Güte und der Rechtschaffenheit.

Paulus fragt: «Wenn Gott für uns ist, wer kann wider uns sein?»

(1980)

Nelson Rolihlahla Mandela

Eure Freiheit und meine Freiheit

Botschaft Mandelas an das südafrikanische Volk, nachdem die Regierung Botha das Angebot gemacht hatte, ihn unter der Bedingung freizulassen, daß er der Gewalt als politischem Mittel abschwöre und sich in der Zukunft nicht mehr politisch betätige. Diese Botschaft wurde von Zindzi Mandela im Jabulani Amphitheatre am 10.2.1985 verlesen:

Ich lege großen Wert auf meine eigene Freiheit, aber noch wichtiger ist mir eure Freiheit. Zu viele sind gestorben, seitdem ich ins Gefängnis gekommen bin. Zu viele haben für ihre Freiheitsliebe gelitten. Ich schulde es ihren Witwen, ihren Waisen, ihren Müttern und ihren Vätern, die um sie getrauert und geweint haben. Ich bin nicht der einzige, der während dieser langen, einsamen und verschwendeten Jahre gelitten hat. Ich liebe das Leben nicht weniger, als ihr es tut. Aber ich kann nicht mein Heimatrecht verkaufen, und ich bin auch nicht bereit, das Heimatrecht der Menschen zu verkaufen, die frei sein sollen. Ich bin im Gefängnis als Vertreter des Volkes und eurer Organisation des gebannten Afrikanischen Nationalkongresses.

Was für eine Freiheit ist das, die mir angeboten wird, wenn ich wegen eines Paßvergehens verhaftet werden könnte?

Was für eine Freiheit ist das, die mir angeboten wird, als ein Familienvater mein Leben zu leben mit meiner geliebten Frau, die in Brandfort in Verbannung bleibt?

Was für eine Freiheit ist das, die mir angeboten wird,

wenn ich um Erlaubnis fragen muß, in einer Stadt leben zu dürfen?

Was für eine Freiheit ist das, die mir angeboten wird, wenn ich einen Stempel in meinem Paß brauche, um Arbeit suchen zu können?

Was für eine Freiheit ist das, die mir angeboten wird, wenn mein Anrecht auf die südafrikanische Staatsbürgerschaft nicht anerkannt wird?

(...) Solange ich und ihr, das Volk, nicht frei sind, kann und werde ich auf keinen dieser Vorschläge eingehen. Eure Freiheit und meine Freiheit können nicht getrennt werden. Ich werde zurückkommen.

«Wirkliche Freiheitskämpfer werden Ihnen immer sagen, daß sie die Weißen nicht hassen. Sie betrachten sie lediglich als lebende Probleme, nicht nur für andere, auch für sich selbst. Sie sind es, die hassen. Sie sind es, die frei werden müssen. Wir nicht.»

Winnie Nonzamo Mandela

5
Südafrika gehört allen, die darin leben –
Programme und Perspektiven

Alles in allem sind wir doch alle,
verdammt noch mal, Schwestern und Brüder.

Breyten Breytenbach

Mongane Wally Serote

Die Zeit ist abgelaufen

zu viel blut ist geflossen. bitte meine
landsleute, kann jemand worte der wahrheit sagen.
es ist zu spät. blut, wie wenig auch immer, wenn
es fließt, fließt es in den kopf – in das gedächtnis eines
volkes – so wie das meer die erde überflutet, die
lichter verlöschen, bluthunde heulen im dunkel; ja,
jetzt ist uns das entsetzen wohlvertraut. das herz
unseres landes, jeder herzschlag, vergehende
zeit, die uns schmerzt, meine landsleute, kann jemand,
der versteht, daß es jetzt zu spät ist, der
weiß, daß ausbeutung und unterdrückung den
wahnsinn in die köpfe bringen, wahnsinn, der nur noch
gewalt kennt, kann jemand uns zeigen, wie wir die wunden
verwinden, und kämpfen.
die zeit ist abgelaufen –
das zeitalter

(1980)

Nadine Gordimer

Von Kämpfen

– Szenen –

Es begann seltsam prosaisch. Die Streiks hatten sich hingezogen, einer angeregt oder herbeigeführt durch Solidarität mit einem anderen, bis die Aufstände und Betriebsschließungen als einander folgende und stetige Erscheinungen erlebt wurden, aber nicht als industrielles Chaos. Während die Regierung weiterhin Entwürfe für Zugeständnisse an die schwarzen Gewerkschaften verfaßte, die vortrefflich formuliert waren, um die genau gleichzeitigen Einschränkungen zu verschleiern, hungerten die betroffenen schwarzen Arbeiter, waren wütend und sowieso arbeitslos, denn die Grundmauer war oft das einzige, was von ausgebrannten Fabriken übrigblieb. Lange Zeit hatte niemand wirklich gewußt, was außerhalb des Gebiets, in dem er selbst Augenzeuge war, geschah. Zusammenrottungen, Brandstiftungen, Besetzung der Verwaltungsgebäude internationaler Firmen, Bomben in öffentlichen Gebäuden – die Zensur von Zeitungen, Rundfunk und Fernsehen bewirkte, daß Gerüchte und mündliche Berichte die einzigen Informationsquellen über diesen chronischen Zustand des Aufruhrs im ganzen Land waren. Nach wochenlangen Aufständen in Soweto, die man nicht zu sehen bekam, war ein Marsch von (unterschiedlich geschätzten) fünfzehntausend Schwarzen nach Johannesburg am Rand des Geschäftsviertels aufgehalten worden um den Preis einer (unterschiedlich geschätzten) Anzahl von Todesopfern, weißen und schwarzen...

Die Schwarzen (die vorübergehend knapp an Munition waren und das Heldentum, mit Stöcken und Steinen gegen Kugeln anzutreten, schon lange aufgegeben hatten) wurden zurückgehalten von der Bürgerwehr, verstärkt durch weiße rhodesische Einwanderer, einige ehemalige Selous-Pfadfinder, die an Kämpfe dieser Art gewöhnt waren, und eine Flugzeugladung weißer Söldner, die aus Bangui, Zaire, Uganda eingeflogen wurden – wo immer sie die gegenwärtigen Amins, Bokassas und Mobutus unterstützt hatten. Die Kinder gingen nicht zur Schule, sondern spielten im friedlichen Garten wie wild Straßenkämpfe. Die Weinhandlung lieferte plötzlich Wein und Bier, die vor Wochen bestellt worden waren, zwei schwarze Männer in Overalls, bestickt mit dem Markenzeichen einer Rum-Sorte, trugen die Kästen in die Küche und tauschten scherzhafte Begrüßungen mit den Dienern aus. Zum zwanzigsten- und hundertstenmal seit dem Verbrennen der Pässe in den fünfziger Jahren, seit Sharpeville, seit Soweto 1976, seit Elsie's River 1980 schien es, als ob sich alles wieder beruhigen würde...

Als es dann passierte, ereigneten sich Verwandlungen wie aus Mythen oder religiösen Gleichnissen... Der gelbe *bakkie*, zum Vergnügen gekauft, erwies sich als Vehikel: das sie davontrug aus den beschossenen Landstraßen und den brennenden, unverkauften Häusern eines daniederliegenden Immobilienmarktes, weg von den gesprengten Abwässerkanälen, in denen Leichen in Safari-Anzügen, der Samstagsvormittagskleidung, weggespült wurden, und von den hitzegelenkten Raketen, welche die Boeings mit denjenigen an Bord trafen, die versuchten, vom Jan Smuts-Flughafen abzufliegen. Nora, Köchin und Kindermädchen, lief weg. Der anständig bezahlte, zufriedene Diener, der, seit sie geheiratet hatten, ein Zimmer im Anbau auf ihrem Hinterhof bewohnt und von ihnen zwei Garnituren Dienstkleidung erhalten hatte, aus Khakistoff für die grobe Hausarbeit, aus weißem Drillich, um bei Tisch zu bedienen, der mittwochs und jeden zweiten Sonntag frei hatte, Besuch von seinen Freunden haben durfte und dessen Stadt-Frau mit ihm in seinem Zimmer schlief – er erwies sich als der Erwählte, in dessen Hände sie ihr Leben legen sollten...

«Warum kommen sie her? Warum zu uns...?»

«Sie mußten rauskommen, sie mußten weggehen. Leute verbrennen diese Häuser. Die großen Häuser! Du kannst dir diese Häuser nicht vorstellen. Die Weißen werden getötet in ihren Häusern. Ich habe es gesehen – das ganze Dorf zerstört, Mauern, Dach.» Seine Frau rieb einen Zeigefinger hinter dem Ohr auf und ab. «Er hat ein Gewehr. Die Kinder haben es gesehen, da ist ein Gewehr, er hat es ins Dach gelegt.»

«Wenn sie kommen, nützt ein Gewehr nichts. Wenn er sie an einem Tag wegjagen könnte, würden sie am nächsten wiederkommen. Da ist Aufruhr! Wenn du nicht dagewesen bist, kannst du nicht verstehen, wie es ist.»

Die Hände seiner Mutter waren nie ruhig. Die vier Fingerspitzen von jeder trommelten unablässig auf den Handballen – der Pulsschlag eines alten Herzens, der sich da zeigte wie das noch schlagende Herz in der aufgeschnittenen Brust eines schon toten Tiers. «Weiße Leute müssen irgendwo ihre eigenen Leute haben. Leben sie nicht überall auf dieser Welt? Germiston, Kapstadt – du bist an so vielen Orten gewesen, mein Sohn. Gehen sie nicht überallhin, wohin sie wollen? Sie haben Geld.»

«Überall ist es genauso. Sie jagen die Weißen weg. Die Weißen kämpfen gegen sie. All diese Städte sind genauso.

Wohin könnte er fliehen mit seiner Familie? Seine Freunde fliehen auch. Wenn er versuchte, zu einem Freund in einer anderen Stadt zu gehen, würde der Freund nicht da sein. Es stimmt, er kann gehen, wohin er will. Aber wenn er da hinkommt, wird er vielleicht getötet.»...

Es fanden heftige Kämpfe statt um den Jan Smuts-Flughafen; die Stadtmitte, unter Kriegsrecht, war in der letzten Nacht ruhig gewesen, aber man hatte Geschützfeuer gehört und verworrene Berichte von schweren Kämpfen in östlichen und nördlichen Vororten empfangen. Das Rote Kreuz bat um Blutspenden. Das Gaswerk war angegriffen worden, und die Explosion hatte einen Brand ausgelöst, der auf Vorothäuser übergriff; Bams Augenbrauen flogen hoch und legten seinen starren Blick bloß – nur durch das Tal und die Autobahn von dem Haus getrennt, das sie in einem ruhigen Vorort zu bauen beschlossen hatten. Der amerikanische Kongreß beriet über die Einrichtung einer Luftbrücke für amerikanische Staatsangehörige. Es war nicht bekannt, wo sie durchgeführt werden sollte; die Flughäfen von Kapstadt, Durban und Port Elizabeth waren geschlossen, die Seehäfen bombardiert und blockiert...

Der Rundfunksender, auf den sie angewiesen waren, hatte vierundzwanzig Stunden lang geschwiegen; es mußte ein Kampf um den Sender im Gange gewesen sein. Die Sendungen wurden dann kommentarlos wiederaufgenommen. Wären die Schwarzen erfolgreich gewesen, hätte es Marschmusik gegeben, eine triumphierende Meldung, einen neuen Namen für das Land. Aber es kamen nur Berichte über den Einsatz von RPG-7-Panzerfäusten gegen das Carlton Centre und die anschließende Besetzung der dortigen Fünf-Sterne-Hotels durch schwarze Truppen...

«...mehrere Fla-Flugkörper fielen bei einem Raketenangriff am späten Freitagabend auf die Stadt... Das Gebäude der Prudential Assurance Company wurde am schwersten getroffen, und eine Überführung über die Ost-West-Autobahn wurde so stark beschädigt, daß der Verkehr unterbrochen ist... Leute von der Pioniergruppe die ganze Nacht gearbeitet – ein Versuch, die SABC-Fernsehstudios in Auckland Park zu besetzen, wurde von dem Elite-Kommando unter Führung von Oberst Mike Hoare, ehemals im Einsatz gegen Stadtguerillas in Zaire und anderen afrikanischen Staaten, vereitelt... Rundfunksendungen waren ebenfalls unterbrochen, aber der Direktor von SABC hat bis jetzt noch keine Erklärung abgegeben...»...

Sie hörten die Nachrichten. Der Empfang war schlecht, der Sprecher stotterte sie herunter – wer war noch da in den prächtigen Granittürmen des staatlichen Rundfunks, diese Aufgabe zu erfüllen?

Möglicherweise kamen die Übertragungen gar nicht mehr von dort – der Sender hatte so viel verheimlicht, wahrscheinlich würde er nie bekanntgeben, daß er gezwungen gewesen war, das Rundfunkgebäude zu räumen, und jetzt von einem provisorischen Versteck aus sendete. Die bedrängt, aber gleichmütig bürokratisch klingenden Meldungen beriefen sich auf «maßgebliche Quellen»: war der Kommandeur der Bürgerwehr, in dessen Namen eine Beurteilung des Erfolgs, Soweto «in Schach zu halten», vom Militärstützpunkt Diepkloof verlesen wurde, einer, der in Wirklichkeit getürmt war wie alle anderen auch? War der Augenzeugenbericht von der Zurückeroberung der Far West Rand-Bergwerke – die so zögernde Beschreibung einer wilden Flucht schien nicht auf die Besonderheiten einer Landschaft... zu passen –

eine Bunker-Phantasie? Die Schlappen, die unbestreitbar zugegeben wurden, klangen so ominös; gestern abend waren die Union Buildings in Pretoria «teilweise zerstört». Diesmal war nicht die Rede von einem Raketenangriff. Der Gebäudekomplex mußte von innen in die Luft gesprengt worden sein, wahrscheinlich kämpften sie tatsächlich Mann gegen Mann um Sir Herbert Bakers koloniales Prachtstück aus Säulen und Sandstein. Oder vielleicht hatten sie es vorgezogen, es selbst in die Luft zu sprengen, statt es von den Schwarzen erobern zu lassen...

Der Häuptling will wissen, was da eigentlich in Jewburg geschieht. (Die Verkürzung von ‹Johannesburg› ist nicht antisemitisch, es ist nur eine Frage der Aussprache.) Er will einfach von einem Augenzeugen – einem weißen – hören, was da, endlich, nach dreihundertundfünfzig Jahren, zwischen Schwarzen und Weißen stattgefunden hat.

«Wer ist es, der die Regierung in Pretoria in die Luft sprengt. Sind es diese Leute aus Soweto?»

«Nicht nur Soweto. Überall. Alle sind diesmal dabei. Erklären Sie ihm das – in allen Städten wird gekämpft.»

«Er ist wissen. Und er ist Sie fragen, warum die Polizei nicht verhaften diese Leute wie 1976. Wie 1980. Warum die Polizei nicht schießen.»

«Die Schwarzen in der Polizei haben sich dem Kampf angeschlossen. Sie wollen nicht mehr ihre eigenen Leute verhaften. Das war der Anfang.»

«Und die weißen Soldaten, sie schießen nicht auf diese Polizisten?» Der Häuptling hörte sich die Übersetzung seiner Frage an, den Kopf halb abgewandt, das Gesicht konzentriert, nicht bereit, sich von irgend jemandem hereinlegen zu lassen.

«Es ist ein Krieg. Es ist nicht mehr so... Die Schwarzen haben auch Gewehre. Bomben (ahmt das Werfen einer Handgranate nach). Alles mögliche. Genau wie die weiße Armee, alles, was tötet. Leute sind zurückgekommen aus Botswana und Simbabwe, Sambia und Namibia, aus Moçambique, mit Gewehren.»...

(1981)

«Ich glaube nicht, daß man innerhalb der herrschenden Kaste genügend Weiße so weit beeinflussen kann, daß sie menschlich werden, den Ausbruch eines Bürgerkrieges verhindern. Sie sind Gefangene des Systems, das sie sich weiterhin schaffen und aufrechterhalten. Rassismus und Korruption haben sie zu sehr entfremdet. (Und ihre weißen Kritiker sind nur wie Hunde zu sehen, die aus sicherer Entfernung bellen.)»

Breyten Breytenbach, 1983.

Die Freiheits-Charta

Auf einem Volkskongreß kam es Anfang 1955 erstmals zu einem breiten Bündnis aller wichtigen oppositionellen Gruppen Südafrikas. Von etwa 3000 Delegierten, die vom ANC, von den Bürgerrechtsorganisationen der Weißen und der Farbigen, vom Dachverband der Gewerkschaften geschickt waren, wurde in Kliptown am 26.6.1955, dem süd-

afrikanischen Freiheitstag, die «Freedom Charta» als gemeinsames Programm für ein befreites Südafrika verabschiedet.

Wir, das Volk von Südafrika, erklären vor unserem Land und der Welt:

Südafrika gehört allen, die darin leben, Schwarzen und Weißen; und keine Regierung kann sich als rechtmäßig betrachten, es sei denn, sie ist durch die Entscheidung des Volkes gewählt;

unser Volk ist seines Geburtsrechts auf Land, Freiheit und Frieden durch eine Regierung beraubt worden, die auf Ungerechtigkeit und Ungleichheit beruht;

unser Land wird weder erblühen noch frei sein, solange nicht alle seine Bewohner brüderlich zusammenleben und gleiche Rechte und Möglichkeiten genießen;

nur ein demokratischer Staat, der sich auf den Willen des Volkes gründet, kann allen ihr Geburtsrecht ohne Unterscheidung nach Hautfarbe, Rasse, Geschlecht oder Glauben garantieren;

deshalb beschließen wir, das Volk von Südafrika, Schwarze und Weiße gemeinsam, als Gleichberechtigte, Landsleute und Brüder, diese Freiheits-Charta.

Wir verpflichten uns, gemeinsam zu kämpfen, es weder an Kraft noch Mut fehlen zu lassen, bis die hier dargelegten demokratischen Veränderungen verwirklicht sind.

Das Volk soll regieren!

Jeder Mann und jede Frau sollen das Recht haben zu wählen, Kandidaten für alle gesetzgebenden Körperschaften aufzustellen und selbst dafür zu kandidieren.

Alle sollen das Recht haben, an der Verwaltung des Landes teilzunehmen.

Alle Menschen sollen gleichberechtigt sein, ungeachtet ihrer Hautfarbe, ihrer Rasse, ihres Geschlechts.

Alle Körperschaften der Minderheitsregierung, die Beratungsausschüsse, Räte und Behörden, sollen durch demokratisch gewählte Selbstverwaltungsorgane ersetzt werden.

Alle nationalen Gruppen sollen gleichberechtigt sein!
Alle nationalen Gruppen und Rassen sollen den gleichen Status in den Institutionen des Staates, vor Gericht und in den Schulen haben.

Alle sollen das gleiche Recht haben, ihre eigene Sprache zu sprechen, ihre eigene Kultur und die eigenen Volksbräuche zu pflegen.

Alle nationalen Gruppen sollen durch das Gesetz vor der Beleidigung ihrer Rasse und ihres Nationalstolzes geschützt werden. Die Diskriminierung und Verachtung von Rasse, Nationalität oder Hautfarbe soll als Verbrechen bestraft werden, sowohl die Ausübung als auch die Propagierung.

Alle Apartheids-Gesetze und -Praktiken sollen abgeschafft werden.

Das Volk soll am Reichtum des Landes teilhaben!
Der nationale Reichtum unseres Landes, das Erbe aller Südafrikaner, soll dem Volk zurückgegeben werden.

Die Bodenschätze, die Banken und die Industriemonopole sollen in den Besitz des ganzen Volkes übergehen.

Alle anderen Industrie- und Handelsunternehmen sollen kontrolliert werden, damit sie den Belangen des Volkes dienen.

Alle Menschen sollen das gleiche Recht haben, dort Handel zu treiben, wo sie es wünschen, selbst zu produzieren und jeden Beruf und jedes Handwerk auszuüben, wie sie es wünschen.

Das Land soll unter die verteilt werden, die es bebauen!

Alle Beschränkungen des Besitzes von Land auf Grund der Rassenzugehörigkeit sollen aufgehoben werden, und alles Land soll wieder unter die verteilt werden, die es bebauen, um Hungersnöte und Heimatlosigkeit zu beenden.

Der Staat soll den Bauern mit Werkzeugen, Saatgut, Traktoren und durch das Anlegen von Bewässerungsanlagen helfen, um den Boden zu erhalten und das Leben auf dem Land zu ermöglichen.

Alle, die auf dem Land arbeiten, sollen nicht in ihrer Bewegungsfreiheit eingeschränkt werden.

Alle sollen das Recht haben, Land dort zu besitzen, wo sie es wünschen.

Niemandem darf das Vieh weggenommen werden. Zwangsarbeit und Gefängnisfarmen sollen abgeschafft werden.

Alle sollen vor dem Gesetz gleich sein!

Niemand soll ohne ein ordentliches, unparteiisches Gerichtsverfahren verhaftet, deportiert oder in seinen Freiheiten beschränkt werden.

Niemand soll durch den Befehl irgendeines Regierungsbeamten verurteilt werden.

Die Gerichte sollen sich aus Repräsentanten des ganzen Volkes zusammensetzen.

Gefängnisstrafen sollen nur bei schweren Verbrechen

gegen das Volk verhängt werden und eine Umerziehung, nicht die Vergeltung zum Ziel haben.

Polizei und Armee sollen allen zu gleichen Bedingungen offenstehen, und sie sollen Helfer und Beschützer des Volkes sein.

Alle Gesetze, die einen Menschen auf Grund seiner Hautfarbe, seiner Rasse oder seines Glaubens diskriminieren, sollen für ungültig erklärt werden.

Alle sollen die gleichen Menschenrechte genießen!

Durch das Gesetz soll allen Menschen das Recht garantiert werden, sich zu organisieren, sich zu versammeln, zu veröffentlichen, zu predigen, Gottesdienst zu halten und die Kinder selbst zu erziehen.

Die Unverletzlichkeit der Wohnung durch die Polizei soll durch Gesetz garantiert werden.

Alle sollen die Freiheit haben, ohne Einschränkungen vom Land in die Stadt, von Provinz zu Provinz und von Südafrika ins Ausland zu reisen. Paßgesetze, Aufenthaltsgenehmigungen und alle anderen Gesetze, die diese Freiheiten einschränken, sollen abgeschafft werden.

Es soll Arbeit und Sicherheit geben!

Alle, die arbeiten, sollen das Recht haben, Gewerkschaften zu gründen, ihre Funktionäre frei zu wählen und mit ihren Arbeitgebern Tarifverträge abzuschließen.

Der Staat soll ein Recht auf Arbeit und eine Pflicht zur Arbeit anerkennen, er soll allen eine volle Arbeitslosenunterstützung gewähren.

Männer und Frauen aller Rassen sollen für gleiche Arbeit den gleichen Lohn erhalten.

Winnie Nomzamo Mandela und die Widerstandskämpferin Helen Joseph.

Eingeführt werden sollen die 40-Stunden-Woche, Mindestlöhne für das ganze Land, bezahlter Jahresurlaub und Krankenurlaub für alle Arbeiter, vollbezahlter Schwangerschaftsurlaub für werdende Mütter.

Alle, die arbeiten, sollen gleiche Rechte haben, seien sie Minenarbeiter, Hausangestellte, Farmarbeiter oder staatliche Beamte.

Kinderarbeit, Compound-Arbeit, Kontrakt-Arbeit und Wander-Arbeit sollen abgeschafft werden.

Bildung und Kultur sollen für alle offen sein!

Die Regierung soll die besonderen nationalen Fähigkeiten und Traditionen zur Erweiterung unseres kulturellen Lebens entdecken, entwickeln und fördern.

Alle Kulturschätze der Menschheit sollen allen Menschen durch den freien Austausch von Büchern und Gedanken und durch uneingeschränkte Kontakte mit anderen Ländern zugänglich gemacht werden.

Die Jugend soll dazu erzogen werden, ihr Volk und ihre Kultur zu lieben und Brüderlichkeit, Freiheit und Frieden unter den Menschen zu wahren.

Eine allgemeine Schulbildung soll kostenlos, soll für alle gleich und für alle Pflicht sein.

Eine höhere Schulbildung und eine Berufsausbildung sollen allen durch staatliche Zuschüsse und Stipendien nach dem Leistungsprinzip zugänglich sein.

Das Analphabetentum der Erwachsenen soll durch einen staatlichen Massenerziehungsplan überwunden werden.

Lehrer sollen die gleichen Rechte wie andere Bürger haben.

Rassenschranken im kulturellen Leben, im Sport und im Bildungswesen sollen abgeschafft werden.

Es soll Wohnungen, Sicherheit und Wohlstand geben!
Jeder Mensch soll das Recht haben, zu leben wie und wo er es wünscht, soll in menschenwürdigen Wohnungen untergebracht werden und soll mit seiner Familie sozial abgesichert leben.

Ungenutzter Siedlungs- und Wohnraum soll verfügbar gemacht werden.

Mieten und Preise sollen gesenkt werden, Lebensmittel sollen reichlich vorhanden sein, und niemand soll hungern.

Es soll eine vorbeugende staatliche Gesundheitsfürsorge geschaffen werden.

Kostenlose ärztliche Versorgung und Krankenhausbehandlung sollen allen gewährt werden, mit besonderer Fürsorge für Mütter und Kleinkinder.

Slums sollen niedergerissen und neue Wohnviertel aufgebaut werden, wo allen ausreichend Verkehrsmittel, Straßen, elektrischer Strom, Spielplätze, Kindergärten und Sozialeinrichtungen zur Verfügung stehen.

Für die Alten, die Kranken, die Waisen und die Invaliden soll der Staat sorgen.

Alle haben ein Recht auf Ruhe, Freizeit und Erholung.

Eingezäunte Wohnsiedlungen und Gettos sollen abgeschafft werden, zusammen mit den Gesetzen, die Familien auseinanderreißen.

Es soll Frieden und Freundschaft geben!
Südafrika soll ein vollkommen unabhängiger Staat werden, der die Rechte und die Souveränität jeder Nation anerkennt.

Südafrika soll danach streben, den Weltfrieden zu erhalten, internationale Streitigkeiten auf dem Verhandlungswege zu schlichten und nicht durch Krieg.

Frieden und Freundschaft zwischen allen Südafrikanern sollen durch die Gewährung gleicher Rechte, gleicher Möglichkeiten und eines gleichberechtigten Status sichergestellt werden.

Die Völker der Protektorate – Basutoland, Bechuanaland und Swaziland – sollen in Freiheit selbst über ihre Zukunft entscheiden.

Das Recht aller Völker Afrikas auf Unabhängigkeit und Selbstbestimmung soll anerkannt werden und die Grundlage für eine enge Zusammenarbeit sein.

Alle, die ihr Volk und ihr Land lieben, sollen gemeinsam mit uns bekennen:

Für diese Freiheiten und Rechte wollen wir Seite an Seite unser ganzes Leben lang kämpfen, bis wir unsere Unabhängigkeit gewonnen haben.

James Matthews

Kind der Freiheit,
zu lange wurdest du verachtet.
Füll deine Lungen, und schrei deinen Zorn hinaus!
Tritt hervor, und nimm dein Recht!
Du wirst nicht mehr dazu erzogen,
an die Hintertür zu klopfen.
Für dich verfügt kein Gesetz mehr
Reisen dritter Klasse
und getrennte Schulen, wo man auf dem Boden hockt.
Die Flüsse unseres Landes, die Gebirge

und der Meeresstrand
gehören dir, sind dir nicht mehr verwehrt.
Schrei deinen Zorn hinaus, Kind der Freiheit.

(1976)

Abdul Minty (ANC)

Erklärung zur Gewaltanwendung

Diejenigen, die vom «friedlichen Wandel» sprechen, sollten sich daran erinnern, daß der African National Congress und andere Bewegungen in den späten fünfziger Jahren Boykottmaßnahmen gefordert haben – eine Strategie des «friedlichen Wandels». Doch was erwiderte man uns? Wir haben Kilometer von Aktenordnern mit den Antworten der Regierungen, Institutionen und Kirchen. Und sie lauten «Nein». Niemand half, einen «friedlichen Wandel» herbeizuführen, zu einer Zeit, in der wir darum baten. Jetzt antworten sie auf unsere Forderung nach Boykottmaßnahmen: «Nein, wir wollen Brücken schlagen, wir wollen das gegenseitige Verstehen fördern.» Wir alle wollen Brücken schlagen und das gegenseitige Verstehen fördern. Wir predigen den Boykott nicht als eine Philosophie, als einen Lebensgrundsatz, aber wir bleiben dabei, daß wir in der konkreten südafrikanischen Situation gegen eben dieses Brückenschlagen und Verstehenfördern sind...

Was bedeutet nun eine Politik des «friedlichen Wandels»? Es bedeutet, daß sie Vorster überreden wollen; daß sie engere Kontakte zu ihm haben wollen, daß sie mit ihm Handel treiben wollen; daß sie wollen, daß sich schwarze Afrikaner neben Vorster setzen, damit Vorster erkennen kann, daß unsere Hautfarbe keine ansteckende Krankheit ist, und daß dies alles dann helfen soll, die Apartheid-Strukturen zu verändern. Aber was ist daraus geworden? Die sechziger und siebziger Jahre erlebten die höchste Rate westlicher Investitionen in Südafrika, und sie erlebten gleichzeitig den größten Anstieg der Repression, wie es sie zuvor in Südafrika noch nie gegeben hatte. Und nichts wurde unternommen, um dieser Repression Einhalt zu gebieten.

Daher stützt sich die These vom «friedlichen Wandel» grundlegend darauf, das Vorster-Regime zur Aufpolierung seines Images und zur etwas effizienteren Umgestaltung der Apartheid zu bewegen. Sie hat das Überleben des weißen Regimes und nicht die Zerstörung der rassistischen Strukturen zum Ziel; sie will das Alte modifiziert erhalten; sie ist aus Angst vor der Revolution entstanden.

Wir sagen – und wir werden dabei oft mißverstanden –, daß der Westen ein Partner der Apartheid ist und ein Komplize bei den Verbrechen gegen die Menschheit. Wir sagen nicht, daß ihr als Individuen Rassisten seid, aber wir sagen, wenn ihr Kenntnis davon habt, was sich in diesem rassistischen System abspielt, dann sind eure Verbindungen zu ihm auch bewußt gewählt. Wir sagen: «Brecht diese Verbindungen ab, ihr seid auf der falschen Seite.»

Wir haben die Bundesrepublik niemals gebeten, uns Waffen zu geben. Wir bitten nicht, die Anwendung von Gewalt zu unterstützen, wie einige vermuten. Wir fordern lediglich dazu auf, die Anwendung von Gewalt durch das Apartheid-Regime nicht zu unterstützen. Die BRD aber, die von der Politik des «friedlichen Wandels» spricht, liefert Waffen und fördert auf vielerlei Weise die Politik der Gewalt, die gegen uns gerichtet ist.

Wir unsererseits erkennen, daß wir diese Art von internationaler Aktion in Form von Waffenembargo und Sanktionen nicht erreichen können und daß es intern keine Möglichkeit für einen friedlichen Wandel gibt. Daher müssen wir zum Mittel des bewaffneten Kampfes greifen, wie es die Menschen im Verlauf der Geschichte immer getan haben. Der bewaffnete Kampf ist mittlerweile eine Realität, man kann ihn nicht mehr wegwünschen.

Kein Pazifist oder jemand, der aus politischen Motiven als Pazifist auftritt, kann die südafrikanische Geschichte untersucht haben und dann mit dem Finger auf uns zeigen oder versuchen, uns einen Vortrag darüber zu halten, was Pazifismus heißt. Unsere Gräber legen Zeugnis unseres aktiven Pazifismus ab, keine Schaukelstuhlpredigten. Jahrzehntelang wurde gegen uns brutale Gewalt eingesetzt, während unser Kampf gewaltloser Widerstand war, gezeichnet von unendlicher Geduld und hoffnungsvoller Langmut. Dieselben Menschen, die früher am gewaltfreien Kampf teilgenommen haben, sind heute in den Lagern mit Waffen...

Es sind eben gerade 30 Jahre vergangen, seit die zivilisierte Welt nach den Nürnberger Prozessen erklärt hat, Rassismus sei ein Verbrechen wider die Menschheit. Apartheid ist Rassismus. Wir fragen die Befürworter des «friedlichen Wandels»: Was muß Südafrika denn noch tun, bevor Sie aktiv werden? Es unterdrückt uns nicht nur brutal im eigenen Land, es greift auch Nachbarstaaten an... In jener Region Afrikas gibt es absolut keinen Frieden...

(1978)

Nadine Gordimer

Das Schulmädchen und die schwarze Frau

Ein weißes Schulmädchen kommt über die Kreuzung, wo die Geschäfte sind, kaut Kaugummi und geht im Rhythmus der Sommernachmittagsmelodie. Im Gleichschritt neben ihr ist eine Frau in dem Alter, das sich Schwarze bewahren zwischen der Jugend und der Zeit, da ihre vollen und tröstlichen Brüste und Hinterteile bleischwer und ihre kräftigen, stämmigen Beine langsam und unbeweglich werden – dem Greisenalter. Die schwarze Frau kaut auch Kaugummi; ihre Wollmütze sitzt auf einem Ohr, und auf dem Kopf trägt sie eine Schulmappe, mittels Schablone dilettantisch in Blau beschriftet: MAUREEN HETHERINGTON. Als die schwarze Frau sich anschickt, über die Straße zu gehen, obwohl die Ampel plötzlich rot geworden ist, packt das weiße Mädchen ihre Hand, damit sie stehenbleibe, und sie halten sich weiterhin an der Hand, locker und zwanglos, während sie darauf warten, daß die Ampel wieder grün wird. Dann hüpfen sie zusammen hinüber.

(1981)

Mafika Pascal Gwala

Die Heimkehr der Soldaten

Eines Tages
werdet Ihr zurückkehren, meine Kampfbrüder
zurück aus dem Exil
zurück aus den Slums von London
zurück von den Straßenecken New Yorks
zurück aus der Gosse Haarlems
Ihr werdet zurückbringen
den Kern
der vielseitigen Wahrheiten
die Euch davonführten
aus dem blutenden Land
Eurer Geburt

Wir sind eins
in der Solidarität des Kampfes
von Kairo bis Kapstadt
von Lagos bis Dar-Es-Salaam
mit Euch in Afrika
mit Euch gegen rassistische Lügen
mit Euch gegen den Zuckerbonbon-Bluff
mit Euch gegen Ausplünderung
die unterdrückte Welt beklagt
den Hungertod unserer Kinder Afrikas

Der Widerstand lebt.

Wenn Ihr zurückkehrt
wird Afrika rufen «Uhuru!»
Wir werden Eurer Rückkehr begegnen
zusammen mit den Kindern Vietnams
wo Saigon nicht mehr länger ist
eine Coca- & Pepsi-Stadt

(um 1975)

Ein breites Bündnis

Aus der Gründungserklärung der von über 700 Organisationen getragenen Vereinigten Demokratischen Front (UDF). Verabschiedet am 20./21. August 1983 in Kapstadt.

Wir, das freiheitsliebende Volk von Südafrika, bekunden der ganzen Welt mit einer Stimme: Wir werden an der Vision eines vereinten demokratischen Südafrika auf der Grundlage des Volkswillens festhalten und durch vereinte Aktionen gegen das Übel der Apartheid und ökonomische und alle anderen Formen von Ausbeutung für die Einheit unseres ganzen Volkes eintreten und uns auf unserem Weg zu einem freien und gerechten Südafrika von diesen ehrenhaften Idealen leiten lassen.

[...]

Wir beschließen daher, in unserem gemeinsamen Kampf Schulter an Schulter zu stehen, und verpflichten uns zusammenzuarbeiten, um alle Community-, Arbeiter-, Studenten-, Frauen-, Religions- und andere Organisationen unter dem Banner der Vereinigten Demokratischen Front zu organisieren und zu mobilisieren, unser Volk regelmäßig und gewissenhaft zu konsultieren und unerschrocken uns dafür einzusetzen, ihre Ansichten und Wünsche zu vertreten, alle über kommende Gefahren und die Notwendigkeit zur Einheit zu unterrichten, alle Organisationen des Volkes aufzubauen und zu festigen und in der Aktion gegen diese Gesetze und andere tagtäglich unser Volk betreffende Probleme gemeinsam zu handeln.

«Die dunkelste Stunde, heißt es, ist die vor der Morgendämmerung. Wir erleben die Geburtswehen eines neuen Südafrikas, eines freien Südafrikas, wo wir alle, Schwarz und Weiß zusammen, uns bei den Händen halten werden, während wir auf unserem Freiheitsmarsch vorwärtsschreiten, um ein neues Südafrika herbeizuführen, in dem Menschen etwas bedeuten, weil sie menschliche Wesen sind, geschaffen nach dem Ebenbild Gottes... Laßt uns alle, Schwarz und Weiß zusammen, nicht von Mutlosigkeit und Verzweiflung überwältigt werden... Denn wir alle, Schwarz und Weiß gemeinsam, werden siegen; nein, wir haben in der Tat bereits gesiegt.»

Bischof Desmond Mpilo Tutu (1977).

«Du bist ein Afrikaner. Nimm das ganz an. Lösungen müssen im Land gefunden werden, mit den Menschen, allen Menschen. Niemand ist frei von Schuld. Einen Himmel gibt es nicht. Bekämpfe den Dogmatismus. Versuche, ein Gespräch zu erzwingen, versuche, es offen zu halten, ehrlich zu erkennen, wo es Unterschiede in den Beweggründen und den Kampfformen gibt. Selbsterkenntnis bedeutet nicht Selbsterniedrigung oder Ablehnung deiner selbst... Erwarte weder von dir noch von anderen, ein Held zu sein. Urteile nicht über Menschen. Denke jedoch daran, daß Veränderung bedeutet, gegen Trägheit anzugehen, und zwar zuallererst gegen die eigene. Hab Geduld und mach dir klar, daß es nie irgendwo eine vollkommene Gesellschaft geben wird. Mach weiter.»

Breyten Breytenbach (1983).

6
Südafrika und wir

Was treiben wir Deutschen in Afrika?
  Hört, hört!
Die Sklaverei wird von uns allda
  zerstört.
Und wenn so ein Kaffer von uns nichts will,
Den machen wir flugs auf ewig still.
  Piff, paff, piff, paff, hurra!
  O glückliches Afrika!

Wir haben gar «schneidige Missionär»,
  Juchhei!
Den Branntwein, den Krupp und das
  Mausergewehr
  Die drei.
So tragen «Kultur» wir nach Afrika.
Geladen! Gebt Feuer! Halleluja!
  Piff, paff, piff, paff, hurra!
  O glückliches Afrika!

Aus einem satirischen Lied
(Melodie: Es klappert die Mühle ...)
im «Demokratischen Liederbuch von 1898»

Christoph Plate

Deutsche zur Apartheid

«Als legitimes Kind des niederländischen und deutschen Volkes ist das Burenvolk aufgewachsen. Es will jugendfrisch sein Schicksal selbst in die Hand nehmen. Das geht nicht ohne Widerstände, denn die Weltreichidee der Briten und der burische Anspruch ‹Südafrika ist burischer Lebensraum› ringen miteinander. Wir betrachten dies Ringen mit Interesse, denn es ist verwandtes Blut, das um Anerkennung ringt.»

Hans F. Zeck, Vorwort zu seinem Buch: Kampf um Südafrika, Germanenvolk auf Vorposten, Köln 1939.

«...es wird hier nur blind auf eine Seite eingeschlagen... Südafrika wird auf die Anklagebank gesetzt..., das ist der Sache nicht dienlich.»

Helmut Kohl, CDU-Vorsitzender, nach: Die Welt, 22. Juni 1976.

«...man sollte aufhören, Südafrika Lehren zu erteilen, denn die Probleme einer so vielrassigen Gesellschaft sind nicht einfach durch Mehrheitswahlrecht zu beseitigen.»

Franz-Josef Strauß, CSU-Vorsitzender, nach: ARD-Tagesschau, 25. Juni 1976.

«In der allgemeinen öffentlichen Diskussion außerhalb Südafrikas, wo dieses Land unter dem schweren Vorwurf der Verletzung der Menschenrechte steht, wird selten hervorgehoben, daß der radikale Antikommunismus der Regierung Südafrikas, aber auch der Oppositionspartei, dieses Land automatisch nach den Ländern des Freien Westens blicken läßt. Dies bietet den westlichen Ländern und besonders auch in Deutschland beheimateten Industrien beachtliche Investitionsmöglichkeiten.»

Kai-Uwe von Hassel, ehemaliger Bundestagspräsident, nach: Kieler Nachrichten, 28. 12. 1973.

«Als Exponent eines international tätigen deutschen Großunternehmens mit einem besonderen Südafrika-Engagement habe ich bei mehrfachen Besuchen – jeweils in mehrjährigen Zeitabständen – immer von neuem die starke Dynamik erleben können, in der sich im Rahmen einer unablässigen wirtschaftlichen Weiterentwicklung das soziale und gesellschaftliche Geschehen des Landes ständig vorteilhaft verändert haben – vornehmlich im Zeichen einer laufenden Verbesserung der Daseinsbedingungen für die schwarze Bevölkerung.

Es erfüllt mich mit Genugtuung, daß auch Siemens als ein multinationales Unternehmen deutscher Prägung in Südafrika mutige und beispielgebende Beiträge geleistet hat. Im täglichen industriellen Zusammenwirken der derzeit über achttausend schwarzen, weißen, farbigen und asiatischen Siemens-Mitarbeiter wurden Gegensätze und Vorurteile überwunden, die Rassenschranken eliminiert, eine tätige Gemeinsamkeit gefunden und damit einer umfassenden Integration zum Durchbruch verholfen.»

Peter von Siemens, deutscher Industrieller, Vorwort zu: Anthony Rupert, Einheit in der Vielfalt, Seewald-Verlag 1982, nach: Medico, Südafrika.

Aus Tutus Äußerungen war «bisher zu entnehmen, daß er keine Vorstellung von den Schwierigkeiten jeder Regierung hat, ob schwarz oder weiß, die in Südafrika vor der Aufgabe steht, alle Bevölkerungsgruppen an der Macht beteiligen zu sollen und doch gleichzeitig dabei nicht die wirtschaftliche Entwicklung in Frage zu stellen. Wie würde wohl eine Regierung unter Tutu oder seinesgleichen aussehen? Was für ein Chaos würde da entstehen?»

Prof. Dr. Heinz-Dietrich Ortlieb, ehemaliger Leiter des Hamburger Weltwirtschafts-Archivs, in: Die Welt, 11. April 1985, (nach: Südafrikanischer Digest, Nr. 10, 1985).

«Es ist unzulässig, schlechterdings vom Apartheidsystem zu sprechen und alles in einen Topf zu werfen. Es gibt die sogenannte kleine Apartheid, die aber beinahe verschwunden ist. Die Beseitigung der kleinen Apartheid war die Voraussetzung für vernünftige, in die Zukunft weisende Lösungen... Die Bundesregierung weiß ganz genau, daß Südafrika seine wirtschaftliche Leistungsfähigkeit verlieren, der Lebensstandard seiner Bevölkerung, besonders der schwarzen und farbigen Bevölkerung, drastisch absinken und in der Umgebung Südafrikas Hunderttausende, wenn nicht Millionen von Schwarzen hungern und verhungern würden, wenn es zu einer Entwicklung käme, wie sie durch eine schwarze Mehrheitsregierung vorgezeichnet ist.»

Franz-Josef Strauß; CSU-Vorsitzender, in: issa, 1/84 (ppp, 5.1.1984).

«Die getrennte Entwicklung von Weißen und Bantu sieht vor, daß jede Volksgruppe ihr eigenes nationales Heimatland hat. Die Weißen dürfen in den Negergebieten kein

Land besitzen und umgekehrt. Damit bleibt den Bantu ihre traditionelle Heimat erhalten.»

Polyglott Reiseführer Südafrika, München 1970 (7. Auflage 79/80), S. 6.

Christoph Plate

Von einem der auszog, sich zu erholen

Er stand geduldig mit den anderen aus seiner Gruppe vor dem Schalter. Gleich würde er an der Reihe sein, die freundliche Dame von der Fluggesellschaft würde fragen, ob er am Fenster oder im Mittelgang sitzen wolle, ob Raucher- oder Nichtraucherblock. Auf dem Jan-Smuts-Flughafen in Johannesburg war wenig Betrieb. Durch die breite Scheibe zum Flugfeld sah er nur zwei oder drei große Flugzeuge ausländischer Gesellschaften.

«Nun geht dieser Urlaub also langsam dem Ende entgegen», dachte Michael Leutner. Er fuhr im Urlaub gerne weit weg. Der fünfunddreißigjährige Junggeselle hatte sich vorgenommen, die große weite Welt zu bereisen, solange er fliegen und Klimawechsel vertragen konnte. Er fühlte sich angezogen vom warmen Klima wie vom Unbekannten. Die Vorstellung von Palmen, Sonne, Strand und fröhlichen Menschen half ihm häufig, das Jahr bis zum nächsten Urlaub zu überstehen. Diesmal hatten ihn die Anzeigen der südafrikanischen Fremdenverkehrsbehörde gelockt: *Kommen Sie nach Südafrika. Die ganze Welt in einem Land.* Das hatte sich gut angehört. Die dreiwöchige Reise hatte zwar

4500,– DM gekostet, aber Michael Leutner verdiente gut als Versicherungsangestellter, und schließlich lebte er allein.

Er hatte früher Berichte über Südafrika im Fernsehen gesehen, Bilder von Demonstrationen. Schwarze demonstrierten, und meist weiße Polizisten begleiteten sie. Ja gut, hin und wieder war auch zu sehen gewesen, daß die Polizisten Schläge austeilten. Michael Leutner wollte sich diesen Urlaub nicht durch Politik vermiesen lassen. Natürlich, es gab wahrscheinlich Ungerechtigkeiten in Südafrika. Aber was konnte er als harmloser Tourist, als normaler Bürger im fernen Deutschland schon dagegen tun? Und schließlich konnte man sich ja auch nicht um alles kümmern. Es gab genug Probleme vor der eigenen Haustür: Arbeitslosigkeit und Asylanten oder Umweltverschmutzung.

Jetzt war er an der Reihe. Sein Gepäck wurde auf die Waage gestellt, die Angestellte der Fluglinie trennte eine Seite aus seinem Flugticket und gab ihm seine Bordkarte. Er hatte einen Platz im Mittelgang bekommen. Na, ihm war es recht. Sie würden nachts fliegen, da lohnte ein Fensterplatz sowieso nicht.

«Finden Sie sich bitte bis spätestens neun Uhr fünfzehn am Ausgang B ein. Von dort bringt Sie ein Bus zum Flugzeug», sagte die Frau.

Michael Leutner bedankte sich. Unschlüssig blieb er in der Mitte der Abfertigungshalle stehen. Er wollte sich hier noch für eine Weile in einen Sessel setzen, bevor er durch die Paßkontrolle gehen und mit der Rolltreppe nach unten in den Abflugraum fahren würde. Die anderen Menschen, die hier saßen, lasen Zeitung oder unterhielten sich. Hin und wieder kam jemand aus seiner Reisegruppe vorbei. Er nickte dann nur kurz und bemühte sich, so unbeteiligt zu gucken, daß sich niemand zu ihm setzte. Ihm war nicht nach Unterhaltung zumute. – Seine Mutter war über seine Reisepläne besorgt gewesen. Ein Anruf bei der südafrikanischen Botschaft hatte sie beruhigt. Man hatte ihr gesagt, daß die Berichte der Medien über Südafrika übertrieben sind. Südafrika sei ein absolut sicheres Reiseland, und die Gefahr, daß einem etwas zustieße, sei etwa so groß wie die Chance, im Lotto zu gewinnen oder im Zentrum von Johannesburg einem Elefanten zu begegnen. Im Polyglott-Reiseführer hatte Leutner gelesen, daß in Südafrika die verschiedenen Hautfarben fortschrittlich nebeneinanderher lebten und daß das Land am Kap ein ideales Reiseland sei, in dem der Tourist den hämmernden Rhythmus urwüchsiger Negertänze, aber auch die Ausdrucksformen europäischer Zivilisation in den zahllosen Theatern und Konzerthallen finden kann.

Und er hatte wirklich gut gelebt hier. Wo waren sie mit ihrer Reisegruppe, organisiert von einer deutschen Kaufhauskette, nicht überall gewesen: Johannesburg, Kapstadt, die schönste Stadt, die er jemals gesehen hatte. Der Wein war gut in der Kap-Provinz und die Menschen freundlich. Er hatte im Indischen Ozean gebadet und war am Atlantik spazierengegangen. Er hatte am Kap der Guten Hoffnung gestanden, sich Durban angeschaut und – er war braun geworden. Die Kollegen im Büro würden ihn beneiden. Doch obwohl er sich oft genug sagte, daß der Urlaub gut gewesen sei: immer wieder kam dieses ungute Gefühl, das Gefühl, sich nicht richtig freuen zu können.

Leutner stand aus seinem Sessel auf und holte sich von der gegenüberliegenden Bar eine Cola. Er schaute auf das Rollfeld. Noch hatte er über eine Stunde Zeit. Einige Erlebnisse in diesem Land, vielleicht nur Kleinigkeiten, beschäftigten ihn. Gleich bei der Ankunft vor drei Wochen, hier auf demselben Flughafen, hatte er diese beiden schwarzen Männer gesehen. Sie hatten Arbeitsanzüge getragen, die ihnen zu groß waren. Mit langstieligen Fegern, die wie Straußenfedern aussahen, hatten sie Zigarettenkippen auf ein Blech gefegt. Leutner hatte mit seiner Reisegruppe am Busbahnhof für Weiße vor dem Flughafengebäude gestanden. Der Gesichtsausdruck der beiden Schwarzen war stumpf und leer gewesen. Leutner hatte versucht, den beiden aufmunternd zuzunicken, aber sie hatten nicht reagiert. Ihre Haltung war gebeugt gewesen. Einen Moment lang hatte diese Szene ihn bedrückt, doch dann war er von der fröhlichen Stimmung in seiner Reisegruppe mitgerissen worden. Die Gruppe war bunt gemischt aus alten und jungen Teilnehmern. Einige der älteren Damen und Herren waren schon häufiger in Südafrika gewesen und hatten bereits während des Fluges vom angenehmen Klima geschwärmt.

Die ganze Fahrt war ausgezeichnet organisiert: eine gelungene Mischung aus Besichtigung und Erholung. Das Leben in den Hotels war angenehm. Einmal, es war wohl in Kapstadt, hatte er einen schwarzen Kellner im Hotel gefragt, wieviel er verdient.

«Zwischen 250 und 300 Rand», war die Antwort gewesen. Ob das denn genug wäre, hatte Leutner wissen wollen.

«Wissen Sie, ich bin froh, überhaupt einen Job zu haben. Diese ganzen Unruhen und Streiks gefallen mir überhaupt nicht. Wenn Sie mich fragen, Boss, ich glaube, da stecken die Kommunisten hinter.»

Von 200 Mark leben zu müssen, das konnte sich Leutner nicht vorstellen. Doch er hatte auch das Gefühl, daß der

Kellner nur gesagt hatte, was von ihm erwartet wurde, wenn Weiße nach seiner Meinung über Rassentrennung oder Unruhen fragten.

Am folgenden Tag waren sie dann an die Garden Route gefahren, und Leutner hatte den Vorfall schnell vergessen. Sie waren nach George geflogen und von dort mit einem bequemen Reisebus in Richtung Port Elisabeth gefahren. Die gut ausgebaute Straße zog sich durch sanfte hügelige Wälder, vorbei an kleinen Ortschaften, umgeben von üppig wucherndem Grün.

Dann wieder führte die Straße direkt ans Meer, so wie in Wilderness, wo die Wellen mit Schaumkronen an den weißen Sandstrand schlugen. Einmal versperrte eine Pavianfamilie dem Bus die Weiterfahrt. Die Affen lausten sich eine Weile gegenseitig und trotteten dann seelenruhig von der Straße. Das Oberhaupt der ganzen Sippe, die aus 10–15 Tieren bestand, wartete auf der Straße, bis alle Paviane, von Menschen ungestört, im Wald verschwunden waren. Dann bequemte auch er sich, in gemächlichem Tempo die Straße zu räumen. Sie hatten gelacht über diese Tiere, doch der Reiseleiter hatte sie gewarnt, vor allem mit den männlichen Tieren wäre nicht zu spaßen.

Knysna, dieser kleine beschauliche Ort an einer Lagune, die ins Meer führte, hatte ihm besonders gefallen. Der Wald begann gleich außerhalb des Ortes, der Ausgang der Lagune gab den Blick auf das Meer frei, und oberhalb der Ortschaft sah man schon die Berge. Diese Strecke machte ihrem Namen «Garten-Straße» alle Ehre. Bei so viel schöner Natur erholte sich Michael Leutner schnell.

Merkwürdig, daß ihm alle diese kleinen Begebenheiten jetzt wieder einfielen, als er hier am Flughafen saß. Dann hatte er noch diese Geschichte am Strand nördlich von Durban erlebt. Alle in der Gruppe waren geschockt gewesen, sogar diejenigen, die schon häufiger in Südafrika waren. Der Reiseleiter hatte ihnen empfohlen, an diesem Strand zu baden. Der Bus war von der Straße auf einen mit Pinien umgebenen Parkplatz gefahren. Von dort waren sie durch die mit kräftigem und rotblühendem Buschwerk bewachsenen Dünen an den Strand gelangt. Auch hier wieder konnten sie weißen Strand und blaues Wasser genießen, fast für sich allein. Es war eine Wohltat, nach dem anstrengenden Tag voller Besichtigungen im schwülen Durban ein erfrischendes Bad im Meer zu nehmen. Auf einmal waren zwei farbige Kinder am Strand. Niemand wußte, wie die beiden dorthin gekommen waren. Dieser Strand war für Weiße reserviert, darauf wies ein Schild am Parkplatz hin.

Die beiden Kinder, vielleicht acht Jahre alt, waren ärmlich gekleidet und spielten ausgelassen miteinander. Ein weißer Strandwärter wollte die beiden vertreiben und scheuchte sie hinter die Dünen. Doch nach einer Weile waren sie wieder da. Niemand aus der Reisegruppe hatte an ihnen Anstoß genommen. Als der Strandwärter sie wieder erblickte, wurde er wütend. Er lief auf die beiden verängstigten Kinder zu, trat ihnen ins Hinterteil, nahm sie grob an den Händen und zog sie im Eilschritt zu seinem Unterstand. Nach einer Weile tauchte ein Polizeiwagen auf. Aus der Entfernung sah Leutner, wie die beiden Jungen auf die vergitterte Ladefläche des Wagens gestoßen wurden und der Wagen abfuhr.

«Wer weiß, vielleicht haben sie etwas gestohlen. Auch wenn man Kind ist, muß man die Gesetze einhalten», versuchten sich einige Mitglieder der Reisegruppe gegenseitig zu beruhigen.

Leutner ahnte, daß dies keine Erklärung für den Vorfall war. Aber er wollte ein angenehmes Bild von Südafrika behalten, sich an die schönen Seiten dieses Landes erinnern können. Eigentlich hatte Leutner gestern an einer Fahrt durch Soweto, der großen Vorstadt für Schwarze, teilnehmen wollen. Doch er fürchtete, auch hier wieder vielen Problemen zu begegnen. Daß es den Schwarzen hier nicht ganz so gut ging wie den Weißen, das wußte er ohnehin. Statt dessen hatte er sich dann einer Besichtigung des Johannesburger Zoos angeschlossen.

Der Urlaub hätte sicherlich harmonisch enden können, wenn da nicht gestern abend dieser Herr Meyrich an der Hotelbar gewesen wäre. Der hatte schuld, daß Michael Leutner sich nicht richtig über diesen gelungenen Urlaub freuen konnte. Dabei sollte er sich auf die Begrüßung durch Freunde und Bekannte zu Hause freuen, anstatt hier im Sessel vor sich hin zu grübeln. Leutner nippte an seiner Cola.

Nur ein Glas Bier hatte er gestern abend noch in der Hotelbar trinken wollen. Er wollte nicht zu spät ins Bett, da ihm in der nächsten Nacht der Flug nach Europa bevorstand. Wilhelm Meyrich war auch Deutscher und lebte seit drei oder vier Jahren bei Johannesburg. Es war wohl mehr Zufall oder Durst gewesen, der ihn nach einer Konferenz in der Stadt noch in die Bar geführt hatte. Dort waren die beiden etwa gleichaltrigen Männer ins Gespräch gekommen. Meyrich arbeitete für die Deutsch-Südafrikanische Handelskammer in Johannesburg. Seine Aufgabe war es, Verbindungen herzustellen zwischen deutschen und südafrikanischen Unternehmen, bei Vertragsabschlüssen zu helfen, kurz: die Interessen der deutschen Wirtschaft in Südafrika zu vertreten.

«Das Geschäft ist gut hier, trotz des ganzen Geredes über Sanktionen. Fast vierhundert deutsche Unternehmen haben Niederlassungen und Fabriken. All die bekannten Namen von VW und Mercedes über Bayer und Hoechst bis zu Telefunken und Nixdorf. Na ja, Sie werden ja die Werbetafeln gesehen haben. Noch 'n Bier für Sie?»

Leutner nickte, und schon hatte der Barkeeper eine neue Flasche Lion-Laager vor ihn gestellt. Eigentlich hatte Leutner keine große Lust, über Geld und Wirtschaft zu reden, schließlich war er zur Erholung hier. Aber ihn beschäftigte das Gespräch mit dem schwarzen Kellner in Kapstadt. So fragte er schließlich seinen neuen Bekannten nach den Lebenshaltungskosten in Südafrika.

«Also, ich bekomme umgerechnet 7500 Mark im Monat, und davon kann ich hier ganz gut leben», sagte Meyrich. «Meine Familie hat gut zu essen, wir haben ein Haus, zwei Autos und drei Bedienstete.»

«Aber das habe ich nicht gemeint», erwiderte Leutner und erzählte von seinem Erlebnis in Kapstadt. Meyrich schien nicht verwundert. «Also 250 Mark ist für Schwarze hier ein ganz guter Durchschnittslohn. Irgendwie kommen die damit klar. Ich weiß zwar nicht wie, aber es geht. Wenn die Löhne sehr viel höher wären, dann wäre es doch gar nicht mehr interessant, hier zu produzieren. Das muß man ja auch mal von dieser Warte aus sehen. Und trotz all der Unruhen hier machen die deutschen Unternehmen weiter. Die wollen die Arbeitsplätze sichern und natürlich auch verhindern, daß das ganze Land im Chaos versinkt.»

«Wieviel bekommen Ihre Angestellten?» wollte Leutner wissen.

«So zwischen 150 bis 210 Mark. Zwei der Leute, der

Gärtner und der Koch, haben gar keine gültige Aufenthaltsgenehmigung mehr. Die müssen also froh sein, daß sie überhaupt einen Job haben, und ich gehe auch noch ein Risiko ein, indem ich sie illegal beschäftige. Aber sie können ganz gut arbeiten, also behalte ich sie.»

Ob er denn nicht manchmal Angst hätte, wenn Unruhen ausbrechen. «Nein, soviel bekommen wir davon gar nicht mit. Außerdem muß ich hierbleiben. Ich muß unsere Interessen vertreten. Sehen Sie mal, die deutschen Banken geben Kredite über Millionen und Milliarden Mark an die südafrikanische Regierung. Wenn die dann Computer, Hubschrauber oder technisches Know-how kaufen wollen, muß ich mich bemühen, daß sie deutsche Produkte kaufen.»

Leutner wunderte sich, wozu man hier deutsche Hubschrauber und Computer brauchte.

Meyrich druckste herum. «Ja, das war jetzt eigentlich nur ein Beispiel. In diesem Fall für die Polizei. Was die damit machen, das kann ich nur ahnen. Sie wissen schon, Kontrolle, Paßgesetze, Demonstrationen. Aber da kann ich mir keine Gedanken darüber machen. Geschäft ist Geschäft.»

Leutner hatte darauf nicht mehr weiter nachgefragt, er hatte sich nach einigen Glas Bier mit seinem Landsmann lieber darauf geeinigt, daß Werder Bremen der beste Fußballklub in der Bundesrepublik ist. Doch seine Stimmung war seither in ein bedenkliches Tief geraten. Und das hatte angehalten bis zum heutigen Tag.

Es war halb neun. Er saß noch immer in seinem Sessel in der Abfertigungshalle des Jan-Smuts-Flughafen. Er verstand nicht viel von Wirtschaft. Die Wirtschaftsseite in seiner Zeitung überschlug er immer.

Meyrich hatte ihm zum Abschied, als die Bar schloß, noch

erzählt, daß die Unternehmen hier aus einem riesigen Arbeitskräftereservoir schöpfen könnten. Wenn jemand entlassen würde, dann wären gleich zehn andere da, die diese Stelle übernehmen wollten.

Leutner stand auf und ging langsam auf den Durchlaß zu, an dem die Pässe kontrolliert wurden. In einem der großen Hallenfenster sah er sein Spiegelbild. Er war braungebrannt. Am Durchlaß verglich der Beamte flüchtig das Paßbild mit Leutners Gesicht. Er drückte einen Stempel in den Paß und sagte: «Ah, aus Deutschland! Viele Touristen, gute Autos. Gute Reise, junger Freund.»

Leutner nahm seinen Paß. Schweigend ging er auf die Rolltreppe zu.

(1985/88)

Horst Heidtmann

Geld für Südafrika

Südafrika braucht Geld, um seine Wirtschaft weiter ausbauen zu können. Für Polizisten, Soldaten, Waffen, Regierungspropaganda werden Riesensummen ausgegeben. Der Präsident der südafrikanischen Notenbank versucht, in Europa neue Kredite zu bekommen. Südafrika hatte noch nie so große Zahlungsschwierigkeiten wie 1985. Etliche Banken in Europa und den USA haben ihre Geschäftsbeziehungen zu Südafrika eingestellt und ihr Geld aus Südafrika abgezogen. Dennoch gibt es in der Bundesrepublik, in Österreich und der Schweiz noch immer zahlreiche Banken, deren Kredite zum Fortbestand der Apartheid beitragen. Der Weltkirchenrat in Genf hat im Juni 1985 eine Liste derjenigen Banken veröffentlicht, die engere Geschäftsbeziehungen zu Südafrika unterhalten:

Bundesrepublik: Baden-Württembergische Bank · Badische Kommunale Landesbank-Girozentrale · Bankhaus Hermann Lampe · Bayerische Hypotheken- und Wechselbank · Westfalenbank · Bayerische Landesbank-Girozentrale · Bankhaus Aufhäuser · Bayerische Vereinsbank · Bankhaus Bethmann · Bankhaus Behrenberg, Gassler · Berliner Bank · Berliner Handels- und Frankfurter Bank · Bremer Landesbank · Commerzbank · Richard Daus Bankiers · Bankhaus Delbrück · Deutsche Bank · Deutsche Girozentrale · Deutsche Kommunalbank · Deutsche Genossenschaftsbank · Dresdner Bank · Bankhaus Reuschel · Deutsche Siedlungs- und Landesrentenbank · Hamburgische Landesbank-Girozentrale · Bankhaus Georg Hauck & Sohn · Hessische Landesbank-Girozentrale · Kreditanstalt für Wiederaufbau · Landesbank Rheinland-Pfalz-Girozentrale · Landesbank Saar-Girozentrale · Landesbank Schleswig-Holstein-Girozentrale · Landesgirokasse Öffentliche Bank und Landessparkasse · Bankhaus Merck, Finck · Bankhaus Metzler Seel · Norddeutsche Landesbank-Girozentrale · Bankhaus Sal. Oppenheim Jr. · Bankhaus Schröder, Münchmeyer, Hengst · Vereins- und Westbank · Bankhaus Warburg-Brinckmann · Wirtz · Westdeutsche Genossenschafts-Zentralbank · Westdeutsche Landesbank-Girozentrale · Württembergische Kommunale Landesbank-Girozentrale

Schweiz: Banca della Svizzera Italiana · Bank Julius Baer · Bank Leu · Bank J. Vontobel · Banque de Dépôts · Compagnie de Banque et d'Investissements · Credit Suisse · Nordfinanz · Overland Trust Banca · Bankhaus A. Sarasin · Schweizerische Hypotheken- und Handelsbank · Schweizerische Bank Gesellschaft · Schweizer Volksbank · Unionbank Schweiz · Verband Schweizerischer Kantonalbanken

Österreich: Allgemeine Sparkasse, Bank Gebr. Gutmann NFG. · Creditanstalt-Bankverein · Genossenschaftliche Zentralbank · Girozentrale und Bank der Österreichischen Sparkassen · Österreichische Länderbank · Salzburger Sparkasse · Zentralsparkasse und Kommerzialbank.

Kirchliche Organisationen und Anti-Apartheid-Gruppen in aller Welt fordern ihre Anhänger auf, ihre Banken zu fragen, ob sie Geld nach Südafrika geben, und sie rufen dazu auf, keine Konten mehr bei Banken zu unterhalten, die mit ihrem Geld direkt oder indirekt die Apartheid in Südafrika stützen.

Musterbrief:
Sehr geehrte Damen und Herren,
durch Zufall hörte ich, daß Banken und Sparkassen Bankengeschäfte mit Südafrika abwickeln, womit sie das dortige Apartheid-System stützen.

Von Banken verstehe ich nicht viel. Aber von Südafrika: Ich bin betroffen, daß dort Menschen nach Rasse eingeteilt und Dunkelhäutige benachteiligt werden – wie Juden im unseligen «Dritten Reich». Ich bin betroffen, daß dort Bürger zwangsweise zu Ausländern gemacht und gegen ihren Willen umgesiedelt werden – auch das hatten wir, die Zwangsverschleppung und Ausstoß aus der «Volksgemeinschaft». Und ich bin betroffen, daß in Südafrika pro Stunde durchschnittlich drei schwarze Kinder an Unter- und Fehlernährung sterben – während sich die weiße Bevölkerungsminderheit den größten Teil des Einkommens und der natürlichen Reichtümer aneignet und ihn mit Militär, Folter und Zensur zu erhalten sucht.

Ich möchte nun von Ihnen wissen, ob auch Sie an Geschäften mit und in Südafrika beteiligt sind; ob auch mein Geld direkt oder indirekt der Stützung dieses «Verbrechens gegen die Menschlichkeit» (UNO) dient.

Aus der Zeitung konnte ich kürzlich entnehmen, daß Banken in anderen westlichen Ländern keine Südafrika-Geschäfte mehr tätigen. Z. B. die weltgrößte Privatbank, die Citibank in New York. Können Sie sich dem nicht anschließen?

Wenn nicht, sehe ich mich – obwohl ich bisher zufrieden war – gezwungen, mein Konto bei Ihnen zu kündigen.

Ich bedanke mich für die ausführliche Beantwortung meiner Fragen.

Mit freundlichem Gruß

(1985)

«Alle Staaten werden aufgerufen, bestehende Kulturabkommen mit Südafrika zu kündigen und jegliche sonstige kulturelle und akademische Zusammenarbeit mit Südafrika, inklusive des Austauschs von Wissenschaftlern, Studenten sowie die Zusammenarbeit in Forschungsprogrammen zu beenden. Die Auswanderung nach Südafrika soll verboten werden.»

Resolution der 36. UNO-Generalversammlung 1981 (mit 123:8:13 Stimmen angenommen).

Horst Heidtmann

Waffen für die Apartheid

Es ist der 24. September 1984, fast sechs Uhr, bald wird es dunkel. Ein schwarzes Township, wie es viele in Südafrika gibt. Kleine, einfache Häuser, alle sehen gleich aus. Streichholzschachtelhäuser. Die Toilette ist in einem kleinen Verschlag im Hof, neben dem Haus. Die Familie Mgudlwa sitzt vor dem Fernsehapparat, Vater, Mutter, vier Geschwister. Nur der zehnjährige Nikolaus Mgudlwa ist noch draußen, um Holz zu hacken.

Es ist fast ein beschaulicher Abend. Hinter der Township, in den Hügeln, scheint das Rot der untergehenden Sonne mit der roten Erde zu verschmelzen. Seit längerem hat es hier keine Demonstrationen und Unruhen gegeben. Der Vater, Samson Mgudlwa, sieht aus dem Fenster. Ein weißer Kombi der Polizei fährt jetzt die Straße entlang. Da fällt ein Schuß. Alle schrecken zusammen. Samson reißt die Haustür auf, um seinen Sohn Nikolaus schnell ins Haus zu rufen. Schon von der Tür aus sieht er, daß Nikolaus auf dem Boden liegt. Er läuft zu ihm. Dabei hört er noch, wie auf der Straße der Kombi beschleunigt und dann wieder leiser wird, weil er um die nächste Ecke biegt.

«Ich trug Nikolaus ins Haus. Er war schlaff und blutete heftig auf der linken Kopfseite. Ich brachte das Kind in ein Krankenhaus. Ich fand ein Gummigeschoß auf dem Boden an der Stelle, wo er erschossen worden war.»

Der zehnjährige Nikolaus Mgudlwa war tot, getroffen von einem Gummigeschoß, das ziellos aus einem Polizeifahrzeug abgefeuert wurde. Ein sinnloser Tod. Doch in Südafrika mittlerweile fast ein alltäglicher Tod. Die Trennung der Menschen nach ihrer Hautfarbe, die Ausbeutung der Schwarzen und die Privilegien für Weiße lassen sich nur durch Waffengewalt aufrechterhalten.

Südafrika ist die stärkste Militärmacht im südlichen Afrika. Seit Ende der sechziger Jahre wird die eigene Rüstungsindustrie ausgebaut. Auf dem Weltmarkt wird modernstes Kriegsgerät gekauft. Die südafrikanische Polizei ist bis an die Zähne bewaffnet: Aus Kleinkalibergewehren der westdeutschen Firma Heckler & Koch schießen Polizisten auf schwarze Demonstranten; aus Kampfhubschraubern der Firma Messerschmitt-Bölkow-Blohm versprühen Polizisten Lackspray, damit schwarze Demonstranten bei anschließenden Razzien leichter verfolgt werden können; der Unimog-LKW von Daimler-Benz bringt südafrikanische Polizisten und Soldaten sicher in die «Aufruhrgebiete».

Da von Südafrika eine «Bedrohung des Friedens» ausgeht, beschloß der Weltsicherheitsrat der Vereinten Nationen schon 1963 ein zunächst «freiwilliges» Waffenembargo; am 4.11.1977 verhängte er dann ein völkerrechtlich bindendes Verbot, nach dem Rüstungsverkäufe jeglicher Art an Südafrika untersagt sind. Dieses Verbot ist auch für die Bundesregierung und alle Unternehmen in der BRD verbindlich. Außerdem schreiben der Artikel 25 des Grundgesetzes und das Kriegswaffenkontrollgesetz vor, daß aus der BRD keine Waffen und Rüstungsgüter in «Spannungsgebiete» geliefert werden dürfen.

Dennoch wurden im Zeitraum nach der Verabschiedung

des Waffenembargos von westdeutschen Firmen an Südafrika u. a. geliefert:

- von Daimler-Benz und MAN Lizenzen und Fabrikanlagen zur Herstellung von Motoren für Jeeps und Panzerfahrzeuge;
- von Daimler-Benz über 1900 Unimog-LKWs in Militärausführungen;
- von Magirus Deutz über 3000 Militär-LKWs;
- von verschiedenen Lieferanten Gewehre, Revolver, Waffenteile, Geschosse, Kartuschen, Sprengstoff;
- von MBB Hubschrauber, die für den Einsatz in den «Aufruhrgebieten» bestimmt sind;
- von AEG, MAN und Siemens ein elektronisches Luft- und Seeüberwachungssystem;
- von Rheinmetall, Junker, WASAG u. a. eine Munitionsabfüllfabrik;
- von Varian MAT, MAN/GHH, STEAG u. a. Einrichtungen für die südafrikanische Urananreicherungsanlage (angereichertes Uran läßt sich für den Bau von Atombomben verwenden).

Trotz weltweiter Proteste werden deutsche Waffenlieferungen an Südafrika fortgesetzt, geht die Aufrüstung weiter, werden weiter Menschen einen sinnlosen Tod sterben.

Bischof Tutu, 1980: «Weder die modernsten Waffen noch die besten Streit- und Polizeikräfte werden dem weißen Südafrika wirkliche Sicherheit garantieren, denn die wird erst kommen, und zwar automatisch, wenn wir alle, Schwarze wie Weiße, wissen, daß wir als gleichwertig gelten im Land unserer Geburt...»

(1985)

Christoph Plate

Indiskretion

Durch gute Kontakte zu einem Computer-Hacker ist es den Herausgebern gelungen, zwei Texte aus dem Telegramm-Computer des Bundeskanzleramtes zu bekommen. In diesem Telegramm-Computer sind Glückwunsch- und Beileidsbekundungen für alle möglichen Fälle von Regierungsumstürzen, Todesfälle von Präsidenten und nationale Katastrophen eingegeben. Lediglich das Datum und eventuell die Namen der Absender müssen den jeweiligen Gegebenheiten angepaßt werden.

Das erste Telegramm schließt mit «gez. der Bundeskanzler und seine gesamte Regierung». Wir dokumentieren Auszüge:

«Sehr geehrter Herr Präsident der Freien Republik Südafrika!

Ich, als Bundeskanzler der Bundesrepublik Deutschland, möchte Ihnen und Ihrer Regierung meine herzlichen Glückwünsche zur, und lassen Sie mich das hier mit aller Offenheit sagen, Überwindung des unmenschlichen Apartheidsystems aussprechen. Mich erfüllt es an diesem besonderen Tage mit persönlichem Stolz, daß meine Bemühungen, und die meiner Kollegen aus Politik, Wirtschaft, Militär und Forschung, bei der Überwindung der rassistischen Minderheitsregierung des Herrn Botha nach all den Jahren des unermüdlichen Kampfes gegen die bösen Kräfte des Rassismus von Erfolg gekrönt sind. Immer wieder haben wir uns gegen die Apartheid ausgesprochen und versucht, durch direkte Kontakte zu ihrem Vorgänger Herrn Botha und durch Investitionen in

Südafrika die schrecklichen Auseinandersetzungen in ihrem Land zu beeinflussen. Die Unabhängigkeit für ihr Land gibt unserer häufig kritisierten Politik Recht. Hochachtungsvoll –»

Das zweite Telegramm ist an Herrn Pieter W. Botha, Wilderness/Cape gerichtet:

«Sehr geehrter Herr Botha,
lieber Pieter,

ein großer Philosoph soll einmal gesagt haben, ‹die Zeit ist nicht aufzuhalten›, und ich denke, das beschreibt Deine Situation als entmachteter Präsident Südafrikas sehr eindringlich. Was soll ich, auch im Namen meiner Regierung, Dir sagen, lieber Pieter: Wir haben über Jahre hinweg unser Bestes gegeben, haben Wirtschaftskontakte eingefädelt, Euch Rüstungsgüter beschafft, Franz-Josef Strauß hat Dich regelmäßig besucht und sich dafür heftige Schelte von der Opposition eingefangen.

Denke nur mal an die zahlreichen Kredite, die Ihr von unseren Banken bekommen habt, an die U-Boot-Pläne aus Kiel, an die Anlage zur Urananreicherung, die meine Vorgänger immerhin unter Umgehung internationaler Boykotte nach Südafrika geschafft haben.

An Zeichen unseres guten Willens, Dich und Deine Regierung zu stärken, gab es wahrlich keinen Mangel, lieber Pieter. Als Strauß im Januar 1988 von seiner letzten Reise aus Südafrika zurückkam, mußte ich als Bundeskanzler meinen Kopf hinhalten, mich schützend vor ihn stellen und der Öffentlichkeit versichern, daß sich an unserer Südafrika-Politik nichts ändert.

Finden wir uns mit den Gegebenheiten ab, mein lieber Pieter. Dein schönes Land wird jetzt von den Schwarzen regiert, und Du kannst dabei zuschauen, ganz bequem, von Deinem Lehnstuhl in Wilderness aus.
Gott zum Gruße, Dein Kanzler»

(1988)

Horst Heidtmann

Stimmen zum Boykott

Die Rassendiskriminierung in Südafrika hat seit Jahrzehnten immer wieder Forderungen nach einem Abbruch der Wirtschaftsbeziehungen, nach einem Boykott südafrikanischer Erzeugnisse hervorgerufen. Auf Vollversammlungen der Vereinten Nationen werden seit 1962 Resolutionen verabschiedet, die die Staaten der Welt zu Sanktionen und zum Boykott aufrufen. Besonders nach der blutigen Niederschlagung der Schüler-Aufstände von Soweto im Jahre 1976 mehrten sich international Stimmen für eine Handelssperre. Politiker der westlichen Welt, auch Vertreter bundesdeutscher Parteien und Gewerkschaften haben sich in den letzten Jahren gegen solche Boykottmaßnahmen ausgesprochen, weil dies ihrer Meinung nach den ohnehin in Südafrika Benachteiligten schaden würde. Die Führer der südafrikanischen Bürgerrechtsbewegung sprechen sich in ihrer großen Mehrheit für einen Boykott aus. Mittlerweile fordern auch in der Bundesrepublik Gewerkschafter, Vertreter von politischen, kirchlichen Organisationen und Frauengruppen von der Regierung, die Beziehungen zu Südafrika abzubrechen, und rufen gleichzeitig die Bevölkerung auf, keine Früchte, keine Konserven, keine Weine aus Südafrika zu kaufen.

Was sagen Betroffene? Wem nützt ein Boykott, wem schadet er?

«Jeder Kauf eines südafrikanischen Produktes ist ein neuer Baustein für die Mauer unseres Fortbestehens. Jedes Handelsabkommen, jede Bankanleihe, jede neue Investition ist ein weiterer Baustein...»

Balthazar Johannes Vorster (1972)

«Ich möchte dringend bitten, daß Sie sich nicht vom Handeln abschrecken lassen durch den von unseren Unterdrükkern oft geäußerten Vorwand, Boykotte und Sanktionen werden über uns Schwarze mehr Leiden bringen als über die weißen Südafrikaner. Wir sind bereit zum Leiden, das uns zur Befreiung führt – wie es das Schicksal aller Unterdrückten seit eh und je war.» *Albert Luthuli (1963)*

«Auslandsinvestitionen unterstützen natürlich das System, erhalten den Status quo. Sie helfen der südafrikanischen Regierung, so weiterzumachen wie bisher. Sie verlängern das Leiden der Schwarzen...

Ich bin der festen Überzeugung, daß, wenn es absolute Solidarität des Auslands im Verhängen von Sanktionen gegen Südafrika geben würde, daß dann aller Wahrscheinlichkeit nach Gewalt in Südafrika vermieden werden könnte bei der Konfliktlösung; ich meine, die Gewalt der Konfrontation. Ganz wird man die Gewalt nicht mehr vermeiden können. Wirtschaftsboykott könnte wahrscheinlich Blutvergießen verhindern, aber nur, wenn er total ist.»

Helen Joseph (1980)

«Ich weiß, daß es viele Leute gibt, die sagen, wenn keine Gelder und kein Investitionskapital mehr nach Südafrika fließen, sind es die Schwarzen, die darunter am meisten leiden würden. Die Frage, die nun die Schwarzen stellen, ist die: ‹Wenn ihr sagt, die Schwarzen werden leiden – was glaubt ihr denn, was sich zur Zeit abspielt? – Glaubt ihr denn, wir sind glücklich? – Glaubt ihr, wir leben, ohne zu leiden, schrecklich zu leiden?›

Ich glaube, daß viele von uns sagen würden: ‹Unser derzeitiges Leiden ist ein Leiden, dessen Ende nicht abzusehen ist; wenn wir jedoch für ein Ziel litten, wäre es ein Leiden, das ein Ende hätte.› Dies, so möchte ich betonen, ist die letzte Chance in unserem Land, die Veränderung friedlich herbeizuführen. Ich hoffe, es gibt Menschen in Ihrem Lande, die dies begreifen können.» *Bischof Desmond Tutu (1978)*

Christoph Plate

Botha kommt – Eine Aktion

Ein Aktionsbündnis Hamburger Anti-Apartheid-Gruppen verschickte an Presse, Funk und Fernsehen ein Telegramm. Mit einem riesigen Pappmaché-Kopf marschierte ‹P. W. Botha›, flankiert von ‹Leibwächtern›, durch die Hamburger Innenstadt und erregte Aufsehen.

An die Passanten wurden Informationsblätter zur Kooperation zwischen Hamburg und der Regierung in Pretoria verteilt und auf einer abschließenden Pressekonferenz im Rathaus auf weitere Aktionen aufmerksam gemacht.

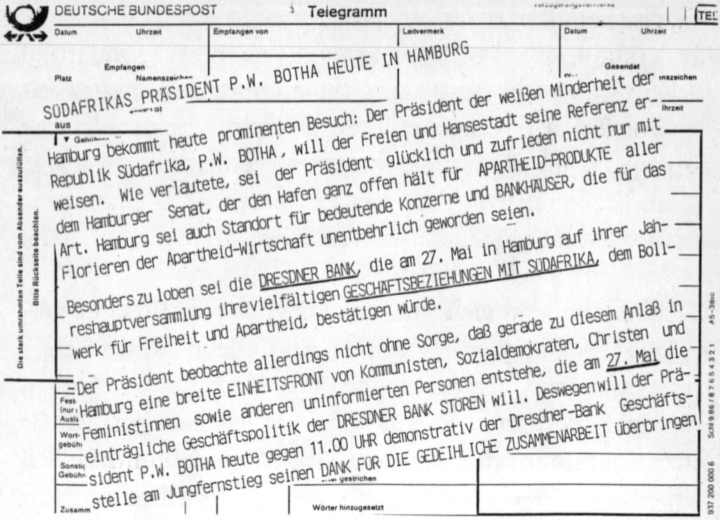

DEUTSCHE BUNDESPOST Telegramm

SÜDAFRIKAS PRÄSIDENT P.W. BOTHA HEUTE IN HAMBURG

Hamburg bekommt heute prominenten Besuch: Der Präsident der weißen Minderheit der Republik Südafrika, P.W. BOTHA, will der Freien und Hansestadt seine Referenz erweisen. Wie verlautete, sei der Präsident glücklich und zufrieden nicht nur mit dem Hamburger Senat, der den Hafen ganz offen hält für APARTHEID-PRODUKTE aller Art. Hamburg sei auch Standort für bedeutende Konzerne und BANKHÄUSER, die für das Florieren der Apartheid-Wirtschaft unentbehrlich geworden seien.

Besonders zu loben sei die DRESDNER BANK, die am 27. Mai in Hamburg auf ihrer Jahreshauptversammlung ihre vielfältigen GESCHÄFTSBEZIEHUNGEN MIT SÜDAFRIKA, dem Bollwerk für Freiheit und Apartheid, bestätigen würde.

Der Präsident beobachte allerdings nicht ohne Sorge, daß gerade zu diesem Anlaß in Hamburg eine breite EINHEITSFRONT von Kommunisten, Sozialdemokraten, Christen und Feministinnen sowie anderen uninformierten Personen entstehe, die am 27. Mai die einträgliche Geschäftspolitik der DRESDNER BANK STÖREN will. Deswegen will der Präsident P.W. BOTHA heute gegen 11.00 UHR demonstrativ der Dresdner-Bank Geschäftsstelle am Jungfernstieg seinen DANK FÜR DIE GEDEIHLICHE ZUSAMMENARBEIT überbringen

Was können wir gegen die Apartheid tun?

Wir können aufmerksam die Zeitung lesen.

Wir können uns selbst und andere über die Lage in Südafrika informieren.

Wir können für die Befreiung der Unterdrückten beten.

Wir können darauf verzichten, südafrikanische Waren zu kaufen.

Wir können die Boykotterklärung unterschreiben.

Wir können uns an Importeure und Großhändler wenden und sie bitten, den Import aus Südafrika und den Verkauf südafrikanischer Waren einzustellen.

Wir können Geschäftsinhaber bitten, keine südafrikanischen Produkte mehr anzubieten.

Wir können Großverbraucher bitten, künftig keine Nahrungsmittel aus Südafrika mehr zu verwenden.

Wir können alle unsere Kräfte und unsere Phantasie anstrengen, um immer mehr Menschen für den Boykott zu gewinnen.

Der Boykott soll vor allem ein Zeichen der Verbundenheit mit den leidenden Schwarzen in Südafrika sein.

Wir werden schuldig, wenn wir nicht alles tun, was in unserer Macht steht

Hildegard Zumach,
Generalsekretärin der Evangelischen Frauenarbeit
in Deutschland

Der Sprecher der Bundesregierung, Staatssekretär Friedhelm Ost, zum Boykott südafrikanischer Waren:
«Es ist jedem auch hier freigestellt, ob er südafrikanische Produkte konsumiert oder bayrisches Bier trinkt... Es ist jedoch eine persönliche Einstellung, wir haben hier doch Konsumfreiheit.» (Frankfurter Rundschau vom 23.3.1988)

Horst Heidtmann

Südafrika-Lexikon: Namen – Begriffe – Personen

Abkürzungen

allg. – allgemein
bes. – besonders
Bez. – Bezeichnung
Jh. – Jahrhundert
engl. – englisch
dt. – deutsch
Mio. – Millionen
* – geboren
† – gestorben
↑ – Verweis auf ein anderes Stichwort in diesem Lexikon

Abrahams, Peter, * 1919 in Vrededorp, einem Slumviertel bei Johannesburg als Sohn eines Äthiopiers und einer Farbigen; gründete 16jährig in Kapstadt eine Schule für Schwarze, ging 1941 nach England. Seit 1956 lebt *A.* im Exil auf Jamaica. Mit Reisebeschreibungen, sozialkritischen Erzählungen und Romanen wurde *A.* in den 50er Jahren zum damals bekanntesten farbigen Schriftsteller Südafrikas: im Roman *Mine Boy* (1946; dt. *Schwarzer Mann im Weißen Dschungel*) beschreibt er die Ausbeutung schwarzer Bergarbeiter, in *Tell Freedom* (1954; dt. *... dort wo die weißen Schatten fallen*) erzählt er von seinen ereignisreichen Kindheits- und Jugendjahren.

African National Congress (ANC), 1912 gegründete, von ↑ Gandhi beeinflußte schwarze Bürgerrechtsorganisation, die mit anfangs gemäßigten politischen Vorstellungen mehr Rechte für die schwarze Bevölkerung und eine parlamentarische Vertretung der ‹Nicht-Weißen› forderte. In den 50er Jahren wurde der ANC zur wichtigsten politischen Widerstandsorganisation der Schwarzen, organisierte unter der Führung von Nelson ↑ Mandela gewaltfreie Widerstandsaktionen gegen die Apartheid, wurde dennoch 1960 verboten. Erst in der Illegalität gründete sich ein bewaffneter Zweig des ANC: ↑ Umkhonto we Sizwe. Obwohl bewaffneter Widerstand und Sabotageakte des ANC zunächst oft scheiterten, ist er, bis heute verboten, die wichtigste und einflußreichste Organisation der südafrikanischen Befreiungsbewegung geblieben, unterhält in ca. 20 Ländern quasi-offizielle Vertretungen. Hauptquartier des ANC (und seines derzeitigen Präsidenten Oliver ↑ Tambo) ist Lusaka/Sambia.

Afrikaander (auch: Afrikaaner), Bez. für die ↑ Afrikaans sprechenden Südafrikaner burischer Abstammung.

Afrikaans, neben dem Englischen die offizielle Amtssprache in der Südafrikanischen Union, aus dem Holländischen hervorgegangen, bes. mit malayischen Worten durchsetzt, etwa seit 1850 als Schriftsprache gebräuchlich.

Amandla, Kampfruf der schwarzen Widerstandsbewegungen; sinngemäß: Wir werden siegen!

Analphabetismus, der Prozentsatz des Schreibens und Lesens Unkundiger beträgt (1987) bei den Weißen etwa 2%, bei den Mischlingen etwa 25%, bei den Schwarzen etwa 50%.

ANC ↑ African National Congress.

Apartheid (afrikaans), wörtlich: Getrenntheit, Bez. für die Politik der Rassentrennung, von der südafrikanischen Regierung mittlerweile meist durch die Bez. ‹getrennte Entwicklung› ersetzt.

Schon von den ersten weißen Siedlern wurden Menschen anderer Hautfarbe und Rasse als nicht gleichberechtigt, als minderwertig angesehen, so daß man sie deshalb auch wirtschaftlich ausbeuten oder versklaven durfte. Nach der Gründung der ↑ Südafrikanischen Union 1910 wurde die Trennung nach Rasse und Hautfarbe durch Gesetze geregelt, nach der Übernahme der Regierung durch die burische ↑ National Partei 1948 wurde die Rassendiskriminierung ausgeweitet und zum Grundprinzip des Staates, durch das eine weiße Minderheit (von derzeit ca. 4,4 Mio.) ihre Herrschaft über die schwarze Mehrheit (derzeit 25 Mio.) absichern will.

Mittlerweile mehr als 200 Gesetze und Verordnungen zur Apartheid regeln:

1. allg. die Diskriminierung der ‹Nicht-Weißen›, indem z. B. willkürlich eingestuft wird, wer ‹weiß› ist: «Eine weiße Person bedeutet eine Person, die nach der offenkundigen Erscheinung eine weiße Person ist oder die als solche anerkannt wird, was aber nicht eine Person einschließt, die der Erscheinung nach zwar offenkundig eine weiße Person ist, die aber allgemein als eine farbige Person anerkannt wird.» (Population Registration Act 1950) Die Unsinnigkeit der Rasseneinstufung hat u. a. dazu geführt, daß Kinder aus angesehenen Burenfamilien bei relativ dunkler Hautfarbe durch Anzeigen als ‹Farbige› denunziert und eingestuft wurden. Juden werden als ‹Weiße› eingestuft, Araber hingegen als ‹Farbige› oder ‹Asiaten›. Libanesen christlicher Abstammung werden z. B. als ‹weiß› angesehen, bei Abstammung von einer islamischen Familie jedoch als ‹Farbige›.

2. die wirtschaftliche Ausbeutung der ‹Nicht-Weißen›, indem die weiße Regierung das Land in schwarze ↑ Homelands und weiße Gebiete aufteilt, wobei Bodenschätze und fruchtbarer Boden den Weißen vorbehalten bleiben und in den Homelands die Schwarzen leben müssen, die als Arbeitskräfte nicht gebraucht werden (Alte, Kranke, Kinder, Frauen). Nur Schwarze, die als Arbeitskräfte benötigt werden, können in weißen Gebieten leben (↑ Paßgesetze), haben aber am Arbeitsplatz weniger Rechte, erhalten bei gleicher Eignung weniger Lohn, dürfen z. B. auch keine größeren Unternehmen besitzen.

3. die politische Unterdrückung, indem die parlamentarisch-demokratischen Rechte ausschließlich für die Weißen reserviert sind und indem z. B. durch ↑ Zwangsumsiedlungen in ↑ Homelands Mio. von Schwarzen zu ‹Ausländern› gemacht und dadurch in der Republik Südafrika vollends völlig rechtlos werden. Widerstand gegen die Apartheid kann die Polizei brutal unterdrücken, unliebsame Personen dürfen ohne Haftbefehl oder

Anklage inhaftiert (↑Hundertachtzig-Tage-Gesetz) oder unter Hausarrest gestellt werden (↑Bann).
4. die Benachteiligung im Bildungs- und Erziehungswesen, indem für Schulausstattung und Unterricht bei weißen Schülern pro Schüler das 10fache ausgegeben wird wie bei schwarzen oder indem für Schwarze z. B. fast keine Studienplätze zur Verfügung stehen. Ein größer werdender Teil schwarzer Schüler erreicht nicht einmal das 2. Schuljahr (↑Schüleraufstände).
Als *kleine Apartheid* bezeichnet man das äußere Erscheinungsbild, wenn Restaurants, Busse, Toiletten, Fußgängerbrücken usw. nach Rassen getrennt sind.

Assegai, kurzer Kampfspeer der ↑Zulu.

Ausnahmezustand, seit dem Juni 1986 sollen gesetzliche Maßnahmen den Spielraum der demokratischen, schwarzen wie weißen Opposition stark einschränken: die Zensur der Presse ist drastisch verschärft, Versammlungen unter freiem Himmel wie in geschlossenen Räumen können von der Polizei ohne vorherige richterliche Genehmigung untersagt werden; 1988 wurden 17 Organisationen, darunter die ↑United Democratic Front mit ↑Bann belegt, was ihnen jegliche legale politische Arbeit unmöglich macht. Weitere Gesetze sollen die Annahme ausländischer Hilfsgelder unter Strafen bis zu 10 Jahren Gefängnis stellen. Verurteilbar ist auch jede Einzelperson, die mit negativen Äußerungen über die Apartheid aufgefallen ist und Geld aus dem Ausland erhält. Neue Arbeitsgesetze sollen das Streikrecht schwerwiegend einschränken.

Azania, von Teilen der südafrikanischen Befreiungsbewegung verwendete Bez. für das neue, das befreite Südafrika; wörtlich: ‹das Reich im Süden› (arabisch).

Azanian People's Organization (AZAPO), 1978 in der Nachfolge der verbotenen ↑Black Consciousness-Bewegung gegründete Organisation, die nur schwarze Mitglieder aufnimmt, weil es «in einer rassistischen Gesellschaft... keinen nichtrassistischen Klassenkampf geben» kann.

Baas (afrikaans), wörtlich: Herr, Meister; anfangs nur von schwarzen Sklaven für ihren weißen Herrn gebrauchte Anrede, im 20. Jh. als allg. Anrede weißer Männer bei den Schwarzen üblich bzw. diesen vorgeschrieben.

Bann, Bannung, bannen, in Südafrika übliche Form der Strafe, die bes. gegen Führer der Bürgerrechtsbewegung und bekannte Apartheidsgegner verhängt wird (↑Winnie Mandela). U. a. auf Grund des Gesetzes zur Unterdrückung des ↑Kommunismus (1950) können Personen und Organisationen gebannt werden. Die Bannbestimmungen sind variabel, umfassen u. a. Aufenthaltsbeschränkungen, Verbot jeglicher politischer Betätigung, Kontaktverbote bis hin zum absoluten Besuchsverbot, Verbote, Interviews zu geben oder in der Öffentlichkeit zitiert zu werden. Ein Bann gegen Personen kann für 5 Jahre verhängt und beliebig verlängert werden. Die Bannung von Organisationen (zeitlich nicht begrenzt) entspricht in der Praxis einem Verbot. Seit 1951 wurden etwa 2000 Menschen gebannt, davon ca. 90% schwarze.
Gebannt werden auch Bücher, Zeit-

schriften, Filme, Schallplatten, die dann nicht verkauft, vertrieben oder ins Land gebracht werden dürfen (↑ Zensur).

Bantu, völkerkundlich-wissenschaftlich die übergreifende Bez. für eine Mischrasse, der der überwiegende Teil der Urbevölkerung von Süd- und Mittelafrika angehört; im offiziellen Sprachgebrauch der weißen Südafrikaner die übliche, abwertende Bez. für alle Schwarzafrikaner.

Bantustan (Bantu-Staat), ältere Bez. für ↑ Homelands.

Bechuanaland ↑ Botswana.

Biko, Steve B., * 1946 in King Williams Town, konnte als einer der wenigen Schwarzen ein Medizinstudium an der Universität von Natal beginnen, gehörte zu den Mitbegründern der ↑ South African Student's Organization und zu den Wortführern und Theoretikern der ↑ Black Consciousness-Bewegung. Biko trat für einen eigenen, selbstbewußten Weg der Schwarzen ein, aber mit einer langfristigen Hoffnung auf eine Versöhnung zwischen den Rassen. Seine wichtigsten Reden und Aufsätze sammelt der Band *Ich schreibe, was mir paßt* (dt. 1979). Biko wurde 1973 gebannt, 1977 verhaftet und von der südafrikanischen Polizei zu Tode gefoltert.

Black Consciousness-Bewegung (-Movement), unter der Losung «Black man, you are on your own!» (Schwarzer Mann, du stehst allein) entwickelte sich 1964–68 unter Schwarzen ein neues Selbstbewußtsein, das sich gegen die Rassendiskriminierung richtete, sich u. a. in eigenen Formen von Literatur und Kunst ausdrückte. Ein neu entstehendes Gefühl der Zusammengehörigkeit unter der schwarzen Mehrheit führte zur Gründung rein schwarzer Organisationen für Studenten (↑ South African Student's Organization), Schüler, Frauen, Theologen, Arbeiter usw., die fast alle 1977 von der südafrikanischen Regierung gebannt wurden.

Black Sash, wörtlich: Schwarze Schärpe, eine von weißen Frauen in den 50er Jahren gegründete liberale Bürgerrechtsorganisation. Die Frauen protestierten öffentlich gegen die Einschränkung der Rechte für Schwarze und Farbige, indem sie sich weiß kleideten und zum Ausdruck ihrer Trauer riesengroße schwarze Schärpen umbanden. Black Sash hat 1984 u. a. die ↑ Homelands abgelehnt und steht seit einigen Jahren allen Frauen offen. Bedeutsam sind heute die Beratungsbüros der Organisation in vielen Teilen des Landes, in denen Schwarze juristischen Rat, bes. in Paßangelegenheiten (↑ Paßgesetze), erhalten.

Bloemfontein, 1846 gegründete heutige Hauptstadt der Provinz ↑ Oranje Freistaat, Sitz des obersten südafrikanischen Gerichtes (↑ Südafrikanische Union) und mit ca. 200000 weißen Einwohnern Hochburg des weißen Afrikaander-Nationalismus.

Bloodriver, Schlacht am, burische Siedler führten in der 1. Hälfte des 19. Jh. mit den ↑ Zulus einen blutigen Kampf um die Weidegebiete in Natal; zur Entscheidungsschlacht zog 1838 eine Eliteeinheit der Buren mit Ochsenkarren und Kanonen unter der Führung von Andries Pretorius (↑ Pretoria) gegen ein Heer von 12000 Zulus unter ihrem König ↑ Dingaan zu Felde. Mit überlegenen Waffen töteten sie ca. 4000 Zulukrieger. Zur Erinnerung an dieses Gemetzel heißt der Fluß Bloodriver (Blutfluß) und wird der 16. Dez. jährlich als «Kampftag» (stryddag) gefeiert. Nach ihrem Sieg am Bloodriver eroberten die Buren weitere Teile des Zulureiches und riefen 1839 die Republik ↑ Natal aus.

Boesak, Allan, * 1946 in Kakamas, offiziell Farbiger («Es war die ↑ Black Consciousness-Bewegung, die mich selber aus meinem ‹Farbigen-Syndrom› herausholte und mir zur Einsicht in mein Schwarzsein verholfen hat»); Theologe, Pfarrer, Präsident des Weltbundes der Reformierten Kirchen. B. plädiert für eine «Theologie der Befreiung», die von der aktuellen Lage der Schwarzen ausgehen muß, bekämpft als Schirmherr der Bürgerrechtsbewegung ↑ UDF (zusammen mit Bischof ↑ Tutu) die Rassendiskriminierung und wurde 1985 unter dem Ausnahmerecht an einer Straßensperre bei Kapstadt verhaftet, im gleichen Jahr unter strengen Auflagen wieder freigelassen.

Bophuthatswana, größtes ↑ Homeland Südafrikas, das aus 6 voneinander isolierten Gebieten besteht, 1977 in die Pseudounabhängigkeit entlassen, ohne bisher international oder bei der UNO als eigener Staat anerkannt zu werden.

BOSS, ↑ Bureau of State Security.

boss boy, wörtlich: Chef der Jungen, übliche Bez. für den schwarzen Vorarbeiter oder ältesten der Arbeiter auf einer Farm, einem Bergwerk o. ä. (↑ boy).

Botha, Pieter Willem, * 1916 im Oranje Freistaat, Jurist, seit 1936 Mitglied der ↑ National Partei, 1958 in der Regierung von ↑ Verwoerd stellvertretender Innenminister, später Verteidigungsminister und seit 1978 Premierminister und seit 1984 auch Staatspräsident Südafrikas; überzeugter Verfechter der Apartheid, der trotz wachsenden internationalen Widerstands bis Mitte der 1980er Jahre nur zu unbedeutenden Zugeständnissen gegenüber der schwarzen Mehrheit bereit war.
Durch die Neuwahlen von Mai 1987 in seiner Politik von der weißen Mehrheit bestärkt, verschärft er zunehmend die Maßnahmen gegen alle Oppositionsgruppen.

Botswana, ehemaliges britisches Protektorat Bechuanaland, seit 1966 unabhängig, ca. 800000 Einwohner (doppelt so groß wie die BRD), Agrarstaat, dessen Außenhandel überwiegend von der Republik Südafrika kontrolliert wird, ein Großteil der Männer arbeitet in Südafrika (↑ Wanderarbeit).

Boy, bei den Weißen übliche, verächtliche Anrede für schwarze Männer jeglichen Alters.

Boykott, Bezeichnung für eine Handelssperre oder eine Verrufserklärung. Die südafrikanischen Bürgerrechtsorganisationen fordern von allen Ländern der Welt, die Wirtschaftsbeziehungen zur weißen Regierung abzubrechen, keine Investitionen zu tätigen, keine südafrikanischen Waren zu kaufen, um so das Regime unter Druck zu setzen, die Rassendiskriminierung zu beenden. Boykott-Resolutionen der Vereinten Nationen scheiterten bisher meist am Widerspruch westlicher Industriestaaten, bes. der USA und Großbritanniens. Immerhin beschlossen die EG-Außenminister 1986 ein Importverbot von Eisen, Stahl und Goldmünzen aus Südafrika.
In Südafrika selbst ist der Boykott

eine der wenigen Möglichkeiten, mit denen sich die schwarze Bevölkerung zur Wehr setzen kann, der deshalb in den späten 80er Jahren zunehmend angewendet wird: der Boykott von bestimmten Nahrungsmitteln oder von Erzeugnissen bes. ausbeuterischer Firmen, Zug- und Busboykotte gegen ungerechtfertigte Fahrpreiserhöhungen, Mietboykotte sowie neuerdings immer häufiger wieder Schulboykotte gegen die Diskriminierungen im Bildungswesen etc.

Breytenbach, Breyten, * 1939 in Bonnievale (Kapprovinz), Weißer burischer Abstammung, heiratete eine Vietnamesin, wodurch er in Konflikte mit den südafrikanischen Apartheidsgesetzen geriet (↑Immorality Act), lebt deshalb seit 1961 in Paris im Exil. *B.*, der afrikaans schreibt, gehört mit seinen Gedichten und Romanen zu den international berühmtesten südafrikanischen Autoren. In seinen Schriften plädiert er für ein gleichberechtigtes und friedliches Nebeneinander der Rassen. 1968 wurden ihm jegliche Besuche in der Republik Südafrika verboten. Nach 12jähriger Abwesenheit konnte er 1971/72 erstmals eine Reise durch die Heimat unternehmen, wovon er in seinem Buch *Augenblicke im Paradies* (dt. 1981) erzählt. 1975 kehrte er illegal zurück, wurde verhaftet, unter Terrorismusvorwurf zu 9 Jahren Gefängnis verurteilt; durch den Einsatz internationaler Organisationen und der französischen Regierung 1982 vorzeitig aus der Haft entlassen, über die er in seinem Buch *Wahre Bekenntnisse eines Albino-Terroristen* (dt. 1984) berichtet.

Brink, André, * 1935 in Vrede, Sohn einer Burenfamilie, schreibt afrikaans und lebt als Professor für Afrikaans in der Kapprovinz. In seinen z. T. in Südafrika gebannten Werken beschreibt Brink mit ungeheurer Eindringlichkeit die Unmenschlichkeit der Apartheidspolitik (*Weiße Zeit der Dürre*, dt. 1984) und die anhaltende Ausbeutung und Unterdrükkung der Schwarzen (*Die Nilpferdpeitsche*, historischer Roman, dt. 1985).

Broederbund, Bruderbund, 1918 gegründete, nationalistische Geheimorganisation, die nur weiße, afrikaanssprachige Männer aufnimmt, umfaßt ca. 6000 Mitglieder, u. a. fast alle Pfarrer der niederländisch-reformierten Kirche, die letzten Premierminister, beeinflußt das öffentliche, kulturelle, wirtschaftliche und politische Leben des Landes entscheidend.

Bure, von Boer, dt. Bauer, stammende Bez. für die Nachkommen der eingewanderten Holländer, die sich heute häufig selbst ↑Afrikaander nennen und denen ⅔ der weißen Bevölkerung zuzurechnen sind. Die schwarzen Südafrikaner gebrauchen die Bez. Bure mittlerweile eher im politischen Sinne für alle Weißen (auch englischsprechende), die sich selbst an der Unterdrückung der Schwarzen beteiligen oder diese bewußt unterstützen (z. T. im Sinne eines Schimpfworts).

Bureau of State Security (BOSS), Staatssicherheitsdienst, Geheimdienst, der direkt dem Premierminister untersteht und 1969 vor allem zur Bespitzelung und Verfolgung von Apartheidsgegnern gegründet wurde. Dem BOSS werden politische Morde in Südafrika wie in den Nachbarstaaten vorgeworfen. Da die zweideutige Abkürzung BOSS international in

Mißkredit geriet, erfolgte 1978 eine Umbenennung in DONS (Department of National Security).

Burenkrieg, grausam geführter Krieg Großbritanniens (↑Konzentrationslager) gegen die Burenrepubliken ↑Oranje Freistaat und ↑Transvaal (1899–1902), u. a., um die Vorherrschaft über die dortigen Gold- und Diamantenvorkommen zu gewinnen.

Burenrepubliken. Die von den Engländern am Kap vertriebenen Buren treckten ab 1836 ins Landesinnere (↑Voortrekker), besetzten dort schwarze Gebiete (↑Bloodriver) und gründeten die Republiken ↑Natal (1839, 1843 von den Engländern annektiert), ↑Transvaal (1852), Oranje Freistaat (1854), die 1910 in der ↑Südafrikanischen Union aufgingen.

Buschmänner, Buschleute, von den frühen weißen Siedlern eingeführte abfällige Bez. für die heute überwiegend in Namibia siedelnde Volksgruppe der ↑Saan.

Buthelezi, Gatsha, * 1928, Zuluhäuptling, seit 1970 Chefminister des Homelands KwaZulu, ↑Inkatha-Führer, der u. a. im Gegensatz zur schwarzen Widerstandsbewegung Sanktionen gegen Südafrika ablehnt.

cape, Markenbez. für Frischobst aus Südafrika: Äpfel, Birnen, Trauben (weiß u. blau), Pflaumen, Pfirsiche.

Chief, allg. übliche, engl. Bez. für den traditionell an der Spitze eines Dorfes, Stammes stehenden Häuptling, der bei den schwarzen Völkerschaften z. T. demokratisch gewählt wurde (z. T. erbliches Amt). Da die Häuptlinge seit dem 19. Jh. einer Bestätigung durch den weißen Staat bedürfen, stehen sie heute häufig zwischen ihren Leuten und dem Staat, dessen Gesetze und Verordnungen sie vertreten müssen, wodurch dies Amt vielfach an Autorität eingebüßt hat.

Ciskei, ein den ↑Xhosa zugewiesenes, seit 1981 scheinunabhängiges ↑Homeland, mit ca. 1 Mio. Einwohnern, das 1984 international bekannt wurde durch den längsten Busboykott (über 1 Jahr) in der Geschichte Südafrikas.

Coloured, offizieller Klassifizierungsbegriff für ↑Mischlinge (↑Apartheid).

Compound, wörtlich: eingezäuntes Gelände, Bez. für die gefängnisartigen Wohnlager der schwarzen Minenarbeiter (↑Wanderarbeit).

Cosatu, Congress of South African Trade Unions, 1985 gegründeter Dachverband der südafrikanischen Industriegewerkschaften, dessen Mitglieder durch Streiks Lohnerhöhungen und Verbesserungen der Arbeitssituation durchsetzen konnten, dem im Februar 1988 im Rahmen des ↑Ausnahmezustandes jede politische Aktivität verboten wurde, was praktisch die ↑Bannung des Verbandes bedeutet.

Dagga, im südlichen Afrika Bez. für Marihuana; verbreitet als Rauschdroge.

Defiance Campaign, dt. Trotzkampagne, eine vom ↑ANC Anfang der 50er Jahre organisierte friedliche Widerstandskampagne gegen Apartheids- und bes. Paßgesetze. Schwarze Frauen, auch Inder und Weiße, demonstrierten öffentlich: Weiße gingen u. a. ohne Erlaubnis durch schwarze Gettos, Schwarze setzten sich auf die für Weiße reservierten Bänke, wurden dafür zu Tausenden von der Polizei festgenommen und verurteilt.

Diamanten, neben ↑Gold der zweite wichtige Rohstoff des südlichen Afrika: Nach ersten Diamantenfunden Ende der 1860er Jahre kam es zu einem Boom in der Umgebung des heutigen Kimberley, das zum Bergbauzentrum wurde. Durch den Verkauf von Claims an Diamantensucher verdienten die Gebrüder De Beers ein Millionenvermögen; noch heute beherrscht das De Beers'sche Diamantenmonopol den Weltmarkt, bestimmt international die Preise.

Dingaan, Dingane, * um 1795, Halbbruder des Zulukönigs ↑Shaka, den er 1828 tötete, um selbst als König der ↑Zulu zu regieren (†1840). Unter seiner Herrschaft begannen die Buren (↑Voortrekker) im Zululand in den 1830er Jahren zu siedeln. Dingaan konnte seine Macht gegen die weißen Kolonisatoren nicht aufrechterhalten, seine Armee wurde 1838 vernichtend geschlagen (↑Bloodriver).

DONS, ↑Bureau of State Security.

Durban, größte südafrikanische Hafenstadt am Indischen Ozean, Industriezentrum, ca. 1 Mio. Einwohner, bes. hoher Anteil von Indern (↑Gandhi).

Fanagalo, Fanakalo, Pidgin-(Misch-)sprache aus Xhosa, Zulu, Englisch, Afrikaans, die bes. dort gebräuchlich ist, wo verschiedenstämmige Südafrikaner in Bergwerken, Fabriken, auf Farmen zusammenarbeiten.

Folter, nach übereinstimmenden Veröffentlichungen nationaler und internationaler Bürgerrechtsorganisationen sowie von amnesty international ist in Südafrika die Folterung und Mißhandlung von Menschen üblich, bes. wenn es sich um Schwarze und/oder ↑politische Gefangene handelt:

- lange, z.T. mehrtägig ununterbrochene Verhöre, Schlafentzug über viele Tage und Nächte;
- Entzug von Essen und Trinken während der Verhöre, Verweigerung der Toilettenbenutzung;
- Zwang zum (tagelangen) Aufrecht- oder Nacktstehen, in kalter Umgebung, mit Übergießen von Wasser vor offenem Fenster;
- Aufhängen gefesselter Häftlinge an Armen oder Beinen;
- jegliche Art körperlicher Gewalt: Schläge ins Gesicht, mit Mauersteinen, Schlagen des Kopfes gegen die Wand, Brechen der Zehen mit einer Zange, Würgen mit nassen Handtüchern;
- Elektroschocks am Kopf oder an den Genitalien;
- vielfältige psychische Mißhandlungen: Isolationshaft, Bedrohung von Angehörigen, Beschimpfungen, Zwang zur Onanie.

Theoretisch können mißhandelte Häftlinge Klage einreichen, es ist jedoch noch kein einziger weißer Südafrikaner wegen Gefangenenmißhandlung verurteilt worden, obwohl Folterungen vielfach zum Tod Gefolterter geführt haben.

Frauen, durch das Apartheidsystem werden die schwarzen Frauen am stärksten unterdrückt und ausgebeutet. Noch haben für viele Schwarze Traditionen Gültigkeit, die dem Mann die Vielehe erlauben, von der Frau Unterordnung fordern und die Frau durch einen Brautpreis (↑Lobola) zur Ware degradieren. Die wenigen, von der weißen Regierung den schwarzen Männern zugestande-

nen Rechte haben meist für deren Frauen keine Gültigkeit.
Durch die ↑Wanderarbeit werden Familien auseinandergerissen. Die Mehrheit der arbeitsfähigen Männer lebt in den Städten, in weißen Gebieten, die Mehrzahl der Frauen in den ↑Homelands, wo sie sich um Kinder, Großeltern, Kranke, den Haushalt und z.T. um Getreideanbau und Viehwirtschaft kümmern müssen. Z.T. ersetzen sie dort auch für Niedrigstlöhne fehlende Männer in Schwerarbeiterberufen (Straßen- und Dammbau). In den Städten, wo die meisten Frauen ohne Aufenthaltsgenehmigung illegal leben, finden sie allenfalls Arbeitsplätze als Hausangestellte von Weißen.
Seit Anfang des 20. Jh. haben sich schwarze Frauen zum Widerstand zusammengeschlossen, zur Bantu-Frauen-Liga (1913), 1943 zu einer eigenen Frauenliga im ↑ANC (ANC Women's League). Nach Kampagnen gegen die ↑Paßgesetze in den 50er Jahren nahm die Frauenbewegung in den späten 70ern einen neuen und anhaltenden Aufschwung, obwohl die 1975 gegründete Massenorganisation Black Women's Federation (BWF) zusammen mit anderen Verbänden der ↑Black Concsiousness-Bewegung 1977 verboten wurde.

Gandhi, Mohandas Karamchand (genannt Mahatma), * 1869, † 1948, kam 1893 als junger Anwalt nach Südafrika, übernahm hier die politische Führung der überwiegend um 1860 als Plantagensklaven nach Natal gebrachten Inder und deren Nachkommen, organisierte den gewaltfreien, passiven Widerstand gegen ihre Diskriminierung. Gandhi, der 1914 nach Indien zurückkehrte, um dort erfolgreich den gewaltlosen Kampf gegen die engl. Kolonialherren zu führen, beeinflußte mit seinen Gedanken u.a. die 1920 gegründete indische Anti-Apartheidorganisation South African Indian Congress sowie den ↑ANC.

Gewerkschaften. Auf Grund des Apartheidsystems ist auch die Arbeiterschaft gespalten. Es bestehen Interessengegensätze zwischen weißen und schwarzen Arbeitern, zwischen Facharbeitern und ungelernten Wanderarbeitern. Dies macht es der Regierung möglich, schwarze und weiße Arbeiter gegeneinander auszuspielen. Es existieren etliche, z.T. politisch stark unterschiedlich ausgerichtete Gewerkschaften nebeneinander. Exklusive weiße Gewerkschaften verbannten noch in den 1950er Jahren Schwarze aus ihren Reihen. Durch einschränkende Gesetze wird Nicht-Weißen die gewerkschaftliche Organisierung erschwert. Politisch unliebsame Gewerkschaften werden von der Regierung gebannt. Dennoch entstanden im Zusammenhang mit der ↑Black Consciousness-Bewegung schwarze Gewerkschaften. Obwohl es bis 1973 kein Streikrecht für schwarze Arbeiter gab und dieses auch heute noch so eingeschränkt ist, daß es praktisch nicht existiert, kam es schon Ende des 19. Jh. zum ersten großen Bergarbeiterstreik und mehren sich in den letzten Jahren wieder politisch begründete Streiks.
Anfang Dezember 1985 haben sich 36 unabhängige schwarze Gewerkschaften zu einem neuen Dachverband zusammengeschlossen: ↑COSATU. Ein Teil der Gewerkschaften ist Mitglied im ↑UDF, dem breiten Oppositionsbündnis.

Gold, wichtigster Rohstoff Südafrikas, das mit über 700 Tonnen jährlich größter Goldproduzent der Welt ist. Seit den 1880er Jahren wird Gold vor allem im Untertagebau in den Minenfeldern um Johannesburg systematisch gefördert. Hier lagert vermutlich noch immer die Hälfte der Weltgoldreserven. Das vorwiegend von ↑Wanderarbeitern geförderte Gold deckt ca. ¼ des Staatshaushaltes.

Gordimer, Nadine, *1923 in Springs, Transvaal, Tochter eines litauischen Vaters und einer engl. Mutter, bedeutendste weiße Schriftstellerin Südafrikas, die in ihren Erzählungsbänden (*Clowns im Glück*, dt. 1959; *Gutes Klima, Nette Nachbarn*, dt. 1982) und Romanen (u. a. *Burgers Tochter*, 1979) den genau beobachteten Alltag, die psychischen Spannungen zwischen Schwarzen und Weißen, die Entfremdung der Weißen in der Apartheidsgesellschaft beschreibt. Zu den Höhepunkten ihres mehrfach für den Literatur-Nobelpreis vorgeschlagenen und in Südafrika z. T. gebannten Werkes gehört die Zukunftsvision *Julys Leute* (dt. 1982), in der die schwarzen Südafrikaner darangehen, die Macht in ihrem Land zu erobern.

Häuptling, ↑Chief.

Hippo, umgangssprachliche Bez. für die minengesicherten Spezial-Panzerwagen der südafrikanischen Polizei (von Hippopotamus: Flußpferd).

Homelands (wörtlich: Heimatgebiete), früher Bantustans genannte Reservate, heute Zwangsaufenthaltsgebiete für Schwarze. Mittlerweile gibt es 10 Homelands, die aus z. T. willkürlich zerstückelten Landgebieten zusammengesetzt sind, mit überwiegend unfruchtbarem und rohstoffarmem Boden, die 23 Mio. Schwarzen nach Stammes- und Sprachzugehörigkeit zugewiesen wurden, d. h. gut 10 % des schlechtesten Bodens für ca. ¾ der Bevölkerung. In den Homelands wohnen überwiegend die ↑Frauen, Kinder, Alte und Kranke. Das Durchschnittseinkommen liegt unter dem Existenzminimum, Männer müssen als ↑Wanderarbeiter in weißen Gebieten leben, wo sie z. T. als ‹Ausländer› (ohne Anspruch auf staatliche Rechte und Fürsorge) gelten, da einige Homelands von der südafrikanischen Regierung in eine Scheinunabhängigkeit entlassen wurden. Diese ‹unabhängigen› Staaten (u. a. ↑Ciskei, ↑Transkei, ↑Bophuthatswana) werden von keiner Regierung der Welt anerkannt, die dort tätigen schwarzen Beamten, Polizisten und Politiker sind von der weißen Regierung Südafrikas abhängig. Theoretisch rechtfertigt diese die Homeland-Politik dadurch, daß eine «getrennte», den einzelnen Rassen jeweils angemessene «Entwicklung» ermöglicht würde (↑Apartheid), in der Praxis erleichtert sie sich dadurch die weitere Entrechtung der Schwarzen und deren wirtschaftliche Ausbeutung, zudem kann sie mit dieser Politik versuchen, unterschiedliche Stammes- und Sprachgruppen gegeneinander auszuspielen.

Hottentotten, ↑Khoi-khoi.

Hundertundachtzig-Tage-Gesetz (von 1965), bestimmt, daß jeder, der verdächtigt wird, die bestehende Ordnung verändern zu wollen, ohne Verhandlung und Beistand durch einen Anwalt 180 Tage von der Polizei festgehalten werden darf, wobei diese den Zeitraum in der Praxis (↑politische Gefangene) willkürlich verlängert.

ilobolo, ↑Lobola.

Immorality Act, Moral-Gesetz von 1957, das jede Art erotischer und sexueller Beziehung zwischen Menschen verschiedener Rassen verbietet und durch strenge Strafen bedroht. Bereits 1949 ging dem ein Gesetz voran, das Eheschließungen zwischen Personen verschiedener Rassen untersagte (↑Apartheid), es wurde 1985 formell außer Kraft gesetzt.

indaba, (zulu:), wichtige Angelegenheit, Zeremonie, traditionelle Bez. für die Beratung des Häuptlings mit seinem Stamm bzw. ↑Kraal.

Inder, größte Volksgruppe asiatischer Abstammung in Südafrika, überwiegend in Natal lebend (↑Gandhi), vielfach Kleinhändler, Ladenbesitzer, gelten in der offiziellen Rasseneinstufung als Couloured (↑Mischlinge), denen etwas mehr Rechte als den Schwarzen zugestanden werden.

Induna, Ratgeber; häufig privilegierte Gruppe von Beratern eines Königs oder Häuptlings.

Inkatha, (zulu:) Bez. für das Tuch, mit dem Zulufrauen schwere, auf dem Kopf getragene Lasten polstern. Danach benannte sich eine 1928 gegründete Organisation zur Bewahrung volkstümlicher und kultureller Traditionen der ↑Zulu, die sich jedoch auch im Zululand nicht gegen den über den Stämmen stehenden ↑ANC behaupten konnte. 1975 wurde Inkatha vom Ersten Minister des Homelands, KwaZulu, Gatsha ↑Buthelezi, neu gegründet, um als ein auf Kompromisse bedachtes, den Kapitalismus förderndes Gegenstück zum ↑ANC ein Sammelbecken des Widerstandes zu werden. Buthelezi findet damit auch in der BRD bei konservativen Parlamentariern und Christen Unterstützung, wird aber von der ↑UDF u. a. als eine auf Stammesgrundlage basierende Bewegung kritisiert.

Johannesburg, umgangssprachlich: Joburg, größte weiße Stadt, 1886 als Goldsucherstadt gegründet und noch heute das Zentrum der Goldminenindustrie, mit von der weißen Stadt abgetrennten ↑Townships.

Joseph, Helen, * 1906, war Gründungsmitglied und zeitweilig 2. Vorsitzende der weißen Bürgerrechtsorganisation Congress of Democrats, war in den 50er Jahren Mitorganisatorin von Demonstrationen afrikanischer Frauen, u. a. gegen die ↑Paßgesetze 1956, wurde deswegen 1957 als erste Frau gebannt (von 1957–1962 und 1962–1971). Weil sie sich als 73jährige weigerte, in einem Prozeß gegen Winnie ↑Mandela auszusagen, wurde sie zu Gefängnis verurteilt.

Kaffer (vom arabischen Kaffir: Ungläubiger, Heide), von den holländischen Einwanderern im 17. Jh. eingeführte, abfällige Bez. für alle Schwarzen, noch heute bei weißen Rassisten als Schimpfwort für Schwarze gebräuchlich.

Kafferbier, abfällige Bez. der Weißen für das von den schwarzen Afrikanern traditionell aus Hirse oder Mais gebraute, alkoholarme Bier (↑Shebeens).

Kafferboetie(-boetje), (afrikaans:) Kaffernbrüderchen, Negerliebchen; verächtliche Bez. der Buren für Personen, die mit Schwarzen intime Beziehungen haben, heute Schimpfwort weißer Rassisten für alle, die sich für die politischen und sozialen Interessen der Schwarzen einsetzen.

Kap-Provinz, aus der ehemaligen britischen Kap-Kolonie hervorgegangene, größte und südlichste der 4 südafrikanischen Provinzen (↑Südafrikanische Union), mit dem Kapland als wichtigstem Gemüse- und Obstanbaugebiet.

Kapstadt (Kaapstad, Cape Town), 1652 von der Holländisch-Ostindischen Gesellschaft gegründete, älteste und zweitgrößte Stadt Südafrikas, Sitz des Parlaments, Hauptstadt der Kap-Provinz (↑Südafrikanische Union).

KAROO, nach dem gleichnamigen Buschland zwischen Kap und Kalahari-Wüste benannte südafrikanische Obstkonservenmarke: Aprikosen, Ananas, Pfirsiche.

Khoi-khoi, Khoe-khoen (wörtlich: wirkliche Menschen), Hirtenvolk, Urbewohner Südafrikas, die auf Grund ihrer von Klicks- und Schnalzlauten durchsetzten Sprache von den ersten holländischen Siedlern Hottentotten genannt wurden, den ↑Saan verwandt.

Kimberley, 1871 nach den ersten Diamantenfunden gegründet und noch immer Zentrum des Diamantenhandels, mit über 100000 weißen Einwohnern, Hauptstadt der nördlichen Kap-Provinz.

Kolb, Peter, *1675, †1726, kam als deutscher Naturforscher 1705 zu astronomischen Forschungen nach Kapstadt, beschäftigte sich aber mit Traditionen, Leben und Gesellschaft der Khoi-khoi, deren eigenständige, entwickelte Zivilisation er als erster Europäer und Fürsprecher eines gleichberechtigten Nebeneinander würdigte, und zwar in seinem Buch *Caput bonae spei hodiernum, das ist die vollständige Beschreibung des Vorgebirges der Guten Hoffnung und der darauf wohnenden Hottentotten*, 1719.

Kommunismus, die 1921 gegründete Kommunistische Partei, seit 1950 verboten (1953 in der Illegalität neugegründet), ist politisch ohne weitreichenden Einfluß und erkennt die Führungsrolle des ↑ANC im Befreiungskampf des Landes an. Von der weißen Regierung wird dennoch jegliche Kritik an der Apartheidspolitik und an der weißen Vorherrschaft als ‹Kommunismus› diffamiert. Durch diese Selbstdarstellung als ‹Bollwerk gegen den Kommunismus› in Afrika erhofft sich die südafrikanische Regierung die bes. Unterstützung westlicher, kapitalistischer Staaten.

Kontrakt-Arbeit, ↑Wanderarbeit.

Konzentrationslager. Lord Kitchener, Oberbefehlshaber der britischen Truppen im ↑Burenkrieg, ließ Ende 1900 ca. 120000 Buren und 50000 Schwarze aus ihren Heimatgebieten in den Burenrepubliken vertreiben und in stacheldrahtumzäunten Zeltlagern einsperren, die offiziell «concentration camps» hießen, in denen Zigtausende in anderthalb Jahren verhungerten oder durch Epidemien starben.

KOO, Markenname von in Südafrika hergestellter Orangen- und Zitronenmarmelade.

Kraal, Bez. für Gehege, Pferch, z. T. durch geschichtete Feldsteine eingezäunt, sowie Bez. für eine kleinere Zahl beieinander stehender Hütten, traditionelle Wohnform schwarzer Familien bei verschiedenen südafrikanischen Völkerschaften.

Krüger, Paul, genannt Ohm (1825–1904), nahm als Kind am Burentreck nach Natal teil, war später Generalkommandant und Präsident der Burenrepublik Transvaal, weigerte sich, die burische Unabhängigkeit gegenüber den Engländern aufzugeben, und war Führer der Buren im ↑Burenkrieg. Im 3. Reich war «Ohm Krüger» Titelfigur eines populären anti-engl. Propagandafilms (1941). Nach ihm sind der Krüger-Nationalpark in Transvaal, das größte Tierschutzgebiet Südafrikas, und der Krügerrand (↑Rand) benannt.

Kuzwayo, Ellen, * 1914, schwarze Bürgerrechtlerin, Sozialarbeiterin in Soweto, Vorsitzende der schwarzen Konsumentenvereinigung sowie einer Stiftung, die Selbsthilfeprojekte schwarzer Frauen anregt und finanziert.

KwaZulu, bevölkerungsreichstes, vornehmlich von ↑Zulu bewohntes ↑Homeland in der Provinz Natal, dem offiziell über 5 Mio. Bewohner zugewiesen sind.

La Guma, Alex, * 1925 in Kapstadt, † 1985 in Havanna, gehörte seit den 1960er Jahren zu den bekanntesten südafrikanischen Schriftstellern, schrieb bes. über soziale und Rassenprobleme (u. a. im Roman *Zeit des Würgers*, dt. 1981), mußte wegen politischer Aktivitäten 1966 nach Nigeria fliehen und lebte als Vertreter des ↑ANC auf Kuba.

Lesotho, selbständiges, jedoch von Südafrika völlig umgebenes Land mit ca. 1,3 Mio. Einwohnern, ehemalige engl. Kolonie Basutoland, durch seine Binnenlage, ↑Wanderarbeit, u. a. wirtschaftlich und politisch von der südafrikanischen Regierung beeinflußbar.

Lessing, Doris, * 1919, in Südrhodesien aufgewachsen, 1949 nach England übersiedelt, gehört zu den wichtigsten englischsprachigen Schriftstellerinnen der Gegenwart, stellt u. a. mit atmosphärischer Dichte das Leben von Weißen im südlichen Afrika dar, z. B. im Erzählungsband *Der Zauber ist nicht verkäuflich* (dt. 1976), im Roman *Afrikanische Tragödie* (dt. 1953) sowie in ihrem Zyklus der *Martha Quest*-Romane.

Lobola (ilobolo), (wörtlich:) Brautpreis, Mitgift; wurde traditionell in schwarzen Völkerschaften von der Familie des Mannes gezahlt (meist Rinder), als eine Art Unterpfand, um die Verbindung zwischen 2 Familien zu besiegeln und als Zeichen des Respekts für die Braut zum Einstand in ihr neues Heim. Die Familien waren dafür z. T. verpflichtet, auch die 2. Tochter in die Ehe zu geben, wenn die 1. Frau unfruchtbar blieb. Bei den durch die ↑Wanderarbeit heute zerrissenen Familienverbänden wird durch die Lobola die Frau zur käuflichen Ware reduziert, der nach dem getätigten Geschäft jegliche eigene Rechte verwehrt werden.

Location, frühere engl. Bez. für gettoähnliche Wohngebiete der Schwarzen am Rande der Großstädte (↑Township).

Luthuli, Albert Mvimbi, * 1898 in Rhodesien, Ausbildung zum Lehrer, Häuptling einer Gruppe von Zulu in Natal, mehrfach Präsident des ↑ANC, als Bürgerrechtler wiederholt verhaftet, 1959 gebannt, erhielt 1961 den Friedens-Nobelpreis, wurde 1967 unter nicht geklärten Umständen von einem Zug überfahren.

Mandela, Nelson Rolihlahla, * 1918 in der Transkei, Angehöriger einer Xhosa-Königssippe, Universitätsstudium und seit 1952 Rechtsanwalt, 1958 Heirat mit Winnie ↑Mandela. 1943 gehörte Nelson zu den Mitbegründern der Jugendliga des ANC, 1952 wurde er Präsident des ANC in Transvaal. In den 50er Jahren war er als Organisator und Führer an fast allen wichtigen Kampagnen gegen das Apartheid-Regime beteiligt, wurde dafür mehrfach angeklagt und unter ↑Bann gestellt. Da der gewaltfreie Widerstand ohne nennenswerten Erfolg blieb, ging Mandela in den Untergrund und beteiligte sich 1962 an Aktionen des bewaffneten ANC-Flügels ↑Umkontho We Sizwe. Er wurde im gleichen Jahr verhaftet und (↑Rivonia-Prozeß) 1964 zu lebenslanger Haft verurteilt. Obwohl er seitdem auf der Gefängnisinsel ↑Robben Island schwere Zwangsarbeit zu verrichten hatte, blieb Mandela die führende Gestalt des südafrikanischen Widerstands, zu dessen Freilassung weltweite Kampagnen initiiert wurden. 1982 wurde er von anderen politischen Häftlingen getrennt und ins ↑Pollsmoor-Gefängnis verlegt. Eine 1983 angebotene Freilassung unter Verzicht auf jegliche politische Betätigung lehnte Nelson Mandela ab.

Mandela, Winnie Nonzamo, * 1934 in der Transkei, war nach dem Studium in Johannesburg erste schwarze Sozialarbeiterin Südafrikas, organisierte im ↑ANC bes. den Widerstand der schwarzen Frauen gegen das Apartheid-Regime, heiratete 1958 Nelson Mandela; über das Leben mit ihm und ihre gemeinsame politische Arbeit berichtet sie in ihrem Buch *Ein Stück meiner Seele ging mit ihm* (dt. 1984). Nach den Aufständen in ↑Soweto wurde sie 1976 für 10 Jahre in die abgelegene Stadt Brandfort verbannt. Sie vertritt als entschiedene Apartheidsgegnerin seit 1986 die Überzeugung, daß es beim Widerstandskampf der schwarzen Bevölkerungsmehrheit «nicht mehr um Verhandlungen, sondern nur noch um die Übergabe der Macht» gehen könne.

Mandela, Zindzi, * 1960, Tochter von Nelson und Winnie; über ihre Erfahrungen, ihre Eltern, das Leben in Soweto schrieb sie als 16jährige einen Gedichtband: *Schwarz wie ich bin* (dt. 1982).

Matthews, James, * 1930, in den Gettos von Kapstadt aufgewachsen, wurde in den 70er Jahren berühmt als Autor von Protestlyrik (*Schrei deinen Zorn hinaus, Kind der Freiheit*, dt. 1976; *Flügel kann man stutzen*, dt. 1977), beschreibt in seinen Kurzgeschichten Menschlichkeit in einer unmenschlichen Umwelt (*So ist das nun mal, Baby*, dt. 1977); gehört zu den wichtigsten schwarzen Schriftstellern der Gegenwart (dt. zuletzt *Die Träume des David Patterson*, 1986).

Mischlinge, als engl. ‹Coloured› Klassifizierungsbegriff bei der Rasseneinstufung (↑Apartheid); Nachkommen aus ‹gemischt-rassigen› Ehen, die seit 1949 durch Gesetz verboten sind; überwiegend in der Kap-Provinz lebend (über 2 Mio. Menschen).

Musik. In der populären Musik Südafrikas mischen sich traditionelle Einflüsse (u. a. Schlaginstrumente) seit den 1940er Jahren bes. mit Einflüssen des US-amerikanischen Jazz, später der westlichen Rock- und Soul-Musik. Eigenständige Entwicklungen sind der ‹Township-Jazz›, eine ‹Straßenmusik› für Schwarze und Weiße (u. a. Hugh Masekela), rhythmusbetonter Jazzgesang (Miriam Makeba) oder eine avantgardistisch-freie Gestaltung afrikanischer Traditionen (Dollar Brand). In den neueren Formen der schwarzen Populärmusik widerspiegelt sich einerseits Lebenslust (‹Patha Patha›, ‹Malombo›), andererseits der politische Alltag. Politische Lieder (über ↑Mandela, ↑Sharpeville, ↑Soweto) sind zu einem massenwirksamen Medium des Widerstandes geworden. Zahlreiche Schallplatten wurden von der Regierung gebannt (↑Zensur), etliche der fortschrittlichsten Musiker müssen im Exil leben.

Mutwa, Vusamazulu Credo, * um 1925 in Natal, lebt als praktizierender Medizinmann der Zulu in der Nähe von Johannesburg, sammelt mündlich überlieferte Geschichten und Mythen, u. a. in *Indaba. Ein Medizinmann der Bantu erzählt die Geschichte seines Volkes* (dt. 1983), ist aber in der schwarzen Opposition mittlerweile recht umstritten.

Namibia, ehemals dt. Kolonie Südwestafrika, seit 1920 durch Auftrag des Völkerbundes Mandatsgebiet Südafrikas, das dieses Land aber nicht in die vorgesehene Unabhängigkeit entläßt, sondern ein Apartheid-System nach eigenem Vorbild errichtet und stützt; ca. 1,25 Mio. Einwohner, davon 100 000 Weiße.

Natal, im Osten am Indischen Ozean gelegene, kleinste und am dichtesten besiedelte (5 Mio.) der 4 südafrikanischen Provinzen, bis 1910 engl. Kolonie (↑Südafrikanische Union).

National Partei (NP), weiße konservative Partei, die bes. die afrikaans-sprechenden Buren repräsentiert, seit 1948 Regierung und Premierminister stellt und die Politik der Rassentrennung verschärft hat.

National Union of South African Students (NUSAS), wichtigste Organisation der engl.-sprachigen weißen Studenten, beteiligt sich seit den 70er Jahren an Anti-Apartheid-Aktionen.

Natives Land Act, verbietet als eines der frühen Apartheidsgesetze seit 1913 Schwarzen, außerhalb der Reservate Land zu erwerben bzw. zu besitzen.

Oranje Freistaat (Oranje-Vrystaat), eine der 4 südafrikanischen Provinzen, 1854 als 2. ‹freie› ↑Burenrepublik gegründet (↑Südafrikanische Union).

OUTSPAN, Markenbez. für frische Südfrüchte aus Südafrika: Apfelsinen, Zitronen, Pampelmusen, Ananas, Avocados.

Pan Africanist Congress (of Azania) (**PAC**), radikale, vom ↑ANC 1959 wegen dessen «zu enger Zusammenarbeit mit Weißen» abgespaltene Organisation, deren Demonstrationen gegen die ↑Paßgesetze 1960 das Massaker von ↑Sharpeville zur Folge hatten. 1960 wurde der PAC zusammen mit dem ANC verboten und bildete in der Illegalität eine bewaffnete Sabotagegruppe: Poqo.

Paßgesetze. Durch die seit Anfang des 20. Jh. mehrfach verschärften Paßgesetze, die seit 1952 auch für Frauen gelten, werden die Schwarzen in bes. Weise überwacht und bevormundet. Seit 1956 muß jeder schwarze Südafrikaner über 16 Jahre einen ‹Referenzbuch› genannten Paß ständig bei sich tragen. Durch die Stempel im Paßbuch werden Menschen eingeteilt in: 1. ‹Städtische Schwarze› (dürfen in der Stadt arbeiten und im Getto wohnen); 2. ‹Vertragsarbeiter› (dürfen bis zur Beendigung ihres 1jährigen Arbeitsvertrages in der Stadt arbeiten und wohnen); 3. ‹Landarbeiter› (dürfen nur auf dem Land arbeiten und wohnen); 4. ‹Arbeiter in den Homelands› (dürfen sich nicht in städtischen Bereichen aufhalten). Nach den Schüleraufständen von 1976 (↑Soweto) wurden Zuzugskontrollen verschärft, damit in den Städten nicht mehr Schwarze leben, als für die dort erforderlichen Arbeiten gebraucht werden. Die Paßgesetze geben seit Jahrzehnten Anlaß zu Widerstandsaktionen; ein Viertel der in Südafrika vor Gericht behandelten Fälle sind ‹Verstöße gegen die Paßgesetze› (↑Wanderarbeit)

PFP, ↑Progressive Federal Party.

Pietermaritzburg, nach den ↑Voortrekkern Piet Retief und Gert Maritz benannte Hauptstadt der Provinz Natal.

Politische Gefangene. Bes. auf Grund des Terrorismusgesetzes von 1967 und des Sicherheitsgesetzes von 1982 werden aus politischen Gründen Menschen festgenommen, die z. T. nur gewaltfreie Kritik an der Regierung geübt, Flugblätter verteilt, an Demonstrationen teilgenommen haben oder verbotenen Organisationen angehören. Nach Angaben der Vereinten Nationen haben über 500 politische Gefangene langjährige oder lebenslange Haftstrafen (↑Mandela) abzusitzen (meist auf ↑Robben Island). Nach den am 21.7.85 erlassenen Ausnahmezustandsbestimmungen sind lt. Amnesty international innerhalb eines Monats über 1400 politische Inhaftierungen vorgenommen worden: «Politische Häftlinge werden normalerweise während des Verhörs gefoltert oder körperlich angegriffen.» (↑Folter)

Pollsmoor, Gefängnis bei Kapstadt, in das 1982 Nelson ↑Mandela u. a. führende Mitglieder des ↑ANC zur Verschärfung der Haftbedingungen von ↑Robben Island verlegt wurden.

Pretoria, Hauptstadt und Sitz der Zentralverwaltung Südafrikas, mit ca. 300000 weißen, meist burischen Einwohnern und mehreren schwarzen ↑Townships, benannt nach dem ↑Voortrekker Andries Pretorius (1819–1901), Gründer und 1. Präsidenten der Buren-Republik Transvaal.

Progressive Federal Party (PFP), liberale Oppositionspartei, die überwiegend die engl.-sprachigen Weißen vertritt (↑National Partei), die zwar Rassendiskriminierung kritisiert, die Apartheidspolitik jedoch nicht vollständig aufgeben will. Auf ihrem Parteitag 1986 sprach sich die PFP aber fast einstimmig für weitere Kontakte zum ↑ANC aus.

Prügelstrafe, in Südafrika offiziell zugelassene Form der Strafe, die nach Statistiken des Justizministeriums täglich mehr als 100 mal verhängt wird. Nach den Ausnahmebestimmungen vom 21.7.85 dürfen jetzt sogar Untersuchungsgefangene für «falsche, leichtfertige oder bösartige Beschwerden» über ihre Haftbedingungen mit Schlägen durch den Rohrstock bestraft werden.

Rand, südafrikanische Währungseinheit, 1 Rand = 100 Cents (= ca. DM 0,75 1988); in Gold geprägte Münzen (Krügerrand) gehörten zu den wichtigsten Ausfuhrartikeln, lassen sich aber nach Boykott-Aktionen internationaler Anti-Apartheidsorganisationen und einem Einfuhrverbot der EG-Länder (1986) heute nur noch sehr eingeschränkt verkaufen.

Republik Südafrika, ↑ Südafrikanische Union.

Reservate, ↑ Homelands.

Riebeeck, Jan van, * 1630, holländischer Kapitän, der am 7.4.1652 am Kap landete und im Auftrag der Holländisch-Ostindischen Kompagnie einen Versorgungsstützpunkt und damit die erste europäische Kolonie in Südafrika gründete. Er behandelte Schwarze als «stinkende, swarte Honde», führte die Sklaverei ein und wurde 1662 nach Ostindien versetzt.

Rivonia-Prozeß. Im Johannesburger Vorort Rivonia wurden 1962 Nelson ↑ Mandela und mehrere andere Führer von ↑ ANC und ↑ Umkhonto we Sizwe verhaftet und unter dem Vorwurf des gewaltsamen Umsturzes in einem 1964 geführten Prozeß zu lebenslangen Haftstrafen verurteilt.

Robben Island, unmittelbar vor Kapstadt gelegene Gefängnisinsel, auf der überwiegend schwarze, männliche politische Gefangene (bis 1982 N. ↑ Mandela) eingekerkert sind, die z.T. in Steinbrüchen Zwangsarbeit leisten.

Rondavel, Rondawel, (afrikaans) Bez. für die traditionelle runde, mit Strohdach gedeckte Lehmhütte der Schwarzen; heute häufig als Touristenunterkunft von Weißen nachgebaut.

Saan, (von den Weißen noch immer ↑ Buschmann genannte) Volksgruppe meist kleinwüchsiger, schlanker Schwarzer, die in vorgeschichtlicher Zeit in kleinen Gruppen über das gesamte südliche Afrika als Jäger und Sammler verstreut lebten. Schufen vor über 20000 Jahren feingearbeitete, vielfarbige Felsmalereien, leben heute überwiegend in den an die Kalahari-Wüste grenzenden Gebieten.

SASO, ↑ South African Student's Organization.

Schülerprotest. Da in den letzten 10 Jahren immer weniger schwarze Schüler eine wirtschaftlich und sozial gesicherte Zukunft erwarten konnten, da die Diskriminierung und Ausbeutung der Schwarzen allg. zunahm und sich die Verhältnisse an den Schulen bes. verschlechterten, kam es 1976 zu den Schüleraufständen von ↑ Soweto, gefolgt von Demonstrationen und Schulboykotten. Die noch 1985 wichtigsten Forderungen der schwarzen Schüler: Einrichtung und Anerkennung demokratisch gewählter Schülerräte, Abschaffung körperlicher Bestrafungen, Lehrmittelfreiheit, Beendigung der sexuellen Belästigung von Schülerinnen, mehr und besser ausgebildete Lehrer, keine ungerechtfertigten Aussperrungen von Schülern und Lehrern, «Schluß mit der Praxis, Schulprobleme durch Polizei, Sicherheitspolizei und Streitkräfte zu lösen.»

Sepamla, Sydney Sipho, * 1932, in Soweto aufgewachsen, gehört zu den wichtigsten schwarzen Lyrikern Südafrikas (*Soweto, das ich liebe*, dt. 1978), versteht sich gleichermaßen als Vertreter des Schwarzen Bewußtseins (↑ Black Consciousness-Bewegung) und als «Augenzeuge für nachfolgende Generationen».

Shaka, Chaka, Tschaka, legendenumwobener Zulukönig, in dessen Regierungszeit (1818–1828) das Zulureich zum mächtigsten im südlichen

Afrika wurde. Schuf ein militärisch organisiertes Staatswesen, in dem die Wirtschaft dem Militär untergeordnet war; förderte bes. das Waffenhandwerk, unterwarf mit seinem großen stehenden Heer fast alle Stämme des Zuluvolkes und wurde schließlich als immer grausamer werdender Despot von seinem Halbbruder ↑Dingaan ermordet.

Sharpeville, Township südlich von Johannesburg, wo, aufgerufen vom ↑PAC, 1960 ca. 20000 Afrikaner gewaltfrei gegen die ↑Paßgesetze demonstrierten, die Polizei aber trotzdem in die Menge schoß und eines der größten Massaker in der Geschichte des Landes anrichtete (69 Tote, mehr als 200 Verletzte). Im Anschluß kam es zu Streiks und Unruhen im ganzen Land, die Regierung verbot PAC und ↑ANC.

Shebeen, wörtlich: Schnapsbude. Bez. (aus dem Irischen) für ein Haus oder Geschäft, in dem illegal Alkohol verkauft wird, überwiegend von schwarzen Frauen, sogenannten Shebeen-Queens (↑Skokiaan)

Skokiaan, populäres höherprozentiges, alkoholisches Getränk, das zumeist illegal destilliert und verkauft wird, dessen Herstellerinnen Skokiaan Queens heißen.

Smuts, Jan Christian (1870–1950), Berater von Ohm ↑Krüger, Oberbefehlshaber der Kap-Buren im ↑Burenkrieg gegen England, mehrmals Ministerpräsident der ↑Südafrikanischen Union.

South African Student's Organization (SASO), als Abspaltung der weißen ↑National Union of South African Student's 1969 als eigenständige schwarze Studentenorganisation gegründet, Ausgangspunkt der ↑Black Consciousness-Bewegung; Führer Steve ↑Biko; 1977 verboten.

Soweto, Abkürzung für «South Western Township», aus 26 Townships zusammengesetzte größte Stadt des südlichen Afrika, mit vermutlich 2 Mio. Einwohnern größtes schwarzes Getto, Wohn- und Schlafstadt ohne Industrie, hohe Kriminalität, genormte Einfachsthäuser und unzureichende Sozialeinrichtungen. Als 1976 ↑Afrikaans an den schwarzen ‹Mittelschulen› für viele Fächer zur Pflichtsprache werden sollte, entlud sich hier die Unzufriedenheit mit dem Bildungssystem und der Rassendiskriminierung überhaupt in Schülerstreiks und -aufständen, die auf fast alle schwarzen Schulen des Landes übergriffen; Arbeiterstreiks, Boykotte und anhaltende Unruhen schlossen sich an, mit zahlreichen Verhaftungen und insgesamt über 1000 Toten. Die Regierung nahm dann zwar den Afrikaans-Erlaß zurück, veränderte aber an den Schulen sonst nichts. (↑Schülerprotest)

Special Branch, 1947 gegründete, halbautonome Abteilung der südafrikanischen Polizei; in Zivil, direkt dem Polizei-Hauptquartier in Pretoria unterstellt, bes. zur Verfolgung von Apartheidsgegnern eingesetzt. (↑Bureau of State Security)

Speer der Nation, ↑Umkhonto We Sizwe.

Streikrecht, existiert praktisch nicht, ↑Gewerkschaften.

Südafrikanische Union. Nach dem von Großbritannien gewonnenen ↑Burenkrieg suchten die Engländer einen Ausgleich mit dem ehemaligen Gegner durch die Gründung einer gemeinsam regierten Südafrikanischen Union, durch die die Vorherrschaft der Weißen festgeschrieben werden sollte und die aus den beiden ehemaligen engl. Kolonien (Kap, Natal) sowie den Burenrepubliken (Oranje Freistaat, Transvaal) bestand. Um Streitigkeiten zu vermeiden, sollten sich das engl. Kapstadt (als Parlamentssitz) und das burische Pretoria (als Verwaltungssitz) den Rang einer Hauptstadt teilen. Nach einer ausschließlich unter der weißen Bevölkerung durchgeführten Volksabstimmung trat Südafrika 1961 aus dem Commonwealth aus, nennt sich seitdem Republik Südafrika.

Suppression of Communism Act, das 1950 zur ‹Bekämpfung des Kommunismus› erlassene Gesetz wird gegen alle Organisationen angewendet, die Änderungen der Apartheidspolitik anstreben (↑ Kommunismus).

SWAPO, South West African People's Organization, 1960 zur Vereinigung aller nationalen Kräfte gegründete schwarze Befreiungsorganisation in ↑ Namibia, die mit Teilen der südafrikanischen Bürgerrechtsbewegung zusammenarbeitet.

Swaziland, zwischen Südafrika und Moçambique liegendes, seit 1968 unabhängiges Königreich, dessen konservative schwarze Regierung mit dem weißen Rassistenregime in Südafrika eng zusammenarbeitet; ca. 0,7 Mio. Einwohner.

Tambo, Oliver Waka, * 1917 in der Transkei, wurde nach einer Erzieherausbildung in den 1940er Jahren im ↑ ANC aktiv. Nach einem Jurastudium eröffnete er zusammen mit Nelson ↑ Mandela eine Anwaltspraxis. 1960 verließ er Südafrika, um als Auslandssprecher des ANC zu wirken. 1967 wurde er als Nachfolger ↑ Luthulis Präsident des ANC.

Townships, gettoähnliche Wohngebiete für Schwarze, meist am Rande oder außerhalb der weißen Städte (↑ Soweto). In den Townships dürfen nur Personen mit einem Arbeitsvertrag (↑ Wanderarbeit) oder zeitweiligem Wohnrecht leben, die nicht berufstätigen Familienangehörigen müssen im jeweils zugewiesenen ↑ Homeland bleiben, bzw. sich illegal in den Townships aufhalten (↑ Paßgesetze).

Transkei, den ↑ Xhosa zugewiesenes Homeland, das 1976 als erstes in die Scheinunabhängigkeit entlassen wurde, mit 4,1 Mio. offiziellen und 2,5 Mio. tatsächlichen Einwohnern.

Transvaal, 1852 als Zusammenschluß kleiner Burenstaaten entstandene Burenrepublik, heute die 4. und nördliche Provinz Südafrikas, auf deren Gebiet die meisten ↑ Homelands liegen (↑ Südafrikanische Union).

trecken, trekken, wörtlich: ziehen, Bez. für das ‹Ziehen› der Buren im 19. Jh., als sie Familien und Hausrat auf ihre Planwagen luden, um im Landesinneren zu siedeln (↑ Voortrekker).

Tsotsi, wörtlich: auf übertriebene Art Gekleideter, Bez. für schwarze Jugendliche (bes. in den ↑ Townships), die sich zu Banden zusammenschließen, z. T. Diebstähle und Gewalttätigkeiten begehen, modisch-auffällige Kleidung bevorzugen.

Tutu, Desmond Mpilo, * 1931 in Klerksdorp, war zunächst Lehrer, dann anglikanischer Priester, 1976 Bischof von Lesotho, 1978 Generalsekretär des südafrikanischen Kirchenrates, seit 1986 Erzbischof von Kapstadt, wurde für seinen Kampf gegen die Apartheid, für ein befreites Südafrika, in dem Schwarze und

Weiße gleichberechtigt «Seite an Seite» leben, 1984 durch den Friedens-Nobelpreis geehrt. Bischof Tutu gehört heute zu den aktivsten Wortführern der Bürgerrechtsbewegung, ruft u. a. zum internationalen Wirtschafts-Boykott gegen Südafrika auf und rechtfertigt – erstmals 1986 bei der Entgegennahme der Ehrendoktorwürde des New Yorker Hunter-Colleges – auch die Anwendung von Gewalt zur Beseitigung der Apartheid.

UDF, ↑ United Democratic Front.

Uhuru, (wörtlich:) Freiheit; politisches Schlagwort, Parole, Gruß aus dem Mau Mau-Aufstand in Kenia.

Umkhonto We Sizwe, «Speer der Nation», Name des 1961 in der Illegalität gegründeten bewaffneten Zweiges des ↑ ANC, der, unter bewußter Schonung von Menschenleben, Anschläge auf staatliche Einrichtungen und Industrieanlagen durchführte (↑ N. Mandela).

United Democratic Front (UDF), 1982 erfolgter Zusammenschluß zahlreicher politischer und kirchlicher Organisationen, Gewerkschaften und sonstiger Gruppierungen von Apartheidsgegnern zu einem geeinten Dachverband der demokratischen Kräfte, der sich der ANC-Losung verpflichtet hat: «Südafrika gehört allen, die dort leben, schwarz und weiß.» Von der Regierung wird die UDF als kommunistisch, von der UdSSR unterstützt, diffamiert und vielfältig behindert. Von einigen schwarzen Widerstandsorganisationen wird die UDF als nicht radikal genug abgelehnt.

Veld, aus dem Afrikaans in den engl. Sprachgebrauch aufgenommene Bez. für offenes, weites Gras- und Weideland.

Verwoerd, Hendrik (1901–1966), sympathisierte als burischer Zeitungsherausgeber bis in die 40er Jahre mit dem nationalsozialistischen Deutschland, war 1958–1966 Premierminister und setzte die Apartheid mit polizeistaatlichen Mitteln durch: «In unserer europäischen Gemeinschaft haben wir keinen Platz für Afrikaner, außer für untergeordnete Arbeiten.»

Voortrekker, (afrikaans für) Pioniere, Bez. für die Buren, die ab 1836 nach der Aufhebung der Sklaverei ins Landesinnere zogen, um sich der engl. Vorherrschaft in der Kap-Provinz zu entziehen, die die dort ansässigen Stämme vertrieben (↑ Bloodriver) und eigene Staaten gründeten (↑ Burenrepubliken).

Vorster, Balthazar Johannes, * 1915, burischer Politiker, während des 2. Weltkrieges führendes Mitglied der mit dem Nazi-Deutschland sympathisierenden Ossewabrandwag-Organisation, von 1961–1966 Justizminister, dann bis 1978 als Nachfolger ↑ Verwoerds Premierminister; ist bes. durch die brutale Unterdrückung schwarzen Widerstandes gegen die Apartheid hervorgetreten, verantwortlich für den Ausbau des Polizeiapparates.

Wanderarbeit. Seit Beginn des 20. Jh. regeln Apartheidsgesetze, daß Schwarze außerhalb der Reservate keinen Grundbesitz haben und sich praktisch nicht als Unternehmer betätigen können. Von der geringen und minderwertigen Landfläche, die den Homelands zugebilligt wurde, und ohne Industrie können sich die Schwarzen nicht ernähren. Sie sind daher darauf angewiesen, von ihren eigentlichen Wohnorten oder aus den armen Nachbarländern in die ‹weißen› Gebiete Südafrikas zu wandern.

Eine Arbeitserlaubnis, einen Kontrakt erhalten praktisch nur die Männer in arbeitsfähigem Alter, und nur mit einem solchen, jeweils für ein Jahr gültigen Arbeitskontrakt dürfen sie sich in den weißen Gebieten aufhalten (↑Townships), wo sie, meist getrennt von ihrer Familie, in großen Heimen für Ledige wohnen (↑Compound). Strenge gesetzliche Regelungen der Wanderarbeit (↑Paßgesetze) sollen die Ausbeutung erleichtern und verhindern, daß sich zu viele Schwarze in den weißen Gebieten aufhalten. Insgesamt sind über 1,2 Mio. Südafrikaner und über 300000 Ausländer Wanderarbeiter.

Witwatersrand, (afrikaans:) Scheide der weißen Wasser, Name des größten Goldgewinnungsgebietes der Erde, im Westen und Osten von Johannesburg.

Xhosa, größere schwarze Sprach- und Volksgruppe, bes. in der östlichen Kap-Provinz, der die ↑Ciskei als Homeland zugewiesen wurde.

Zensur. Praktisch existieren seit der Gründung der Südafrikanischen Union Gesetze, die dem Staat das Recht der Zensur einräumen. Zahlreiche Gesetze zur Apartheid enthalten gesonderte Teile oder Ergänzungen, durch die Zensurmaßnahmen geregelt oder vorgeschrieben werden. Schon das Gesetz gegen aufrührerische Versammlungen von 1914 ermöglicht, daß Zeitschriften und Bücher verboten werden, die «geeignet sind, feindselige Gefühle zwischen den Weißen und anderen Teilen der Bevölkerung zu schüren». Durch ein eigenes Zensuramt (Publications Control Board) werden Bücher, Theaterstücke, Filme, Schallplatten gebannt, verboten, die als moralisch «unanständig» oder als politisch und die «öffentliche Ordnung gefährdend» eingestuft sind. Verboten sind die Schriften prominenter Führer des Widerstandes (↑Luthuli, ↑Mandela) wie Texte der bekanntesten südafrikanischen Schriftsteller (N. ↑Gordimer, A. ↑La Guma). Nach Angaben der UNO sind allein 1971–1974 ca. 20000 Buchtitel verboten worden. Mit der Zunahme des Widerstandes gegen das Apartheidsregime in den letzten Jahren wurden auch Zensurmaßnahmen weiter verschärft. Über militärische Aktionen in den Townships wurden generelle Nachrichtensperren verhängt; im Gefolge des ↑Ausnahmezustandes werden auch ausländische Journalisten direkt behindert, bedroht oder gefangengesetzt (↑Bann), ist es u. a. verboten, gebannte Personen oder aus verbotenen Veröffentlichungen auch nur zu zitieren, sind selbst Berichte über friedliche Boykottaktionen untersagt; einer neu eingerichteten Zensurbehörde müssen alle Meldungen «sensitiven Inhalts» zur Prüfung vorgelegt werden.

Zulu, einer der größten Volksstämme des südlichen Afrika, der Anfang des 19. Jh. noch über ein entwickeltes Staatssystem und ein mächtiges Reich verfügte (↑Dingaan, ↑Shaka), von den Buren auf ihrem Treck ins Landesinnere nur nach jahrzehntelangen Kriegen und mit englischer Unterstützung besiegt.

Zwangsumsiedlungen. Zwangsweise Umsiedlung von Schwarzen in die ihnen zugewiesenen Homelandgebiete, ermöglicht durch verschiedene Gesetze im Rahmen der ↑Homeland-Politik (bes. in den 50er und 60er Jahren). Umgesiedelt wurden

Schwarze, die in Dörfern innerhalb weißer Siedlungsgebiete lebten, die in Townships lebten oder auf landwirtschaftlich wertvollem Boden oder Erzvorkommen. 1985 sind bereits mehr als 3,5 Mio. Schwarze zwangsumgesiedelt worden, weitere 2,5 Mio. sind davon bedroht. Proteste und Demonstrationen dagegen werden mit brutaler Polizeigewalt beantwortet.

Christoph Plate

Kontaktadressen

- African National Congress (ANC) of South Africa
  Postfach 190140
  5300 Bonn 1
  Tel. 0228/352295
  Der ANC versendet gegen einen Unkostenbeitrag ein regelmäßiges Informationsbulletin, publiziert Informationsbroschüren, Postkarten, Schallplatten und vermittelt Referenten.
- Amnesty International
  Heerstraße 178
  5300 Bonn 1
  Tel. 0228/650981
  Informationsmaterial zur Situation politischer Gefangener in Südafrika und Referentenvermittlung.
- Anti-Apartheid-Bewegung (AAB) Österreich
  Postfach 146
  A-1061 Wien
  Tel. 0222/9379892
- Anti-Apartheid-Bewegung (AAB) Schweiz
  Zweierstr. 146
  CH-8003 Zürich
  Tel. 01/355777
- Arbeitskreis Afrika (AKAFRIK)
  Achtermannstr. 10–12
  4400 Münster
  Tel. 0251/511998
  Vertreibt Informationsmaterial und oppositionelle Medien aus Südafrika.
- Black Consciousness Movement
  c/o Jeff Baqwa
  Wiesenstr. 3
  6650 Homburg/Saar
- Anti-Apartheid-Bewegung
  Blücherstr. 14
  5300 Bonn 1
  Tel. 0228/211355
  Verschiedene Regionalgruppen, Herausgabe zahlreicher Informationsmaterialien, Referentenvermittlung.
- Botschaft der Republik Südafrika
  Auf der Hostert 3

5300 Bonn 2
Tel. 0228/351091
Versendet Hochglanz-Informationsmaterial.

- Bundeskongreß entwicklungspolitischer Aktionsgruppen (BUKO)
  c/o Werkstatt 3
  Nernstweg 32/34
  2000 Hamburg 50
  Tel. 040/393156
  Vermittelt Adressen örtlicher Gruppen, die zum südlichen Afrika arbeiten.
- Evangelische Frauenarbeit in Deutschland
  Klingerstr. 24
  6000 Frankfurt 1
  Tel. 069/292758
  Organisiert die Aktion ‹Frauen für Südafrika›, Boykotte südafrikanischer Früchte und gegen den Verkauf von Krügerrand-Goldmünzen, versendet Informationsmaterial.
- Evangelisches Missionswerk (EMW)
  Mittelweg 143
  2000 Hamburg 13
  Tel. 040/41581
  Versendet Informationsmaterialien (häufig als Übersetzungen von Publikationen des Südafrikanischen Kirchenrates), vermittelt Referenten, organisiert die Aktion Bundesschluß (Partnerschaften zwischen Gruppen in der BRD und südafrikanischen Ortschaften, die von der Zwangsumsiedlung bedroht sind).
- Informationsstelle Südliches Afrika (ISSA)
  Blücherstr. 14
  5300 Bonn 1
  Tel. 0228/213288
  Zahlreiche Informationsbroschüren und umfangreiches Angebot wissenschaftlicher Publikationen zum südlichen Afrika. Umfangreiches Archiv, Referentenvermittlung.
- Informationszentrum 3. Welt – Aktion 3. Welt e. V.
  Postfach 5328
  7800 Freiburg i. Brsg.
  Tel. 0761/74003
  Publiziert regelmäßig die ‹Blätter des IZ3W›, die sich u. a. mit Südafrika beschäftigen (sehr fundierte und umfassende Berichte).
- Institut für Afrikakunde – Dokumentationsleitstelle
  Neuer Jungfernstieg 21
  2000 Hamburg 36
  Tel. 040/3562562
  Veröffentlicht wissenschaftliche Publikationen u. a. zum südlichen Afrika.

Das Institut verfügt über ein Archiv und gibt kostenpflichtig bibliographische Auskünfte.

- medico international
  Obermainanlage 7
  6000 Frankfurt/Main 1
  Tel. 069/4990041/2
  Unterstützung zahlreicher Basisgesundheitsprojekte, u. a. auch in Südafrika. Außerordentlich fundierte und anschauliche Informationsmaterialien.
- Ökumenischer Weltrat der Kirchen (WCC)
  Programme to combat racism
  P. O. Box No. 66
  CH-1211 Genf 20
  Schweiz
  Tel. 022/333400
  Veröffentlicht Berichte zur Lage im südlichen Afrika und zum Engagement der Kirchen.
- Pan Africanist Congress (PAC)
  Vertretung in der BRD,
  Adresse durch Arbeitskreis Afrika
- South African Council of Churches (SACC/Südafrikanischer Kirchenrat)
  P. O. Box 4921
  Johannesburg 2000
  Südafrika
  Versendet monatlich und unentgeltlich den Nachrichtendienst ECUNEWS mit kirchlichen und allgemeinen Informationen zur Situation in Südafrika.
- SWAPO of Namibia
  (South West African Peoples Organization)
  Postfach 300868
  5300 Bonn 3
  Tel. 0228/691783
  Vertretung der namibischen Befreiungsbewegung. Versendet Informationsmaterial zur Situation im von Südafrika besetzten Namibia.
- Vereinte Nationen (UN)
  Center against Apartheid
  Palais des Nations
  CH-1211 Genf 10
  Schweiz
  Das Zentrum gegen Apartheid der Vereinten Nationen veröffentlicht Publikationen über neue Entwicklungen in Südafrika und Namibia (meist in englischer Sprache).

Horst Heidtmann

Literaturhinweise

1. Einführungen; Geschichte Afrikas und Südafrikas

AAB (Anti-Apartheid-Bewegung) (Hg.): Was ist Apartheid. 11 Informationsblätter zu Einzelaspekten. Bonn, häufige Neuauflagen.

AKAFRIK/DEAE (Aktionskomitee Afrika/Deutsche Evangelische Arbeitsgemeinschaft für Erwachsenenbildung): Südafrika-Handbuch. Wuppertal 1982.

Bilger, Harald R.: Südafrika in Geschichte und Gegenwart. Konstanz 1976.

EFD (Evangelische Frauenarbeit in Deutschland): Unterdrückung in Südafrika – wie lange noch? Frankfurt/M. ohne Jahr.

EMW (Evangelisches Missionswerk) (Hg.): Südafrika heute. Zahlen, Daten, Argumente. Hamburg, Neuauflagen.

Heinrichs, Hans-Jürgen (Hg.): Afrika-Literatur, Kultur, Politik, Alltag. Frankfurt/M. 1986.

Hinz, Manfred O./Helgard Patemann/Arnim Meier (Hg.): Weiß auf Schwarz. Kolonialismus, Apartheid und Afrikanischer Widerstand. Berlin 1986.

Kienzle, Ulrich (Hg.): Südafrika. Weiße in der Wagenburg. München/Zürich 1982.

Medico International u. a. (Hg.): Südafrika. Frankfurt/M. ohne Jahr.

Michler, Walter: Weißbuch Afrika, Bonn 1988.

Rodney, Walter: Afrika. Die Geschichte einer Unterentwicklung. Berlin 1983.

2. Laufende Informationen, Berichte, Analysen

ISSA (Informationsstelle Südliches Afrika) (Hg.): Informationsdienst südliches Afrika. Bonn, 10 Zeitschriftenausgaben jährlich.

South African Institute of Race Relations (Hg.): Survey of Race Relations in South Africa. Johannesburg, jährliche Ausgabe.

3. Gesetze

Sodemann, Christoph: Gesetze der Apartheid. Ein Standardwerk über die südafrikanische Rassen- und Sicherheitsgesetzgebung. Bonn 1985.

Witzsch, Günter: Rechtssystem Südafrikas; hg. von Medico International. Frankfurt/M. 1988.

4. Gewerkschaften, Wanderarbeit, Arbeitswelt

Callinicos, Luci: Die Geschichte des südafrikanischen Volkes (Hg. Peter Ripken). Band I: Gold in Südafrika. Schwarze Arbeit – Weißer Reichtum. Bonn 1982. Band II: Fabriken und Townships. Bonn 1985.
International Labour Office Geneva (Hg.): Apartheid and Labour, A Critical Review of The Effects of Apartheid on Labour Matters In South Africa. Genf 1983.
Puschra, Werner: Schwarze Gewerkschaften in Südafrika. Bonn 1988.
Ripken, Peter u. Wellmer, Gottfried (Hg.): Wanderarbeit im südlichen Afrika. Ein Reader. Bonn 1976.

5. Homelands, Zwangsumsiedlungen

EMW (Hg.): Zwangsumsiedlungen in Südafrika. Ein Bericht der Kirchen. Hamburg 1984.
Wellmer, Gottfried: Südafrikas Bantustans – Geschichte, Theorie und Wirklichkeit. Bonn 1976.

6. Kirchen, Theologie

EMW (Hg.): Kirchen in Südafrika. Hamburg ohne Jahr.
Tutu, Desmond: Versöhnung ist unteilbar. Biblische Interpretationen zur schwarzen Theologie. Wuppertal 1984.
Tutu, Desmond: «Gott segne Afrika». Texte und Predigten des Friedensnobelpreisträgers. Reinbek bei Hamburg 1984.

7. Frauen

Frauen der Boykottgruppe Basel: Südafrikanische Frauen. Ihre Situation und ihr Widerstand. Basel 1981.
Kuzwayo, Ellen: Mein Leben. Frauen gegen Apartheid. Frankfurt/M. 1988.
Razumovsky, Dorothea: Frauen im Männerstaat Südafrika. Frankfurt/M. 1987.
Weiss, Ruth (Hg.): Frauen gegen Apartheid. Zur Geschichte des politischen Widerstandes von Frauen. Reinbek bei Hamburg 1980.

8. Schule und Kinder

Große-Oetringhaus, Hans-Martin: Jeder ein Lehrer – Jeder ein Schüler. Emanzipatorisches Lernen in Afrika. München 1983.
Kößler, Reinhard: Die Lage der Kinder. Nazi-Gesetz und Apartheid-System. Bonn 1980.
Medico international (Hg.): Internationale Konferenz «Kinder, Unterdrükkung und Recht in Apartheid-Südafrika» – Harare, Simbabwe 24.–27.9.1987. Dokumentation und Arbeitsmaterial. Frankfurt/M. 1987.
Neville, Alexander/Ludwig Helbig: Schule und Erziehung gegen Apartheid. Frankfurt/M. 1988.

Zwei Hunde und Freiheit. Südafrikanische Kinder aus dem Getto erzählen. Frankfurt/M. 1987.

9. Widerstand, Perspektiven

Benson, Mary: Nelson Mandela – die Hoffnung Südafrikas. Reinbek bei Hamburg 1986.
Falk, Rainer: Südafrika – Was will der Widerstand? Analyse und Dokumentation. Köln 1986.
Frederikse, Julie: Von Soweto nach Pretoria. Der Krieg um die Macht in Südafrika. Bonn 1986.
Joseph, Helen: Allein und doch nicht einsam. Ein Leben gegen die Apartheid. Reinbek bei Hamburg 1987.
Mandela, Nelson: Der Kampf ist mein Leben. Gesammelte Reden und Schriften. Dortmund 1986.
Mandela, Nelson: Wofür ich bereit bin zu leben und zu sterben. Die Verteidigungsrede des Hauptangeklagten im Rivonia-Prozeß in Pretoria/Südafrika. Stuttgart 1985.
Neville, Alexander: Wer den Wind sät, wird Sturm ernten. Frankfurt/M. 1986.
Pintar, Rüdiger: Die Eskalation des Konflikts in Südafrika. Lösungsansätze und ihre Realisierungschancen, hg. von der Friedrich-Ebert-Stiftung. Bonn 1987.
Woods, Donald: Steve Biko. Schrei nach Freiheit, München 1987.

10. Beziehungen Südafrika – BRD/Europa

AAB (Hg.): Banken und Apartheid. Unser Geld in Südafrika. Bonn 1985.
AAB u. BBU (Hg.): Die atomare Zusammenarbeit Bundesrepublik–Südafrika. Bonn 1977.
AKAFRIK (Münster): Südafrika – BRD, Wirtschaftliche und militärische Zusammenarbeit. Münster 1981.
Arbeitskreis «Kein Geld für Apartheid» (Hg.): Alternativer Geschäftsbericht 1987 über die Finanzierung der Apartheid in Südafrika und Namibia durch die Dresdner Bank. München 1988.
EPD (Evangelischer Pressedienst) (Hg.): Bundesrepublik – Südafrika: Wer stabilisiert das Apartheid-Regime. Frankfurt/M. 1981.
Geisler, Wolf u. Wellmer, Gottfried: DM-Investitionen in Südafrika. Bonn 1983.
Guijer, Marianne: Südafrika – ein Paradies für Weiße? Schweizer Touristen berichten. Basel 1987.

11. Unterrichtseinheiten und Aktionshilfen
Brot für die Welt (Hg.): Rollenspiel Schwarz-Weiß. Stuttgart 1981.
Davis, Geoffrey/Michael Senior (Hg.): South Africa – the Privileged and the Dispossessed. Texts for English and American Studies; Schülerausgabe: Paderborn 1983; Lehrerhandbuch: Paderborn 1985.
Harnisch, J.H. u.a. (Hg.): Apartheid und Widerstand in der Republik Südafrika. Unterrichtsmaterial für den Englischunterricht in SEK I/II. Sonderdruck der Zeitschrift Englisch-amerikanische Studien, Münster ohne Jahr.
ISSA (Hg.): Südafrika in der Schule. Materialien zum System der Apartheid. Bonn 1984.
Koch, Hans-Uwe u. Meißner, Gerd: Südafrika – was geht uns das an? Solidaritätsarbeit von Jugendlichen zum südlichen Afrika. Mühlheim/Ruhr 1982.
Wochenschau-Verlag (Hg.): Südafrika, SEK II Nr. 1/1983. Schwalbach/Ts. 1983.

Verzeichnis der Quellen und Rechtsträger

Abrahams, Peter: «In der weißen Stadt», Auszug aus dem Roman: Dort, wo die weißen Schatten fallen, © Europäische Verlagsanstalt, Frankfurt/M. 1956.

«Apartheidsgesetze», zitiert nach: epd und div. Quellen.

«Aufruf der Schüler von Soweto», Auszüge, zitiert nach: Informationsdienst Südliches Afrika, 1976.

Bericht der Kirchen: «Driefontein», aus: Zwangsumsiedlung in Südafrika. Ein Bericht der Kirchen, © Evangelisches Missionswerk, Hamburg 1984.

Biko, Steve: «Über Black Consciousness», aus: Ich schreibe, was mir paßt, © Oberbaumverlag, Berlin 1979.

«Ein breites Bündnis», Auszug aus der Gründungserklärung der UDF, zitiert nach: Südafrika in der Schule. Materialien zum System der Apartheid, edition südliches afrika 14, © Informationsstelle Südliches Afrika, Bonn 1984.

Breytenbach, Breyten: «Die Gefängniswelt», Auszug aus dem Roman: Wahre Bekenntnisse eines Albino-Terroristen, © Verlag Kiepenheuer & Witsch, Köln 1984.

Brief aus Maseru: «Yolande lebt», aus: Südafrika, hg. von Medico International e. V., Frankfurt/M., o. J.

Brink, André: «Das schwarze Hausmädchen», Auszug aus: Weiße Zeit der Dürre, © Verlag Kiepenheuer & Witsch, Köln 1984; und «Hier ist die Erde dunkelrot, als blute sie in ihrem Innern», Auszug aus: Die Nilpferdpeitsche, © Verlag Kiepenheuer & Witsch, Köln 1985.

Brückner, Reinhard: «Südafrika 1988 Landkarte», © Evangelisches Missionswerk in der Bundesrepublik Deutschland und Berlin West e. V.

Callinicos, Luli: «Über das Landleben», «Weißer Kolonialismus», gekürzte Auszüge aus: Gold in Südafrika, edition südliches afrika 10, © Informationsstelle Südliches Afrika, Bonn 1982.

«Die Freiheits-Charta» (Freedom Charta), neu übersetzt von Horst Heidtmann 1985.

Gordimer, Nadine: «Lebensbedingungen der Weißen», Auszug aus: Brief aus Johannesburg, in: DIE ZEIT Nr. 44, 1985, © über Mohrbooks Literary Agency, Zürich/Schweiz; und «Von Kämpfen», «Das Schulmädchen und die schwarze Frau», Auszüge aus: July's Leute, © S. Fischer Verlag, Frankfurt/M. 1981.

Gwala, Mafika Pascal: «Die Heimkehr der Soldaten», aus: P. Ripken (Hg.): Das schwarze Wort, edition südliches afrika 18, © Informationsstelle Südliches Afrika, Bonn 1984.

Heidtmann, Horst: «Buren gegen Briten», «Geld für Südafrika» «Waffen für die Apartheid», «Stimmen zum Boykott», «Südafrika-Lexikon», Originalbeiträge, © beim Autor.

Jaenecke, Heinrich: «Konzentrationslager im Burenkrieg», Auszug aus: Die weißen Herren, © Sternbücher im Verlag Gruner & Jahr, Hamburg 1979.

Kolb, Peter: «Die Tugenden der Hottentotten», aus: Caput bonae spei hodiernum. Das ist: Vollständige Beschreibung des africanischen Vorgebürgs der Guten Hoffnung, 1719, 1745, neu bearbeitet von Horst Heidtmann.

Kudaka, Fanie, 11 Jahre, «Kinderfolter», aus: Dorothea Razumovsky/Elisabeth Wätjen (Hg.): Kinder und Gewalt in Südafrika. München 1988, dtv-Sachbuch 10870, S. 69–72 (Quellenverweis im Buch: Gefängnisse: Wie man aus Gefangenen Gefangene macht, Quelle 13).

Kuzwayo, Ellen: «Die Frau als ‹Minderjährige›», Auszug aus: Mein Leben, © Orlanda Frauenverlag, Berlin 1985.

La Guma, Alex: «Der Tank», aus: E. Fuchs (Hg.): Die Zeit ist auf unserer Seite, © Z-Verlag, Basel 1978; und «Wir wollen keine Umsiedlung», «Die Frau als James Bond», Auszüge aus: Die Zeit des Würgers, © Verlag Otto Lembeck, Frankfurt/M. 1979; und «Wo ist dein Paß, Kaffer?» Auszug aus: Im Spätsommernebel, © der dt. Übers. von Günther Böhnke, Volk und Welt, Berlin/DDR 1975, © Pahl Rugenstein Verlag, Köln.

Makaza, Webster: «Black Boy», aus: P. Ripken (Hg.): Das schwarze Wort, edition südliches afrika 18, © Informationsstelle Südliches Afrika, Bonn 1984.
Malunga, Mzimkulu: «Mein Leben als Minenarbeiter», Auszüge aus: ders.: My Life as a Miner, in: Weekly Mail No. 30–32, Johannesburg 1988, dt. Übers. Christoph Plate 1988

Mandela, Nelson Rolihlahla: «Eure Freiheit und meine Freiheit», zitiert nach: ECUNEWS News Service of the South African Council of Churches, Johannesburg 1985, dt. Übers. Christoph Plate 1985.

Mandela, Winnie Nonzamo: «Meine Verbannung», aus: Ein Stück meiner Seele ging mit ihm, © Rowohlt Taschenbuch Verlag, Reinbek 1984; und «Mein Vater», Auszug aus: «Jeder schwarze Haushalt ist eine politische Zelle», in: R. Weiss (Hg.): Frauen gegen Apartheid, © Rowohlt Taschenbuch Verlag, Reinbek 1980.

Mandela, Zinzi: «Daheim», aus: Schwarz, wie ich bin, dt. Übers. Annemarie und Heinrich Böll, © Lamuv Verlag, Bornheim 1982.

Matthews, James: «Azikwelwa», aus: So ist das nun mal, Baby, © Peter Hammer Verlag, Wuppertal 1977; und «Zwei kleine schwarze Jungen», «Büro für Rassenbestimmung», «Kind der Freiheit», «Wir beobachteten die Ankunft des weißen Mannes», aus: Matthews/Thomas: Schrei deinen Zorn hinaus, Kind der Freiheit, © Verlag der Ev.-Luth. Mission, Erlangen 1976.

Mhlope, Gcina: «Sag Nein», aus: S. Browne, I. Hofmeyr, S. Rosenberg (Hg.): LIP from Southern African Women, © Ravan Press, Johannesburg 1983, dt. Übers. Horst Heidtmann 1985.

Minty, Abdul: «Erklärung zur Gewaltanwendung», vorgetragen auf einer Konferenz der Ev. Akademie Arnoldshain 1978.

Moesi, Selina: «Frauenleben auf dem Land», aus: Beata Lipman: Wir schaffen uns ein freies Land. Frauen in Südafrika. Luchterhand-Verlag, Darmstadt/Neuwied 1986.

Moodie, Duncan Campbell Francis: «Über die Buren und ihren Charakter», aus: History of the Battles and the Adventures of the British, the Boers and the Zulus in South Africa, Vol. II, Capetown 1888, dt. Übers. Christoph Plate 1985.

Mtshali, Oswald Mbuyiseni: «In meiner Zuluhütte», aus: P. Schütt (Hg.): Amandla maatla, © Weltkreis Verlag, Dortmund 1983.

Mutwa, Vusumazulu Credo: «Isivivane», Auszug aus: Indaba. Ein Medizinmann der Bantu erzählt die Geschichte seines Volkes, © Dianus-Trikont Verlag, München 1983.

«Nkosi Sikela i-Africa». Schwarze Nationalhymne, aus mündlicher Überlieferung.

Plate, Christoph: «Botha kommt – Eine Aktion», «Indiskretion», – «Die Geschichte Südafrikas. Zeittafel», «Die Schlacht am Bloodriver», «Dies ist unser Land. Die Buren auf Menschenjagd», «Deutsche zur Apartheid», «Von einem der auszog, sich zu erholen», Originalbeiträge, © beim Autor.

Reding, Josef: «Fegen erlaubt», aus: «Gutentagtexte», Georg Bitter Verlag, Recklinghausen 1988, © Josef Reding, Dortmund.

Seedat, Azazi: «Schwarze Jugendliche», Auszug aus: Jetzt oder nie. Interview mit Azazi Seedat, in: Jugendpolitische Blätter H 10, 1985, © Weltkreis Verlag. Dortmund.

Sempamla, Sipho: «Zivilisation also», aus: Soweto, das ich liebe, Köln 1978, © Oberbaumverlag, Berlin.

Serote, Mongane Wally: «Die Zeit ist abgelaufen», aus: Staffrider Vol. 5, No. 1, 1982, © Ravan Press, Johannesburg, dt. Übers. Horst Heidtmann 1985.

Sikakane, Joyce: «Das Leben in Soweto», Auszug aus: «Eine schwarze Frau und die weiße Justiz», in: R. Weiss: Frauen gegen Apartheid, © Rowohlt Taschenbuch Verlag, Reinbek 1980.

Thomas, Gladys: «Unmoralische Liebe», aus: Matthews/Thomas: Schrei deinen Zorn hinaus, Kind der Freiheit, © Verlag der Ev.-Luth. Mission, Erlangen 1976.

Traut, Kilgohr: «Wie der Tod in die Welt kam», «Kapitän Riebeek und die swarten Honde», Originalbeiträge, © bei Horst Heidtmann.

Tutu, Desmond Mpilo: «In Ihrem Namen», aus: Gott segne Afrika, © Rowohlt Taschenbuch Verlag, Reinbek 1984.

Twala, James: «Familienplanung», aus: Gold in Südafrika, edition südliches afrika 10, © Informationsstelle Südliches Afrika, Bonn 1982.

Williams, Ronald: «Der Paß und das Mädchen von zu Hause», aus: R. Arnold (Hg.): Ich bin das Land, © Verlag Philipp Reclam jun., Leipzig 1983, dt. Übers. Hannelore Winter, Koblenz.

Wyk, Christopher van: «In Haft», aus: R. Arnold (Hg.): Ich bin das Land, © Verlag Philipp Reclam jun., Leipzig 1983.

Zumach, Hildegard: «Was können wir tun», zitiert nach einem Flugblatt der EFD, Frankfurt 1985.

Trotz umfangreicher Nachforschungen ist es nicht in allen Fällen gelungen, die Rechtsinhaber an den Texten zu ermitteln bzw. zu erreichen. Wir bitten diese, sich wegen der Honorierung direkt mit dem Signal Verlag, Baden-Baden, in Verbindung zu setzen.

Fotos

Rechtsträger:
Foto S. 61: Paul Weinberg (Afrapix/Johannesburg)
Foto S. 67: Jimi Matthews/EMW
Foto S. 74: Lesley Lawson (Afrapix/Johannesburg)
Foto S. 85: Steve Hilton-Barber (Afrapix/Johannesburg)
Foto S. 89: Gisèle Wulfsohn (Afrapix/Johannesburg)
Foto S. 105: Gisèle Wulfsohn (Afrapix/Johannesburg)
Foto S. 115: Afrapix/Johannesburg
Foto S. 125: Gill de Vlieg (Afrapix/Johannesburg)
Foto S. 137: Paul Weinberg (Afrapix/Johannesburg)
Foto S. 166: Gill de Vlieg (Afrapix/Johannesburg)
Foto S. 184: Anna Zieminski (Afrapix/Johannesburg)
Foto S. 193: Steve Hilton-Barber (Afrapix/Johannesburg)
Foto C. Plate: Rüdiger Cornels